Helmut Dahmer (Hg.)

Leo Trotzki: Sozialismus oder Barbarei!

Helmut Dahmer (Hg.)

Leo Trotzki: Sozialismus oder Barbarei!

Eine Auswahl aus seinen Schriften

Bibliografische Information der Deutschen Bibliothek

Die Deutsche Bibliothek verzeichnet diese Publikation in der Deutschen Nationalbibliografie; detaillierte bibliografische Daten sind im Internet über http://dnb.ddb.de abrufbar.

Lektorat und Gestaltung: Stefan Kraft
Umschlaggestaltung: Gisela Scheubmayr
Druck: AZ Druck und Datentechnik GmbH
Printed in Germany
ISBN 3-85371-240-1

Fordern Sie einen Gesamtprospekt des Verlages an bei:

Promedia Verlag
Wickenburggasse 5/12
A-1080 Wien

E-Mail: promedia@mediashop.at
Internet: www.mediashop.at

INHALT

Trotzki – Feder und Schwert

Literatur und Revolution

Im Oktober 1905 wurde ein 24jähriger Feuerkopf in die Exekutive des Petersburger Arbeiter-Delegiertenrats gewählt, der unter dem Pseudonym „N. Trotzki" in drei Zeitungen schrieb und als einer der besten Redner der revolutionären Bewegung galt. Der junge Mann war der Sohn eines wohlhabenden, jüdischen Bauern im südrussischen Gouvernement Cherson. Bücher gingen ihm schon in seiner Kindheit über alles. Er besuchte ein Gymnasium, bildete sich selbst durch umfangreiche Lektüre und studierte kurze Zeit an der Universität Odessa Mathematik. Im Frühjahr 1897, also ein Jahr vor der Gründung der „Sozialdemokratischen Arbeiterpartei Rußlands" (SDAPR), organisierte er den „Südrussischen Arbeiterbund", der etwa 200 Mitglieder umfaßte und für den Trotzki eine eigene Zeitschrift schrieb und vervielfältigte. Im Jahr darauf wurde er wegen seiner illegalen Aktivitäten verhaftet.

Im Gefängnis eignete er sich die Marxsche Theorie „in einer nichtdogmatischen Form" an, nämlich in der Interpretation, die ihr der italienische Hegelianer-Marxist Antonio Labriola gegeben hatte [1]. Der Deutungsrahmen, den sich der politische Gefangene aus der Lektüre von Labriola, Plechanow sowie Kautsky, Marx und Engels zurechtzimmerte, läßt sich etwa folgendermaßen skizzieren: Die Menschen einer jeden Epoche kämpfen in den formellen oder informellen Korporationen (Kasten, Ständen oder Klassen), denen sie angehören, um eine Verbesserung ihres Lebens, um Arbeitszeit und arbeitsfreie Zeit. Sie leben in drei Sphären: in der natürlichen, in der – nur scheinbar natürlichen – gesellschaftlichen und in der geistigen Welt ihrer Selbst-, Natur- und Gesellschaftsdeutungen. Das durch die Arbeit vieler Generationen umgestaltete natürliche Milieu, die Organisationsformen von Arbeit und Herrschaft (Institutionen) und die Bewußtseinsformen (Kunst, Religion, Philosophie) bilden zusammen die „Totalität" der gesellschaftlichen Lebensverhältnisse. Bei ihrem Kampf um das Überleben und um das gute Leben sind die vergesellschafteten Individuen auf die Kenntnis ihrer kulturellen Tradition, der herrschenden ebensowohl wie der unterdrückten, und der jeweils entwickelten Formen der Traditionskritik ebenso angewiesen wie auf das Arsenal der Techniken zur Natur- und Menschenbeherrschung. Die gesellschaftliche Praxis ist, besonders im kapitalistischen Zeitalter, eine weithin bewußtlose; ihre historisch-spezifischen Formen bedürfen erst der Entdeckung. Die Philosophie ist im Grunde immer Sozialphilosophie, und die im 19. und 20. Jahrhundert aus ihr entwickelten Spezialdisziplinen der Wissenschaft von der Gesellschaft und von der Politik dienen der Konkretisierung und „Verwissenschaftlichung" der philosophischen Interpretation der Gegenwart. Die Soziologie, vor allem auch die marxistische, folgt, sofern sie etwas taugt, dem von Auguste Comte (dem Schüler des Frühsozialisten Saint-Simon) formulierten Programm, die widersprüchlichen Entwicklungstendenzen der Gesellschaft zu erforschen, also das, was in ihr sich vorbereitet, beizeiten zu antizipieren, um unheilvolle Entwicklungen abwenden und neue Möglichkeiten nutzen zu können. Trotzki zitierte gern Ferdinand Lassalles Maxime, jederzeit „auszusprechen, was ist". Das, was „ist", ist aber keineswegs das, was auch die Mehrheit der Zeitgenossen schon sehen kann oder wahrhaben will. Darum bedarf es einer „Wissenschaft" der gesellschaftlichen Entwicklung. Der Soziologe braucht Bundesgenossen. Sind die Philosophen seine Stichwortgeber und Begriffsschmiede, so sind die Künstler, vor allem die Dichter, seine Verbündeten. Gerade eine „autonome" Kunst, die sich der moralischen und politischen Propaganda verweigert, vermag es, Vergangenheit und Gegenwart ungeschminkt zu vergegenwärtigen und die Zukunft zu antizipieren. Die Gesellschaftsdiagnose bedarf unabhängiger, angstfreier Autoren, die sich „hellsichtig" machen (Arthur Rimbaud), also versuchen, ein Stück weit über die Illusionen ihrer Epoche (ihrer Klasse, ihrer Partei, ihrer Clique) hinauszukommen. Sie sollen mehr und anderes sehen als ihre Zeitgenossen und das Gesehene in Essay und Traktat ausformulieren oder in Vers, Bild und Tönen gestalten. Die gesellschaftliche Entwicklung ist keineswegs, wie die heutige Ideologie es will, eine einfache Funktion des Fortschritts der Naturerkenntnis und ihrer technischen Anwendungen; vielmehr geben die gesellschaftlichen Verhältnisse den Rahmen ab, in dem bestimmte naturwissenschaftliche Erkenntnisse und Techniken überhaupt erst möglich werden, während andere unentdeckt bleiben oder wieder vergessen werden. Die gesellschaftliche Nachfrage entscheidet über die Richtung, die das naturwissenschaftliche Erkenntnisinteresse und die technische Entwicklung nehmen.

Ohne Prozeß („administrativ") auf vier Jahre nach Sibirien verbannt, wurde der 22jährige Trotzki bald zum Sprecher der sozialdemokratischen „Sibirischen Union" und zu einem Schriftsteller, dessen Ruhm bis nach Petersburg und Moskau drang. Unter dem Pseudonym „Antid Oto" veröffentlichte er, meist in der „Östlichen Rundschau", die in Irkutsk herauskam, eine ganze Serie von Sozialreportagen und von Essays nicht nur über russische Literatur (Balmont, Herzen, Berdjajew, Solowjew, Dobroljubow, Gogol, Uspenski, Andrejew), sondern auch über die damals aktuelle „westliche" Literatur – über Nietzsche und Hauptmann, Ibsen und Schnitzler.

Der junge Trotzki entschied sich zu Beginn des Jahrhunderts gegen ein Studium und für die Organisation von illegalen Arbeiterzirkeln.

Das Universitätsmilieu blieb ihm fremd, und von der Bohème und den Intellektuellen distanzierte er sich. Er war ein revolutionärer Literat, der das Interesse am Geschichte-Machen mit dem am Geschichte-Schreiben verband, und ein ingeniöser Gesellschaftstheoretiker. Seine enorme Fähigkeit zu Organisation und Administration und sein Talent als Militärstratege wurden erst sichtbar, als er im Frühjahr 1918 die Rote Armee aufbaute, die er zum Sieg im russischen Bürgerkrieg führte. Seine „Welt" war die Gegenöffentlichkeit der in der II., sozialdemokratischen Internationale lokker zusammengeschlossenen internationalen Arbeiterorganisationen, das Milieu der Gewerkschaften und Genossenschaften, der anarchistischen, reformistischen, pazifistischen und revolutionär-marxistischen Strömungen und Fraktionen, der Massenparteien, Parlamentsfraktionen und illegalen Verschwörerzirkel. Die damalige Arbeiterbewegung verfügte über ein ausgedehntes Pressewesen und über eigene Verlage, die Hunderten von Journalisten und Redakteuren eine Existenzbasis boten. Zu Beginn des Ersten Weltkriegs zerbrach dieser Kosmos der Vorkriegs-Arbeiterbewegung, und was davon überlebte, löste sich nach dem Zweiten Weltkrieg allmählich auf. Trotzki bewegte sich in der Welt der sozialdemokratischen Organisationen als ein fraktionsloser, nonkonformer Journalist und politischer Analytiker, der die Deutung der gesellschaftlichen Situation und der jeweils aktuellen politischen Auseinandersetzungen, vor allem auch der Konflikte innerhalb der Arbeiterbewegung, zu seinem Metier machte. Daß er nicht nur in der russischen, sondern auch in der deutschen und polnischen Sozialdemokratie gehört wurde, verdankte er einzig der Schärfe seines Intellekts und der Prägnanz seines Stils. Das Schreiben wurde für ihn zu einer wahren Leidenschaft, er lebte mit der Feder und von der Feder. Aus Dutzenden von Stellungnahmen, Briefen, Artikeln und Essays wurden im Laufe der Jahre viele Hunderte, und zu den Dutzenden von Broschüren gesellten sich nach und nach dicke Bücher, die in viele Sprachen übersetzt wurden. Immer wieder gründete er eigene Zeitschriften wie die Wiener „Prawda" (1908-12), „Unser Wort" (Paris, 1915-16) und schließlich das berühmte „Bulletin der Opposition" (Berlin, Paris, New York, 1929-1941), die er nicht nur redigierte, sondern zum guten Teil auch selbst schrieb (wie Karl Kraus seine Wiener „Fackel" (1899-1936) und Franz Pfemfert in Berlin „Die Aktion" (1911-1932). Wollte man Trotzkis Schriften und Briefe vollständig publizieren, würden sie etwa 80 starke Bände füllen.[2]

Was an Trotzkis Publizistik fasziniert, ist zum einen die Geistesgegenwart dieses Autors, der mit seinen Kommentaren den Ereignissen immer dicht auf den Fersen war und schon die nächsten Etappen der Entwicklung realistisch antizipierte. Zum anderen ist es seine Fähigkeit, sich vom „Gang der Ereignisse" nicht überwältigen zu lassen, sondern mit hoch entwikkeltem Möglichkeitssinn Auswege aus scheinbar hoffnungslos verfahrenen

Situationen zu finden. Das bedeutendste Beispiel dafür sind seine in den Jahren 1929-1933 aus dem türkischen Exil auf Prinkipo nach Deutschland geschickten, laufenden Kommentare zur Agonie der Weimarer Republik und seine Aufrufe an die KPD-Führung, ihren von Moskau diktierten „ultralinken" Isolationskurs zu korrigieren und mit den reformistischen Gewerkschaften und der SPD eine Einheitsfront gegen die Hitlerbewegung zu bilden.[3] Trotzki mokierte sich gelegentlich über Soziologen, die nichts vorhersehen, darum in schwierigen Situationen ratlos sind, post festum aber in aufschlußreichen Studien zeigen, warum alles so kommen mußte, wie es kam.[4] (Heute sind selbst solche Soziologen rar geworden.) Er selbst analysierte die politische Situation stets in praktischer Absicht, das heißt: seine Diagnose führte zu Interventionsvorschlägen oder Handlungsanweisungen für bestimmte Gruppen und Organisationen, die auf der Suche nach einem Ausweg waren. Sehen wir von den Jahren 1918-1923 ab, in denen Trotzki an der Macht war, zur revolutionären sowjetischen Regierung gehörte und Armeen kommandierte, dann hat dieser revolutionäre Intellektuelle ein Leben lang immer zu einer radikalen Minderheit gehört oder gar eine Ein-Mann-Partei gebildet.

Wer politisch handeln will, muß mit Alternativen rechnen lernen, und wer Geschichte schreibt, muß nicht nur rekonstruieren, wie es so gekommen ist, sondern auch, wie es anders hätte kommen können. Wie der Historiker ist auch der Revolutionär auf Gedankenexperimente angewiesen; er muß seinen Möglichkeitssinn kultivieren, indem er aus dem Faktorengefüge bestimmter geschichtlicher Situationen einzelne Faktoren isoliert und sie dann variiert, um die Folgen solcher Änderungen für den Verlauf der Ereignisse abschätzen zu lernen. In seinem Tagebuch aus dem Jahre 1935 suchte Trotzki zum Beispiel retrospektiv abzuwägen, welche Bedeutung die Anwesenheit (oder Abwesenheit) zweier Personen für den Verlauf der russischen Revolution im Herbst 1917 hatte (oder gehabt hätte). Er schrieb: „Wären sowohl Lenin als auch ich von Petersburg abwesend [gewesen], so hätte es keine Oktoberrevolution gegeben: Die Führung der bolschewistischen Partei hätte ihren Ausbruch verhindert."[5] Trotzki, politischer Akteur und Historiker in Personalunion, war ein Meister solcher historisch-politischen Gedankenexperimente. Aus bestimmten geschichtlichen Prozessen, etwa dem Verlauf der französischen oder der russischen Revolution, destillierte er Modelle („Doppelherrschaft", „Julitage", „Thermidor", „Bonapartismus" etc.), mit deren Hilfe sich dann Gegenwärtiges (Uneindeutiges, Undurchsichtiges) und Vergangenes (schon transparent Gewordenes) in aufschlußreicher Weise miteinander vergleichen ließen. Trotzki war kein „Prophet", sondern ein Prognostiker.[6] Seine Prognosen beruhten auf Gedankenexperimenten und historischen

Analogien, auf dem Abwägen verschiedenartiger Entwicklungsmöglichkeiten, auf dem gedanklichen Operieren mit Tendenzen und Gegentendenzen von unterschiedlicher Durchsetzungskraft. Ließen sich partielle Analogien zwischen einer schon modellierten Vergangenheit und dem aktuellen Geschehen aufspüren, dann waren mehr oder weniger wahrscheinliche Vermutungen hinsichtlich der über kurz oder lang zu erwartenden Entwicklung möglich. Solche Konjekturen blieben stets ungewiß, und so finden sich bei Trotzki neben erstaunlich treffsicheren Vorhersagen auch nicht wenige Fehlprognosen. Ohne Gedankenexperimente (Rekonstruktionen und Antizipationen) ist aber eine Orientierung über Vergangenheit und Gegenwart gar nicht möglich. Die Einbildungskraft, die Fähigkeit, auch das, was noch nicht ist, sich präzise vorzustellen und diese Vision auszugestalten, ist dem Künstler, dem guten Historiker und dem Revolutionär eigen. Aus dem vorliegenden „Material", den Faktoren und Fakten von heute, schließen sie auf deren Wirkung, also auf die zu erwartenden „Tathandlungen" und „Tatsachen" von morgen und übermorgen. Jede Darstellung der Fakten bedarf des Vorgriffs auf ihren Zusammenhang, also einer Fiktion, die sich im weiteren bewährt oder auch nicht. Ohne Hypothesen, die unsere Aufmerksamkeit lenken und dem, was wir suchen, erst Bedeutung verleihen, können wir „Tatsachen" weder entdecken noch konstatieren. Erst auf dem Hintergrund von Fiktionen oder Theorien erscheinen die Fakten als Fakten.

Der Literat im Revolutionär motivierte Trotzki dazu, die Romane der zeitgenössischen Schriftsteller mit demselben Interesse zu studieren wie politische Erklärungen und Programme; die ältere Literatur diente ihm als ein willkommenes Komplement der Geschichtsschreibung. Er sah wirklich „mehr" als seine Zeitgenossen, Freunde und Gegner, sah tiefer in den Mahlstrom der gesellschaftlichen Wirklichkeit hinein und darum auch weiter über die Gegenwart hinaus, und er verfügte über die Fähigkeit, das von ihm Gesehene darzustellen. Sprache und Stil Gogols und Tolstois waren ihm ebenso vertraut wie die Prosa Isaak Babels und die Dichtungen Pasternaks und Jessenins. Sein origineller, prägnanter Stil macht seine längst vergilbten Briefe und vergessenen Polemiken noch heute lesenswert. Trotzki war ein Möglichkeitsdenker, ein phantasievoller Soziologe. In den Jahren 1904-1906 entwickelte er als einziger der bekannten Sozialdemokraten, der schon in der ersten russischen Revolution eine führende Rolle spielte, eine realistische Prognose für den nächsten revolutionären Ausbruch. Und 1917 tat er alles, was in seinen Kräften stand, um dieser Prognose Geltung zu verschaffen. In den dreißiger Jahren war er der einzige Zeitgenosse, der imstande war, das Sphinx-Rätsel der beiden neuartigen totalitären Regime, des russischen und des deutschen, zu lösen, die zwar der Verteidigung unterschiedlicher Wirtschaftssysteme dienten, im Ausmaß ihrer Destruktivität aber einander ähnelten.[7] Zu Beginn des zweiten Weltkriegs richtete er die Aufmerksamkeit auf das unheilvolle „Zwillingsgestirn" Hitler-Stalin[8], von denen der eine das revolutionäre Potential der deutschen Arbeiterklasse, der andere das der russischen zerstörte.

Abgesehen von den Jahren 1918-23, in denen er an der Macht war, stand Trotzki sein Leben lang in Opposition. Wer nicht kommandieren kann oder Gewalt anwendet, der muß argumentieren und plädieren, warnen und appellieren. Trotzkis Schriftstellerei war ein beständiges Argumentieren mit anders denkenden Sozialisten, ein Polemisieren mit Gegnern, ein lebenslanger Dialog mit der (wirklichen oder virtuellen) Vorhut der internationalen Arbeiterklasse. Er bevorzugte die Form des literarischen Gesprächs und des Appells an das wohlverstandene Interesse seiner Partner und Kontrahenten. Zwei Beispiele von vielen: Gegen Ende Februar 1933 schrieb er für die Zeitschrift der deutschen Trotzkisten, „Unser Wort", die Mitte März in Prag herauskam, ein „Gespräch mit einem sozialdemokratischen Arbeiter", in dem er zu später Stunde noch einmal alle Argumente für die Bildung einer Abwehr-Einheitsfront der Arbeiterorganisationen gegen den Faschismus zusammenfaßte.[9] Im August 1934 konzipierte er einen fiktiven Dialog zweier Ingenieure, Cooper und Troschin, die sich, auf der Überfahrt nach Amerika, darüber unterhalten, was die Folge einer kommunistischen Revolution in den Vereinigten Staaten wäre.[10] Oft predigte Trotzki tauben Ohren, oft gingen seine Plädoyers im Geschrei und Tumult seiner mit Blindheit geschlagenen, haßerfüllten Gegner unter. Ein trauriges Beispiel dafür sind die fünf großen Reden, die er vor seinem Parteiausschluß im November 1927 vor den Leitungsgremien der KPdSU beziehungsweise der Kommunistischen Internationale (Komintern) hielt. Die stenographischen Protokolle dieser Konferenzen zeigen, wie er versuchte, sich gegen die lärmende Meute der gegen ihn eingeschworenen stalinistischen Funktionäre zu behaupten – ein freier Geist unter Banausen, der zu lauter Todgeweihten und künftigen Mordgesellen sprach, die sich von ihrem Schicksal noch nichts träumen ließen.[11]

Gegen den „Substitutionismus"

Im Sommer 1902 gelang Trotzki die Flucht aus der sibirischen Verbannung. Über Petersburg, Wien, Zürich und Paris reiste er nach London, wo die Emigrationsführung der russischen Sozialdemokratie die Zeitschrift „Iskra" („Der Funke") herausgab, die zu den illegalen sozialdemokratischen Gruppen in den städtischen Zentren des Zarenreichs geschmuggelt wurde. Trotzki, der in diesem Kreis bald respektvoll „Die Feder" hieß, unterstützte in den innerredaktionellen Auseinandersetzungen zunächst Lenin, später, ab der Spaltung der russischen Sozialdemokratie, die Gruppe um Julius Martow und Paul Axelrod (der, wie Plechanow, zur älteren Generation der Iskra-Gruppe gehörte). Schließlich ging er zu beiden Fraktionen auf Distanz – zu der Gruppe der „Harten" um Lenin, die auf dem (im Juli und August 1903 zuerst in Brüssel und dann in London tagenden) 2. Parteitag in der Frage der Mitgliedschaftsdefinition und der Leitungsstruktur der Organisation eine Mehrheit (daher der russische Name „Bolschewiki", „Mehrheitler") erzielt hatten, wie zu der unterlegenen („menschewistischen") Gruppe der „Weichen" um Martow.

In den sozialen Kämpfen bilden sich aufklärerische Intellektuellengruppen heraus, deren Mission es ist, den Kämpfenden zeigen, worum sie denn eigentlich kämpfen. Und es entstehen Gruppen von Demagogen, die darin wetteifern, ihrem Publikum fatale Heilmittel anzupreisen und ihm Wege zu weisen, die in den Untergang führen. Soziologen, Journalisten, Redner und Organisatoren ringen um die (relative) Wahrheit über eine gesellschaftliche Situation und konkurrieren um Einfluß und Anhänger. Ihre Adressaten sind unorganisierte oder schon organisierte Massen auf der einen Seite, ihre Konkurrenten auf der anderen. Die Massen der Ausgebeuteten und Machtlosen lernen aus Erfolgen und Niederlagen; für sie besteht keine herrschaftsfreie Situation, sie kennen nur deformierte Debatten, in denen das richtige Argument wenig gilt und der demagogische Slogan alles. Nicht nur der Kampf mit dem politischen Gegner, sondern auch der Kampf konkurrierender Organisationen und Fraktionen nimmt oft „barbarischen" Charakter an. Reformistische und revolutionäre Arbeiterorganisationen können verboten und zerstört werden, sie können aber auch degenerieren, indem eine Clique von Parteiführern und Funktionären sich dauerhaft der Kontrolle durch die Mitglieder entzieht und deren Willensbildung erfolgreich manipuliert. Jan Machajski, dessen anarchistische Schriften Trotzki während seiner ersten Verbannung las, hatte als erster davor gewarnt, daß die Intellektuellen die sozialdemokratischen Organisationen dazu mißbrauchen könnten, eine Herrschaft über das Proletariat zu errichten.[12] Robert Michels beschrieb am Beispiel der deutschen Sozialdemokratie, wie eine Funktionärs-Oligarchie die Herrschaft über eine demokratische Massenorganisation erringt.[13] Trotzki hat 1935/36, auf Lenins Spuren, Stalins Despotie als das Resultat einer bürokratischen Degeneration des „Arbeiterstaats" gedeutet.[14] Revolutionsfähige Organisationen (Parteien) sollen konträren Anforderungen genügen. Einerseits haben sie es mit einem hoch zentralisierten Gegner – international operierenden Kapitalgesellschaften, Armee, Bürokratie und Geheimdiensten – zu tun und müssen daher als Kampforganisationen selbst zentralistisch, um nicht zu sagen: „armeeförmig", strukturiert sein. Zum anderen sollen sie eine Schule nicht nur der kämpferischen Aktion, sondern vor allem des Lernens, der Bewußtseinsbildung und der Selbstverwaltung sein. Gegen die bürokratische Degeneration solcher Organisationen ist kein anderes Kraut gewachsen als die permanente innerparteiliche Diskussion und die Spontaneität der Mitglieder. Der jeweils „richtige" Kurs läßt sich nur im Kampf der Meinungen und Fraktionen herausfinden. Als zentralistische sind die Arbeiterorganisationen Produkte ihrer Gegenwart, als demokratische antizipieren sie in ihrem Inneren schon die Zukunft, einen „Verein freier Menschen" (Marx). Die organisatorische Lösung dieses Zielkonflikts, die den Sozialdemokraten und Kommunisten im frühen 20. Jahrhundert vorschwebte, bezeichneten sie als „demokratischen" (im Unterschied zum „bürokratischen") Zentralismus: So viel innerparteiliche Demokratie wie möglich, so viel Aktionseinheit wie nötig. Die revolutionären Parteien sind Kampforganisationen, die den Sieg im Klassenkampf ermöglichen und sich damit überflüssig machen sollen; sie sind ein Mittel zur Selbstbefreiung der internationalen Arbeiterschaft, die die Weltgesellschaft reorganisieren und entstaatlichen soll.

In den ersten Jahren des 20. Jahrhunderts entwickelte sich in der russischen Sozialdemokratie eine lebhafte Auseinandersetzung um die „richtige" Organisationsform der Partei, die den Kampf gegen den Zarismus und für die Befreiung der Arbeiter und Bauern anführen sollte.[15] Im März 1902 erschien Lenins Broschüre „Was tun?" in russischer Sprache im Stuttgarter Dietz-Verlag[16] – ein flammendes Plädoyer für die Umwandlung der illegalen sozialdemokratischen Partei in einen „Orden der Berufsrevolutionäre" (Trotzki). Lenin schwebte eine militante, zentralistisch geführte Geheimorganisation vor, die es mit der zaristischen Geheimpolizei aufnehmen konnte und deren Akteure die reformistisch gesinnten Arbeitermassen mit revolutionärem Klassenbewußtsein erfüllen und dazu anleiten sollten, den Kampf um die Fabriken und um den Staat aufzunehmen. Auf dem 2. Parteitag der SDAPR setzten Lenin und seine Anhänger alles daran, das Statut der Partei und deren Leitungsgremien in ihrem Sinne umzugestalten, was zu einer irreparablen Parteispaltung führte. Trotzki, der auf diesem Kongreß die sibirische Parteiorganisation vertrat und zunächst Lenin unterstützt hatte, schlug sich im Verlauf der Debatte auf die Seite der Minderheit und schrieb, unmittelbar nach dem Parteitag, einen kritischen Bericht über dessen Verlauf, der, mit einem Nachwort versehen, noch 1903 in Genf als Broschüre herauskam. In scharfer Form machte er gegen Lenins „bürokratischen Zentralismus" Front. Lenin zerstöre machtgierig wie ein kleiner Robespierre die bestehende Struktur der Partei, doch auch der Leninsche Zentralismus werde, wie einst der jakobinische, scheitern, weil er den Parteimitgliedern zu viele Ausschlüsse („Exekutionen") und zu wenig „Brot" beschere.[17] Lenin seinerseits verfaßte im Frühjahr

1904 eine umfangreiche Rechtfertigungsschrift, die auf einer minutiösen Analyse des Parteitagsprotokolls beruhte und im Mai, ebenfalls in Genf, als Buch erschien.[18] Lenin schrieb, die Partei der Berufsrevolutionäre werde so radikal sein, wie es in der Zeit der französischen Revolution der Jakobinerklub gewesen sei, werde sich aber nicht (wie jener) gegen die Sansculotten, die Plebejer von Paris, stellen, sondern im Bunde „mit dem Volke" Rußland revolutionieren. Trotzki erwiderte darauf mit der Broschüre „Unsere politischen Aufgaben", in der er die Antithese zu Lenins „Was tun?" entwickelte und die im August 1904 in Genf gedruckt wurde.[19] „Unsere politischen Aufgaben" war ein anti-substitutionalistisches Manifest, das in den Grundzügen schon Trotzkis berühmtes Plädoyer für die innerparteiliche und die Arbeiterdemokratie[20] vorwegnahm, mit dem er, knapp zwei Jahrzehnte später, den Kampf der Linken Opposition gegen den von Stalin beherrschten nachrevolutionären Parteiapparat eröffnete. Trotzki stellte die Sozialdemokraten des frühen 20. den Jakobinern des ausgehenden 18. Jahrhunderts gegenüber. Bei den Jakobinern hatte es sich um eine Gruppe radikaler bürgerlicher Revolutionäre gehandelt, die sich und ihr Programm in einer historisch aussichtslosen Situation mit Hilfe des Terrors zu behaupten suchten. Die Sozialdemokraten hingegen bildeten eine Vorhut von Revolutionären, die im Dialog mit der Arbeiterklasse einzig auf deren allmählich sich entwickelndes Bewußtsein ihrer Lage und ihrer Möglichkeiten und auf ihre Spontaneität setzten. Die Jakobiner, schrieb Trotzki, „waren Utopisten, wir wollen die Repräsentanten objektiver Tendenzen sein. [...] Sie hieben Köpfe ab, wir erfüllen sie mit Klassenbewußtsein."[21] Sein glänzend geschriebenes Pamphlet gegen Lenin, den „zentralistischen Substituteur" und „Mystiker der organisatorischen Form"[22], war die erste bedeutende Veröffentlichung der „Feder". In Lenins Konzeption und Auftreten sah er nicht nur einen Anachronismus, sondern eine tödliche Gefahr für die künftige Arbeiterbewegung – die der bürokratischen Entartung ihrer Organisationen und der Aufrichtung einer persönlichen Diktatur über die Partei und die Arbeiterklasse. „Die Jakobiner waren reinste Idealisten." Sie glaubten an die absolute Geltung der von ihnen erkannten Wahrheit, und „sie glaubten, daß einige Menschenhekatomben zur Errichtung eines Piedestals für diese ‚Wahrheit' kein zu teurer Preis seien."[23] In bezug auf eine Erklärung von Lenin-Anhängern im Ural schrieb Trotzki, diese hätten jedenfalls den Mut, „offen zu erklären, daß die Diktatur des Proletariats ihnen als Diktatur über das Proletariat sich darstellt: nicht die selbsttätige Arbeiterklasse, die das Schicksal der Gesellschaft in ihre Hände nimmt, sondern die starke und mächtige Organisation, die über das Proletariat und durch es über die Gesellschaft herrscht, wird den Übergang zum Sozialismus sichern."[24] Im Verhältnis der Parteiführung zu den Parteimitgliedern sah Trotzki dasjenige der künftigen Führung eines

Arbeiterstaats zur Arbeiterklasse vorgezeichnet. Indem er Lenins Berufung auf die Jakobiner ernstnahm und die Konsequenzen seiner „substitutionalistischen" Konzeption antizipierte, gelang ihm ein Fernblick in die düstere Zukunft der russischen Arbeiterklasse. Rosa Luxemburg, die zur selben Zeit ebenfalls eine Kritik der Leninschen Vorstellungen von der Partei und von der Diktatur des Proletariats zu Papier brachte, kam (unabhängig von Trotzki, aber in Formulierungen, die den seinen zum Verwechseln ähnlich waren) zu denselben Schlüssen. Sie schrieb: Es ist „unseres Erachtens verkehrt, zu denken, daß sich die noch unausführbare Majoritätsherrschaft der aufgeklärten Arbeiterschaft innerhalb ihrer Parteiorganisation vorläufig durch eine übertragene Alleinherrschaft der Zentralgewalt der Partei ersetzen lasse und daß die fehlende öffentliche Kontrolle der Arbeitermassen über das Tun und Lassen der Parteiorgane ebensogut durch die umgekehrte Kontrolle der Tätigkeit der revolutionären Arbeiterschaft durch ein Zentralkomitee ersetzt wäre".[25] Trotzki und Luxemburg waren einander im Habitus und in der Argumentation so ähnlich, daß sie einander eigentlich nicht wahrnahmen. Und so gibt es auch keine Bezugnahme der einen auf die Lenin-Kritik des anderen. Beide optierten im Hinblick auf eine künftige Diktatur des Proletariats gegen das Modell des zentralistisch-terroristischen Jakobinerstaats[26] und für das Modell des „absterbenden" Rätestaats der Pariser Kommune[27], das sich im Revolutionsjahr 1917 auch Lenin programmatisch zu eigen machte[28].

Jakobiner und Stalinisten

In den Jahren 1904-06 entwickelte Trotzki, unter maßgeblichem Einfluß des damals in München lebenden, marxistischen Wirtschaftstheoretikers Alexander Parvus-Helphand[29], seine Theorie der „Permanenten Revolution". Abweichend von den Erwartungen und Zielsetzungen der Bolschewiki und Menschewiki argumentierte er, daß in einem vergleichsweise rückständigen Bauernland mit „kombinierter Entwicklung", in dem noch im Jahre 1917 100 Millionen Bauern nur 5 Millionen Fabrik- und Transportarbeiter gegenüberstanden, die minoritäre Arbeiterklasse – vorausgesetzt, sie verfüge über eine vorausschauende und entschlossene Führung – nicht nur anstelle der handlungsunfähigen russischen Bourgeoisie deren „normale" Aufgaben erfüllen werde, sondern, einmal im Besitz der Staatsmacht, um ihrer Selbsterhaltung willen zu antikapitalistischen Maßnahmen greifen müsse. Das weitere Schicksal der russischen Arbeiterregierung, die einen Großteil der Bauernschaft zum Verbündeten gewinnen könne, hänge dann von der Entwicklung in den ökonomisch und politisch fortgeschritteneren europäischen Staaten ab. Diese Perspektive und seine Absage an den Jakobinismus („Substitutionismus") motivierten Trotzki dazu, schon zu

Beginn der Revolution von 1905 nach Rußland zurückzukehren und gegen Ende des Jahres eine führende Rolle im Petersburger Arbeiterdelegiertenrat zu übernehmen. Im Gefängnis gab er im Juni 1906 seiner Revolutionstheorie die definitive Formulierung in dem berühmten Schlußkapitel „Ergebnisse und Perspektiven" seines Buches über die Revolution von 1905.[30] Den Ersten Weltkrieg deutete er 1914 als eine destruktive Rebellion der Produktivkräfte gegen das kapitalistische Privateigentum und den Nationalstaat.[31] Der gemeinsame Kampf gegen den Krieg führte zu einer langsamen Annäherung der Kontrahenten von 1904, und im Mai 1917 verbündete sich Trotzki mit Lenin, der inzwischen, in seinen „Aprilthesen"[32], der bolschewistischen Partei die Aufgabe gestellt hatte, auf die Eroberung der Macht und die Bildung eines „Kommunestaates" hinzuarbeiten, der die Wirtschaft des Landes kontrollieren sollte. Der weitere Verlauf der Revolution des Jahres 1917 entsprach im wesentlichen dem Szenarium, das Trotzki elf Jahre zuvor in „Ergebnisse und Perspektiven" entworfen hatte. Da die Bolschewiki für einen sofortigen Frieden ohne Annexionen eintraten, alle Macht den Räten, das Land den Bauern und die Fabriken den Arbeitern zu geben versprachen, eroberten sie bald die Mehrheit in den basisdemokratischen, städtischen Räteorganisationen. Im November bemächtigten sie sich der Staatsmacht durch einen von Trotzki geleiteten, bewaffneten Aufstand. Anschließend verteidigten sie ihre Herrschaft, die sie mit der „Diktatur des Proletariats" gleichsetzten, mit Hilfe der von Trotzki organisierten und geführten Roten Armee in einem dreijährigen Bürgerkrieg erfolgreich gegen weißgardistische und imperialistische Truppen. Doch der Bürgerkrieg fraß die Demokratie, zuerst die freie Presse und die nichtkommunistischen Parteien, dann die Räte und schließlich auch die Parteidemokratie. Die bolschewistische Partei ging aus dem Bürgerkrieg als eine militarisierte Massenorganisation hervor, deren Funktionäre unkontrolliert über Staat und Wirtschaft verfügen konnten. Zum Erbe des Bürgerkriegs gehörten ein ständig wachsender Staatsapparat, die Geheimpolizei Tscheka, Arbeits- und Internierungslager und die verhängnisvolle Neigung, Konflike mit Gewalt zu lösen. Die dezimierte russische Arbeiterschaft war kaum mehr in der Lage, Partei und Staat zu kontrollieren. So wurden die Bolschewiki wirklich zu neuen „Jakobinern". Schljapnikow, der Führer der „Arbeiteropposition" in der bolschewistischen Partei, nannte die bolschewistische Partei im März 1922 als die „Avantgarde einer nicht existierenden Klasse".[33] Die revolutionäre Bewegung in Europa hatte zwar in den Jahren 1917-18 dem Krieg und den meisten Monarchien ein Ende gesetzt, doch begnügten sich die einflußreichen sozialdemokratischen Parteien mit der Realisierung ihres Minimalprogramms – mit der Etablierung parlamentarischer Demokratien und der Durchsetzung sozialpolitischer Reformen. Die Stabilisierung der mehr oder weniger demokratischen Regime durch eine Demokratisierung der Wirtschaft wurde auf den Sankt-Nimmerleins-Tag verschoben. 1923 scheiterte der Versuch der deutschen Kommunistischen Partei, die 1919 niedergeschlagene Arbeiterrevolution wieder aufzunehmen. 1924 proklamierte Stalin, der Generalsekretär der KPdSU und Anführer der Anti-Trotzki-Fraktion den Aufbau des „Sozialismus" innerhalb der Grenzen der UdSSR. Damit beschritt die russische Partei den Weg zum Massenterror, dem sie alsbald selbst zum Opfer fallen sollte. Lenin hatte als einer der ersten Kommunisten vor der Gefahr einer „bürokratischen Entartung" von Partei und Staat gewarnt, und auch Trotzki kehrte nach seiner „jakobinischen" Phase zur anti-substitutionalistischen Politik zurück. Seine Broschüre „Der Neue Kurs"[34] (1923-24) war eine Charta der Partei- und Rätedemokratie und zugleich das Gründungsdokument der „Linken Opposition" in der KPdSU und der Komintern, aus der, zehn Jahre später, nach dem kampflosen Sieg der Hitlerbewegung in Deutschland, die „Internationale Linke Opposition" und 1938 schließlich die IV. Internationale hervorging.

Der Stalinismus war der Versuch, mit Hilfe der verstaatlichten Produktionsmittel der Sowjetunion (und, später, ihrer Satelliten) und einer bürokratisch geleiteten Planwirtschaft die höchstentwickelten kapitalistischen Staaten nicht nur – was die Arbeitsproduktivität, den Lebensstandard und die bürgerlichen Freiheiten angeht – „einzuholen", sondern sie binnen einiger Jahrzehnte sogar zu „überholen". Das Autarkieprojekt des „Sozialismus in einem Lande" war zum Scheitern verurteilt. Die chaotische Zwangskollektivierung in den frühen dreißiger Jahren erwies sich als ein Desaster, und die ihr folgende, beschleunigte Industrialisierung führte zur völligen Entrechtung der Arbeiterschaft. Der Massenterror der dreißiger Jahre, der sich gegen Millionen vermeintlicher „Feinde des Sozialismus" richtete[35], führte zur Etablierung eines riesigen Systems von Zwangsarbeits- und Vernichtungslagern, das Alexander Solschenizyn, vier Jahrzehnte später, als „Archipel GULag" beschrieben hat[36]. Die stalinistische Propaganda arbeitete erfolgreich mit den Wunschträumen zahlloser Menschen in aller Welt, denen sie das Trugbild einer bereits „real existierenden" sozialistisch-kommunistischen Gesellschaft vorgaukelte. Die traurige Wirklichkeit des totalitären Mangel- und Terrorstaats wurde hinter einer modernen Potemkinschen Fassade versteckt. Rechtgläubige Stalinisten glaubten, und einige glauben noch heute daran, daß hinter den Grenzen der UdSSR wirklich ein „sozialistisches" oder gelobtes Land lag, das sich freilich unablässig gegen imperialistische Angreifer, Konterrevolutionäre und „Volksfeinde" verteidigen mußte. Je größer die Kluft zwischen Schein und Wirklichkeit wurde, desto weniger konnte die Führung auf den Terror verzichten.

Trotzki, der Internationalist und Verfechter der Arbeiterdemokratie, war für die treuen Stalin-Anhänger in aller Welt jahrzehntelang so etwas wie der Gottseibeiuns. Die geballte Macht des Stalinschen und des nachstalinschen Regimes wurde eingesetzt, um ihn zu einem faschistischen „Volksfeind" zu stempeln, seinen Namen aus der Geschichte der Arbeiterbewegung und der Sowjetunion zu löschen und einen Popanz an seine Stelle zu setzen. Den wirklichen Trotzki hat erst Isaac Deutscher in seiner großen Biographie, die in dem Jahrzehnt nach Stalins Tod erschien, wiederauferstehen lassen.[37]

Literatur und Konterrevolution

Die Nutznießer und Verteidiger des „Sozialismus in einem Lande", also der Diktatur der Bürokratie über die Arbeiter- und Bauernschaft der Sowjetunion, sahen in den „Trotzkisten" ihre Todfeinde. Kämpften diese doch für die Selbstverwaltung, also für die Kontrolle der Bevölkerungsmehrheit über Staat und Wirtschaft, für die Internationalisierung der Revolution und, seit den dreißiger Jahren, für eine zweite, politische Revolution gegen die stalinistische Bürokratie. Stalin und seine Gefolgsleute setzten alles daran, die in der IV. Internationale organisierten oder mit ihr sympathisierenden Minderheiten zu diskreditieren, sie als Spießgesellen des Imperialismus und Faschismus zu diffamieren und sie nach Möglichkeit unschädlich zu machen. Das war der Sinn der berüchtigten Moskauer Schauprozesse gegen die „Alte Garde" der Leninschen Partei und gegen die Führung der Roten Armee. Viele Tausende wirklicher und vermeintlicher Trotzki-Anhänger in der Sowjetunion, in Spanien und Frankreich, in China und Vietnam fielen Stalins Killern und den Erschießungskommandos der GPU zum Opfer. Stalin ruhte nicht, ehe er Trotzkis Familienangehörige, seine Sekretäre und schließlich ihn selbst hatte ermorden lassen.[38] Trotzki starb den gleichen Tod wie Rosa Luxemburg. Luxemburg fiel am 15. Januar 1919 in Berlin einer Bande von kaiserlichen Offizieren in die Hände. Der Mann, der vor dem Hotel Eden auf Weisung seiner Vorgesetzten mit dem Gewehrkolben auf Liebknecht und Luxemburg einschlug, war der Jäger Otto Runge, der kaum verstand, was er tat. Hinter Runge standen die Armee Ludendorffs und Groeners und die sozialdemokratische Regierung. Alfred Döblin hat den Mord an den Führern des Spartakusbundes in seinem Roman „November 1918" geschildert.[39] Der Mann, der zwei Jahrzehnte später Trotzki in seinem Haus im mexikanischen Coyoacán mit einem Eispickel niederschlug, war ein fanatischer Stalinist, ein Agent der GPU, der sich als Freund einer Sekretärin und Sympathisant Trotzkis ausgegeben hatte. Ramón Mercader schwieg über seine Auftraggeber, saß lange Jahre in Mexiko im Gefängnis, kam 1960 frei und reiste über Havanna nach Prag.

Er starb, hoch dekoriert, 1978 in Moskau. Hat Döblin den Namen Runges in die Literatur eingebracht, so hat uns Jorge Semprun[40] (im Rahmen eines Spionageromans) die Geschichte des Trotzki-Mörders nacherzählt und phantasievoll ausgemalt.[41]

Was bleibt?

Der „Totengräber der Revolution", „Kain-Stalin", wie Trotzki ihn nannte[42], ist wenigstens einmal von den Geistern der Partei- und Armeeführer heimgesucht worden, die er auf dem Gewissen hatte. Als im Juni 1941 Hitlers Armeen im ersten Anlauf weit auf russisches Gebiet vordrangen, verkroch er sich ratlos in seiner Datscha. Es wird berichtet, Stalin habe, als seine Paladine ihn schließlich aufstöberten, gefürchtet, sie würden ihn nun verhaften.[43] Aber sie brauchten ihn noch und verhalfen ihm zu einer zweiten Karriere als „Generalissimus" und Partner der Alliierten, dessen frühere Verbrechen geflissentlich übersehen wurden, der aber in der Nachkriegszeit rückfällig wurde und noch in seinen letzten Lebensjahren eine zweite Welle des Massenterrors auszulösen versuchte. Nur zögernd begannen seine Komplizen und Nachfolger, vor allem Chruschtschow, sich von ihm zu distanzieren. Keine „Wahrheitskommission" deckte je die stalinistischen Verbrechen auf, weder der GPU noch Stalins Blutrichtern wurde der Prozeß gemacht. Der Götzendienst um den Despoten im Kreml ist der heute in Rußland lebenden Generation unverständlich und peinlich. Sie erinnert sich gern des Sieges über Hitlers Armeen und ignoriert die Millionen Opfer, die allein die ersten Jahre des Kriegs kosteten, weil Stalin an Hitlers Bündnistreue glaubte und die Rote Armee auf den deutschen Angriff nicht vorbereitet war. Sie träumt von vergangener Größe und vergißt darüber, daß der gestiefelte „Vater der Völker" im Kreml bis zu den Knien im Blut seiner Landsleute watete. Die ein Vierteljahrhundert währende Stalin-Diktatur und ihr langes Nachspiel lasten noch immer wie ein Alb auf der russischen Gegenwart; darum wird die Auseinandersetzung damit künftigen Generationen zugeschoben.

Die Epoche der Lenin und Stalin, der Luxemburg und Trotzki ist längst Geschichte; die „Furie des Verschwindens" (Hegel) hat sich längst der Sowjetunion und der Komintern, der Roten Armee und der stalinistischen Parteien in aller Welt bemächtigt. Die Hoffnungen auf eine reichere und freiere Gesellschaft, die die Generationen beseelt haben, die in dem „kurzen Jahrhundert" zwischen 1914 und 1989 lebten, haben sich nicht erfüllt. Die Versuche, die kapitalistische Gesellschaft zu transzendieren, haben nur tiefer hinein ins alte Elend geführt, in Sklaverei und Massenmord. Was einmal als ein Fortschritt galt, die beschleunigte Industrialisierung eines rückständigen Agrarlandes, ist mit furchtbaren Menschenopfern erkauft worden. Die bolschewistischen Revolutionäre kamen zu früh, ihr Ausbruchsversuch aus dem System der weltweiten Lohnsklaverei ist mißlungen. Das Zeitalter der Ausbeutung und des Terrors, mit dem sie verteidigt wird, dauert an, und wann ein neuer Ausbruch versucht wird und ob er bessere Chancen hat, ist derzeit nicht abzusehen.

Außer ein paar Fachgelehrten und Sektierern liest niemand mehr Stalins Schriften oder die von Mao Tse-tung, keiner will sich mehr dieser Götzen erinnern. Trotzki aber lebt fort im Gedächtnis vieler Menschen als Revolutionär und Literat, als ein Mann der Feder und des Schwerts. Seine Autobiographie und seine Geschichte der russischen Revolution finden noch immer ihre Leser. Und sogar die IV. Internationale, die kleine revolutionäre Organisation, die er 1938 ins Leben rief, um dem Kapitalismus, den totalitären Regimen und dem Zweiten Weltkrieg etwas entgegenzusetzen, hat bis heute überlebt.[44] Sie übermittelt die Geschichte von Aufstieg und Niedergang der revolutionären Arbeiterbewegung einer neuen Generation, die nicht hinnehmen will, daß ein Fünftel der Menschen in irdischen Paradiesen, ein anderes Fünftel aber in der irdischen Hölle lebt.

Helmut Dahmer
Wien, August 2005

Anmerkungen

1 A. Labriola (1895-1897): Über den historischen Materialismus, Frankfurt 1974.

2 Vgl. dazu Louis Sinclair (1972): Leon Trotsky. A Bibliography, Stanford, und die Kataloge des Trotzki-Archivs in der Houghton Library in Harvard, wo sich der größte Teil seines Nachlasses befindet.

3 Vgl. dazu Trotzki (1971): Schriften über Deutschland, Bd. 1 und 2, Frankfurt 1971.

4 Als Beispiel nannte er einmal den austromarxistischen Theoretiker Otto Bauer.

5 Leo Trotzki (1935): Tagebuch im Exil. Köln – Berlin 1958, S. 72 f.

6 Friedrich Schlegel nannte in einem seiner Fragmente (1798) den Historiker einen „rückwärts gewandten Propheten". Schlegel: Werke in zwei Bänden. Berlin und Weimar 1980, Bd. 1, S. 199 (Fragment Nr. 80). Trotzki wäre als ein „vorwärts gewandter", interventionsbereiter Historiker zu charakterisieren.

7 Vgl. dazu Trotzkis Schriften über Deutschland (Frankfurt 1971) und seine Analysen der stalinistischen Sowjetunion in: Sowjetgesellschaft und stalinistische Diktatur (Hamburg 1988).

8 „Das Zwillingsgestirn Hitler-Stalin" (4. Dezember 1939). In: Trotzki: Sowjetgesellschaft und stalinistische Diktatur, 1936-1940; Schriften, Bd. 1.2. Hamburg 1988, S. 1309-1326.

9 „Gespräch mit einem sozialdemokratischen Arbeiter" (23. Februar 1933). In: Trotzki, a.a.O. (Anm. 3), S. 449-472.

10 Trotzki: „Sowjets in Amerika?" Die Sammlung (hg. von Klaus Mann); Amsterdam 1935, S. 521-530. (Ein Nachdruck der beiden Jahrgänge der Sammlung erschien 1986 in München und Frankfurt.) Eine von der Redaktion der Zeitschrift „Liberty" stark veränderte Version dieses Gesprächs erschien (1935) unter dem Titel „Wenn Amerika kommunistisch würde"; eine deutsche Übersetzung dieser Version findet sich in: Trotzki: Denkzettel. Politische Erfahrungen im Zeitalter der permanenten Revolution. Frankfurt 1981, S. 244-254

11 Vgl. Trotzkis Reden vor dem Präsidium der Zentralen Kontrollkommission der Partei am 24. Juni 1927, seine Rede vor dem Zentralkomitee und der ZKK am 1. August („Kriegsgefahr, Verteidigungspolitik und die Opposition"), seine Rede vor dem Präsidium des Exekutivkomitees der Komintern am 27. September und seine Rede vor dem Plenum von ZK und ZKK am 23. Oktober („Die Furcht vor unserer Plattform").
Trotzki: Linke Opposition und IV. Internationale, 1927-1928. Schriften, Bd. 3.2 (Texte Nr. 29, 30, 34, 38 und 39), Hamburg 1997.

12 Jan Waclaw Machajski: Die geistigen Arbeiter. (Russ. in drei Teilen.), Genf (1904/05).

13 Robert Michels (1911): Zur Soziologie des Parteiwesens in der modernen

Demokratie. Untersuchungen über die oligarchischen Tendenzen des Gruppenlebens, 2. Aufl., Stuttgart 1925.

14 Verratene Revolution. Was ist die Sowjetunion und wohin treibt sie? In: Trotzki (1988), a.a.O. (Anm. 8), Text 36, S. 687-1011. Vgl. dazu auch Ernest Mandel (2000): Macht und Geld. Eine marxistische Theorie der Bürokratie, Köln.

15 Vgl. dazu das Kapitel V. 3 („Zwei Lager: Geheimbund oder Arbeiterpartei? Die Spaltung der russischen Auslandsgruppen") in: Dietrich Geyer(1962): Lenin in der russischen Sozialdemokratie. Die Arbeiterbewegung im Zarenreich als Organisationsproblem der revolutionären Intelligenz, 1890-1903, Köln, Graz.

16 W. I. Lenin: Was tun? Brennende Fragen unserer Bewegung. In: Lenin (1971): Werke, Bd. 5, Berlin 1971, S. 355-551.

17 Leon Trotsky (1903): Report of the Siberian Delegation. New York, o. J., S. 38 und 42.

18 W. I. Lenin: Ein Schritt vorwärts, zwei Schritte zurück. (Die Krise in unserer Partei.) In: Lenin: Werke, Bd. 7, Berlin 1971, S. 197-430.

19 Trotzki(1904): Unsere politischen Aufgaben. In: Trotzki: Schriften zur revolutionären Organisation, Reinbek 1970, S. 7-134.

20 Trotzki(1923): Der Neue Kurs. In: Trotzki: Linke Opposition und IV. Internationale, 1923-1926. Schriften, Bd. 3.1, S. 209-314.

21 Trotzki, a.a.O. (Anm. 19), S. 117.

22 Ebd., S. 129 und 133.

23 Ebd., S. 113.

24 Ebd., S. 127.

25 Luxemburg (1904): „Organisationsfragen der russischen Sozialdemokratie." In: Luxemburg: Gesammelte Werke, Bd. 1.2, Berlin 1970, S. 422-444; Zitat auf S. 431. Der Artikel erschien zunächst russisch in der Zeitschrift „Iskra", dann deutsch in „Die Neue Zeit", Jg. 1903/04. Lenin antwortete nicht auf Trotzkis Broschüre, wohl aber auf die Kritik Luxemburgs. Sein Aufsatz „Ein Schritt vorwärts, zwei Schritte zurück, eine Antwort an Rosa Luxemburg" wurde aber von der Redaktion der „Neuen Zeit" (Karl Kautsky) zurückgewiesen und erschien (russisch) erst im Jahre 1930. Vgl. Lenin : Werke, Bd. 7; Berlin 1971, S. 480-491.

Auch Luxemburg kam 14 Jahre später auf ihre Lenin-Kritik aus dem Jahre 1904 zurück, als sie im Herbst 1918, noch im Breslauer Gefängnis, ihre (gegen den undemokratischen Kurs der Regierung Lenin-Trotzki gerichteten) kritischen Bemerkungen „Zur russischen Revolution" niederschrieb: „Ohne allgemeine Wahlen, ungehemmte Presse- und Versammlungsfreiheit, freien Meinungskampf erstirbt das Leben in jeder öffentlichen Institution, wird zum Scheinleben, in der die Bürokratie allein das tätige Element bleibt. Das öffentliche Leben schläft allmählich ein, [...] eine Elite der Arbeiterschaft wird von Zeit zu Zeit zu Versammlungen aufgeboten, um den Reden der Führer Beifall zu klatschen [und] vorgelegten Resolutionen einstimmig zuzustimmen." Es handelt sich „im Grunde also [um] eine Cliquenwirtschaft". Und das ist zwar eine Diktatur, „aber nicht die Diktatur des Proletariats, sondern die Diktatur einer Handvoll Politiker, d. h. Diktatur im rein bürgerlichen Sinne, im Sinne der Jakobinerherrschaft." Luxemburg: Gesammelte Werke, Bd. 4, Berlin 1974, S. 332-365; Zitate auf S. 362.

26 Vgl. dazu Walter Markov (1955): „Grenzen des Jakobinerstaates." In: Werner Krauss und Hans Mayer (Hg.) Grundpositionen der französischen Aufklärung, Berlin, S. 209-242. (Die Anmerkungen zu dem Text von Markov finden sich dort auf den Seiten 319-352.)

27 Vgl. dazu Marx (1871): Der Bürgerkrieg in Frankreich. Adresse des Generalrats der Int. Arbeiterassoziation. Marx-Engels-Werke, Bd. 17, Berlin 1962, S. 313-365.

28 Lenin: Staat und Revolution. Die Lehre des Marxismus vom Staat und die Aufgaben des Proletariats in der Revolution. Werke, Bd. 25, Berlin 1960, S. 393-507.

29 Winfried B. Scharlau und Z. A. Zeman (1964): Freibeuter der Revolution. Parvus-Helphand. Eine politische Biographie. Köln.

30 Trotzki (1906): Unsere Revolution (russ.), S. 224-286. Eine vollständige deutsche Übersetzung dieses Schlußkapitels erschien erst sechzig Jahre später: Trotzki: Ergebnisse und Perspektiven. Frankfurt 1967.

31 Trotzki (1914): Der Krieg und die Internationale. Zürich 1914.

32 Lenin : „Über die Aufgaben des Proletariats in der gegenwärtigen Revolution." (22. April 1917), Werke, Bd. 24, Berlin 1959, S. 1-8.

33 Zitiert nach Isaac Deutscher (1959): Trotzki, Bd. II, Stuttgart 1962, S. 459.

34 Trotzki: Der Neue Kurs. In: Trotzki, a.a.O. (Anm. 20), S. 209-314.

35 Vgl. dazu Robert Conquest (1990): Der Große Terror. Sowjetunion 1936-1938, München.

36 Solschenizyn (1973-74): Der Archipel GULag, 1918-1956. Versuch einer Bewältigung. Bd. 1-3, München 1974 und 1976.

37 Isaac Deutscher (1954-1963): Trotzki, Bd. I-III. Stuttgart 1962 und 1963.

38 Vgl. dazu Donald Rayfield (2004): Stalin und seine Henker, München. (Besonders S. 455 f.)

39 Döblin: November 1918. Eine deutsche Revolution. Bd. 1-4, München 1978. Der 4. Band „Karl und Rosa" wurde 1942-43 im amerikanischen Exil geschrieben und erschien separat schon 1950.

Zu Döblins literarischer Produktion in den Emigrationsjahren vgl. die „Einleitung" zu Günther Anders: Mensch ohne Welt. Schriften zur Kunst und Literatur. München 1984 , S. XXVII-XXXI.

40 Gleichzeitig mit Peter Weiß, der Jacson-Mercader in der 15. Szene seines (1968/69 geschriebenen) Trotzki-Stücks auftreten ließ. Weiß: Trotzki im Exil, Frankfurt 1970, S. 143 ff.

41 Semprun (1969): Der zweite Tod des Ramón Mercader. Roman. Frankfurt 1974.

42 „Brief an die Arbeiter der UdSSR.“ (23. 4. 1940) In: Trotzki: a.a.O. (Anm. 8), S. 1334-1337; Zitat auf S. 1337. [Auch in: Trotzki (1981): a.a.O. (Anm. 10), S. 324-327; Zitat hier auf S. 327.]

43 Vgl. dazu das Kapitel „Ein paralysierender Schock“ in Dimitri Wolkogonow (1989): Stalin, Triumph und Tragödie. Ein politisches Porträt, Düsseldorf, S. 556-567. Ferner das Kapitel 37 („Barbarossa“) in Robert Service (2005): Stalin. A Biography, Cambridge 2005

44 Vgl. dazu Pierre Frank (o. J.): Die Geschichte der IV. Internationale, Hamburg. Ferner Daniel Bensaid (2002): Was ist Trotzkismus? Köln 2002.

Kapitel I: Historische und politische Analysen

Nation und Weltwirtschaft

(30. November 1933)

Der italienische Faschismus bezeichnete den heiligen Egoismus der Nation als den einzigen schöpferischen Faktor. Der deutsche Nationalsozialismus führt die menschliche Geschichte auf die Nation zurück, er leitet noch dazu die Nation von der Rasse ab und die Rasse vom Blut. Aber auch in den Ländern, die sich in der Politik nicht zum Faschismus erhoben oder dazu heruntersanken, werden die Wirtschaftsprobleme zunehmend in den Rahmen der Nation gepreßt. Nicht immer entschließt man sich, offen die Autarkie zu proklamieren, aber die praktische Politik ist überall auf möglichst hermetische Abschließung von der Weltwirtschaft gerichtet. Noch vor zwei Jahrzehnten brachten einem die Schulbücher bei, die Weltarbeitsteilung, die auf den natürlichen und geschichtlichen Entwicklungsbedingungen der Menschheit beruht, sei ein mächtiger Faktor des Reichtums und der Kultur. Heute erweist sich der Weltaustausch als die Quelle aller Übel und Gefahren. Zurück und heim zum nationalen Herd! Es muß nicht nur der Fehler des Admirals Perry korrigiert werden, der eine Bresche in die japanische „Autarkie“ schlug, sondern auch der viel bedeutendere Fehler des Christoph Kolumbus, der so ohne Maß den Spielraum der menschlichen Kultur ausdehnte.

Der von Mussolini und Hitler entdeckte unvergängliche Wert der Nation wird den falschen Werten des zwanzigsten Jahrhunderts entgegengestellt: Demokratie und Sozialismus. Wieder geraten wir in unversöhnlichen Widerspruch zu den alten Lehrbüchern und – was noch schlimmer ist – zu unumstößlichen Geschichtstatsachen. Nur bösartige Unwissenheit kann mit der leeren Gegenüberstellung von Nation und liberaler Demokratie operieren. In Wirklichkeit trugen alle Freiheitsbewegungen der Neuzeit, selbst wenn man sie erst von Hollands Kampf um die Unabhängigkeit datieren wollte, gleicherweise nationalen wie demokratischen Charakter. Das Erwachen der unterdrückten und zerstückelten Nationen, ihr Kampf um die Vereinigung getrennter Teile und um die Unabhängigkeit von fremdem Joch waren ohne Kampf um politische Freiheit unmöglich. An der Wende des 18. zum 19. Jahrhundert gestaltete sich im Sturmgewitter einer demokratischen Revolution die französische Nation. In einer Reihe von Kriegen und Revolutionen bildeten sich im 19. Jahrhundert die italienische und die deutsche Nation. Die machtvolle Entwicklung der nordamerikanischen Nation, die ihre Taufe in der Freiheitserhebung des 18. Jahrhunderts empfangen hatte, wurde endgültig durch den Sieg der Nord- über die Südstaaten im Bürgerkrieg gesichert. Nicht Mussolini und nicht Hitler haben die Nation entdeckt. Der Patriotismus in seinem neuen – genauer: bürgerlichen – Sinn ist ein Erzeugnis des 19. Jahrhunderts. Das Nationalbewußtsein des französischen Volkes – wohl des konservativsten und zähesten – schöpft noch heute aus den Quellen der demokratischen Tradition.

Doch die wirtschaftliche Entwicklung der Menschheit machte, nachdem sie den mittelalterlichen Partikularismus zu Fall gebracht hatte, auch vor dem nationalen Rahmen nicht Halt. Parallel mit der Formung der Nationalwirtschaft wuchs der Welthandel. Die Entwicklungstendenz äußerte sich – wenigstens für die fortgeschritteneren Länder – in der Verlagerung des Schwerpunkts vom inneren auf den äußeren Markt. War für das 19. Jahrhundert die Verknüpfung des Geschicks der Nation mit dem der Wirtschaft kennzeichnend, so ist die Grundtendenz unseres Jahrhunderts der wachsende Widerspruch zwischen Wirtschaft und Nation. In Europa hat dieser Widerspruch völlig unerträgliche Schärfe angenommen.

Den bewegtesten Charakter hatte die Entwicklung des deutschen Kapitalismus. Wurde es dem deutschen Volk in der Mitte des 19. Jahrhunderts in den Käfigen von einigen Dutzend Vaterländern zu eng, so erstickte schon vier Jahrzehnte nach der Schaffung des Deutschen Reichs die deutsche Industrie im Rahmen des Nationalstaates. Eine der Hauptursachen des Weltkriegs war das Bestreben des deutschen Kapitals, in eine breitere Arena vorzustoßen. Der Gefreite Hitler focht 1914-18 nicht im Namen der Einheit der deutschen Nation, sondern im Namen eines übernationalen, imperialistischen Programms, dessen Ausdruck die berühmte Formel war: „Europa organisieren!" Unter der Oberhoheit des deutschen Militarismus vereint, sollte Europa zum Sammelplatz für ein noch weitergreifenderes Unternehmen werden: die Organisierung des Erdballs.

Deutschland bildete dabei keine Ausnahme. Es sprach nur in hochgespannter und aggressiver Form die Tendenz einer jeden nationalen kapitalistischen Wirtschaft aus. Ergebnis des Konflikts dieser Tendenzen war eben der Krieg. Zwar warf der Krieg, wie jede grandiose geschichtliche Erschütterung, die verschiedensten geschichtlichen Fragen auf und gab unter anderem den Anstoß zu den nationalen Revolutionen in den rückständigsten Teilen Europas (Zarenrußland, Österreich-Ungarn); aber das waren bloß verspätete Nachklänge einer Epoche, die schon der Vergangenheit angehörte. Dem Wesen nach war der Krieg imperialistischen Charakters. Mit barbarischen Ausrottungs- und Zerstörungsmethoden versuchte er eine fortschrittliche geschichtliche Aufgabe zu lösen: die Organisierung der Wirtschaft in der neuen Einheit, die durch die Weltarbeitsteilung vorbereitet worden war.

Überflüssig zu sagen, daß der Krieg diese Aufgabe nicht gelöst hat. Im Gegenteil, er hat Europa nur noch weiter zerstückelt. Er hat die wechselseitige Abhängigkeit Europas und Amerikas und damit ihre Antagonismen vertieft. Er gab den Anstoß zur selbständigen Entwicklung der Kolonien und verschärfte zugleich die Abhängigkeit der Mutterländer von den Kolonialmärkten. Alle Widersprüche der Vergangenheit traten in der Folge des Krieges noch verschärfter auf. Davor konnte man in den ersten Jahren, als Europa unter Mitwirkung Amerikas die Generalreparatur seiner zerrütteten Wirtschaft vornahm, noch halbwegs die Augen verschließen. Aber die Wiederherstellung der Produktivkräfte bedeutete unvermeidlich die Potenzierung aller Übel, die zum Krieg geführt hatten. Die heutige Krise – Synthese aller kapitalistischen Krisen der Vergangenheit – bedeutet vor allem die Krise der Nationalwirtschaft.

Der Völkerbund versuchte, die durch den Krieg nicht gelöste Aufgabe aus der Sprache des Militarismus in die Sprache diplomatischer Vereinbarungen zu übersetzen. War es Ludendorff nicht gelungen, mit dem Schwert „Europa zu organisieren", so machte Briand den Versuch, die „Vereinigten Staaten Europas" mit Hilfe eindringlicher diplomatischer Beredsamkeit zu schaffen. Doch die ununterbrochene Reihe von politischen, wirtschaftlichen, Finanz-, Zoll- und Währungskonferenzen hat nur das ganze Panorama der Unzulänglichkeit der herrschenden Klasse gegenüber der unaufschiebbarsten und brennendsten Aufgabe unserer Epoche aufgerollt.

Theoretisch läßt sich diese Aufgabe so formulieren: Wie könnte man zur Wirtschaftseinheit des europäischen Territoriums gelangen, bei vollständiger Freiheit in der kulturellen Entwicklung seiner Völker? Wie das geeinte Europa in eine ausgewogene Wirtschaft der ganzen Welt einfügen? Die Lösung dieser Frage wird nicht erfolgen auf dem Weg der Vergottung der Nation, sondern umgekehrt auf dem Weg der völligen Befreiung der Produktivkräfte aus den Fesseln, die ihnen der Nationalstaat angelegt hat. Aber die herrschenden Klassen Europas, entmutigt durch den Bankrott sowohl der militärischen wie der diplomatischen Methoden, gehen heute vom entgegengesetzten Ende an die Aufgabe heran: Sie versuchen, die Wirtschaft gewaltsam dem überlebten Nationalstaat zu unterwerfen. Die Sage vom Bett des Prokrustes wird im großen Ausmaß wieder lebendig: Anstatt der modernen Technik den ihr angemessenen Raum zu schaffen, hacken und schneiden die Herrschenden den lebendigen Organismus der Wirtschaft in Stücke.

Mussolini verkündete kürzlich in einer Programmrede den Tod des „Wirtschaftsliberalismus", das heißt der Herrschaft des freien Wettbewerbs. An sich ist der Gedanke nicht neu. Die Epoche der Trusts, Syndikate, Konsortien hat den freien Wettbewerb längst in den Hintergrund gedrängt. Doch die

Trusts vertragen sich mit dem begrenzten nationalen Markt noch weniger als die Unternehmungen des liberalen Kapitalismus. Das neue Monopol verschlang den Wettbewerb in dem Maße, in dem sich die Weltwirtschaft den nationalen Markt unterwarf. Der Wirtschaftsliberalismus war gleichzeitig mit dem Wirtschaftsnationalismus verendet. Versuche, die Wirtschaft zu retten, indem man sie mit dem Leichengift des Nationalismus impft, führen zu jener Blutvergiftung, die den Namen Faschismus trägt.

Der geschichtliche Aufstieg der Menschheit ist geleitet von dem Bestreben, mit dem geringsten Arbeitsaufwand die größtmögliche Menge von Gütern zu erlangen. Diese materielle Grundlage des kulturellen Wachstums liefert zugleich das entscheidende Kriterium für die Beurteilung der sozialen Herrschaftsformen und der politischen Programme. Der jüngste Wirtschaftsnationalismus ist durch seine Rückschrittlichkeit unwiderruflich verurteilt: er bremst und senkt die Produktivkraft des Menschen.

Die Politik der abgeschlossenen Wirtschaft bedeutet künstliche Verschneidung jener Industriezweige, die mit Erfolg Wirtschaft und Kultur der andern Länder befruchten könnten. Gleichzeitig bedeutet die Tendenz zur Autarkie künstliche Züchtung solcher Branchen, für die sich auf nationalem Boden keine günstigen Bedingungen finden. So verursacht die Fiktion der wirtschaftlichen Unabhängigkeit schwere Unkosten nach beiden Richtungen.

Dazu gesellt sich die Inflation. Als kosmopolitisches Äquivalent wurde das Gold im Laufe des 19. Jahrhunderts Grundlage aller Geldsysteme, die diesen Namen verdienen. Der Verzicht auf den Goldaustausch reißt die Weltwirtschaft noch wirksamer in Stücke als die Zollmauern. Die Inflation ist ein Ausdruck für die Störung der inneren Proportionen der Wirtschaft und ihrer internationalen Verflechtungen, verstärkt ihrerseits diese Störung und läßt sie aus einer funktionellen zu einer organischen werden. So krönt das „nationale" Geldsystem das verheerende Werk des Wirtschaftsnationalismus.

Die unerschrockensten Vertreter dieser Schule trösten sich damit, daß die Nation, wenn sie auch bei abgeschlossener Wirtschaft ärmer wird, dafür mehr zur Gemeinschaft werde (Hitler), oder daß die Anlässe zu äußeren Konflikten sich mit nachlassender Bedeutung des Weltmarkts verringern. Derartige Hoffnungen beweisen nur, daß die Doktrin des Wirtschaftsnationalismus nicht nur reaktionär ist, sondern auch durch und durch utopisch. Bei den ersten Anzeichen einer wirtschaftlichen Wiederbelebung – und diese müssen immerhin auftreten – wird der Kampf um die auswärtigen Märkte ungeahnte Schärfe annehmen. Die frommen Erwägungen über die Vorteile der Autarkie werden sofort über den Haufen geworfen sein, die klugen Pläne nationaler Harmonie werden unter den Tisch fallen. Das bezieht sich nicht nur auf den verspäteten, ungeduldigen und gierigen Kapitalismus Japans, sondern auch auf den trotz all seiner neuen Widersprüche mächtigen Kapitalismus Amerikas.

Die Vereinigten Staaten stellten den vollendetsten Typ der kapitalistischen Entwicklung dar. Das relative Gleichgewicht des unerschöpflich scheinenden inneren Marktes sicherte ihnen ein gewaltiges technisches und ökonomisches Übergewicht über Europa. Doch die bloße Tatsache des Eingreifens Amerikas in den Weltkrieg war eine Äußerung des bereits gestörten inneren Gleichgewichts. Die Veränderungen, die der Krieg in der Struktur der Vereinigten Staaten verursachte, bewirkten, daß der amerikanische Kapitalismus in die Weltarena trat und dies zu einer Lebensfrage für das System wurde. Vieles spricht dafür, daß dieser Ausweg außerordentlich dramatische Formen annehmen muß.

Demokratischer Nationalismus hat seinerzeit die Menschheit vorwärtsgebracht. Auch heute noch ist er fähig, bis zu einem gewissen Grade in den Kolonialländern des Ostens eine fortschrittliche Rolle zu spielen. Aber der faschistische Nationalismus des Niedergangs bringt nichts als Verderben. Er bereitet nicht die Besänftigung der Wirtschaft im nationalen Rahmen, sondern vulkanische Ausbrüche und grandiose Zusammenstöße vor. Alles, was wir während der letzten dreißig Jahre erlebten, wird sich als eine idyllische Ouvertüre erweisen im Vergleich zu der höllischen Musik, die uns erwartet. Diesmal handelt es sich nicht um einen zeitweiligen Absturz der Wirtschaft, sondern um ihre vollständige Verwüstung und um den Zusammenbruch unserer gesamten Kultur – wenn sich nicht die werktätige und denkende Menschheit rechtzeitig als fähig erweisen wird, ihre Produktivkräfte zu beherrschen, sie in Europa und in der Welt zu organisieren.

Ungleichmäßige und kombinierte Entwicklung
(1931)

Die alten Zivilisationen Ägyptens, Indiens und Chinas besaßen einen ausreichend selbstgenügsamen Charakter und verfügten über ausreichende Zeit, um trotz tiefstehenden Produktionskräften ihre sozialen Beziehungen fast zur gleichen, bis ins einzelne gehenden Vollendung zu bringen, zu der die Handwerker dieser Länder ihre Erzeugnisse brachten. Rußland lag nicht nur geographisch zwischen Europa und Asien, sondern auch sozial und historisch. Es unterschied sich vom europäischen Westen, aber auch vom asiatischen Osten und näherte sich während verschiedener Perioden in verschiedener Hinsicht bald dem einen, bald dem anderen. Der Osten brachte das tatarische Joch, das als wichtiges Element in den Aufbau des russischen Staates einging. Der Westen war ein noch gefährlicherer Feind, aber gleichzeitig Lehrer. Rußland hatte keine Möglichkeit, sich in den Formen des Ostens herauszubilden, weil es gezwungen war, sich stets dem militärischen und ökonomischen Druck des Westens anzupassen.

Das Bestehen feudaler Beziehungen in Rußland, von den alten Historikern verneint, kann man auf Grund neuer Forschungen als unbedingt nachgewiesen betrachten. Mehr noch: die Grundelemente des russischen Feudalismus waren die gleichen wie im Westen. Aber schon allein die Tatsache, daß die feudale Epoche erst durch lange wissenschaftliche Streitigkeiten festgestellt werden mußte, ist ein genügendes Zeugnis für die Unreife des russischen Feudalismus, seine Ungeformtheit und die Dürftigkeit seiner Kulturdenkmäler.

Ein rückständiges Land eignet sich die materiellen und geistigen Eroberungen fortgeschrittener Länder an. Das heißt aber nicht, daß es ihnen sklavisch folgt und alle Etappen ihrer Vergangenheit reproduziert. Die Theorie von der Wiederholung historischer Zyklen – Vico und dessen spätere Anhänger – stützt sich auf Beobachtungen des Kreislaufs alter, vorkapitalistischer Kulturen, zum Teil auch auf die ersten Erfahrungen der kapitalistischen Entwicklung. Eine gewisse Wiederholung der Kulturstadien an immer neuen Herden war tatsächlich mit dem provinziellen und episodischen Charakter des gesamten Prozesses verbunden. Der Kapitalismus bedeutet jedoch die Überwindung dieser Bedingungen. Er bereitete vor, und verwirklichte in gewissem Sinne, die Universalität und Permanenz der Menschheitsentwicklung. Das allein schließt die Wiederholungsmöglichkeit der Entwicklungsformen einzelner Nationen aus. Gezwungen, den fortgeschrittenen Ländern nachzueifern, hält das rückständige Land die Reihenfolge nicht ein: das Privileg der historischen Verspätung – und ein solches Privileg besteht – erlaubt, oder richtiger gesagt, zwingt, sich das Fertige vor der bestimmten Zeit anzueignen, eine

Reihe Zwischenetappen zu überspringen. Die Wilden vertauschen den Bogen gleich gegen das Gewehr, ohne erst den Weg durchzumachen, der in der Vergangenheit zwischen diesen Waffengattungen lag. Die europäischen Kolonisten in Amerika begannen die Geschichte nicht von neuem. Der Umstand, daß Deutschland oder die Vereinigten Staaten England ökonomisch überholt haben, war gerade durch die Verspätung ihrer kapitalistischen Entwicklung bedingt. Umgekehrt ist die konservative Anarchie in der britischen Kohlenindustrie, wie auch in den Köpfen Macdonalds und seiner Freunde, eine Quittung für die Vergangenheit, in der England zu lange die Rolle des kapitalistischen Hegemonen gespielt hat. Die Entwicklung einer historisch verspäteten Nation führt notgedrungen zu eigenartiger Verquickung verschiedener Stadien des historischen Prozesses. In seiner Gesamtheit bekommt der Kreislauf einen nicht planmäßigen, verwickelten, kombinierten Charakter.

Die Möglichkeit, Zwischenstufen zu überspringen, ist selbstverständlich keine absolute; ihr Ausmaß wird letzten Endes von der wirtschaftlichen und kulturellen Aufnahmefähigkeit des Landes bestimmt. Eine rückständige Nation drückt außerdem die Errungenschaften, die sie fertig von außen übernimmt, durch Anpassung an ihre primitivere Kultur hinab. Der Assimilationsprozeß selbst bekommt dabei einen widerspruchsvollen Charakter. So brachte die Einführung der Elemente westlicher Technik und Ausbildung, vor allem auf dem Gebiete des Militär- und Manufakturwesens unter Peter I., die Verschärfung des Leibeigenschaftsrechtes als Grundform der Arbeitsorganisation mit sich. Europäische Rüstung und europäische Anleihen – das eine wie das andere zweifellos Produkte einer höheren Kultur – führten zur Befestigung des Zarismus, der seinerseits die Entwicklung des Landes hemmte.

Die geschichtliche Gesetzmäßigkeit hat nichts gemein mit pedantischem Schematismus. Die Ungleichmäßigkeit, das allgemeinste Gesetz des historischen Prozesses, enthüllt sich am krassesten und am verwickeltsten am Schicksal verspäteter Länder. Unter der Knute äußerer Notwendigkeit ist die Rückständigkeit gezwungen, Sprünge zu machen. Aus dem universellen Gesetz der Ungleichmäßigkeit ergibt sich ein anderes Gesetz, das man mangels passenderer Bezeichnung das Gesetz der *kombinierten Entwicklung* nennen kann, im Sinne der Annäherung verschiedener Wegetappen, Verquickung einzelner Stadien, des Amalgams archaischer und neuzeitiger Formen. Ohne dieses Gesetz, selbstverständlich in seinem gesamten materiellen Inhalt genommen, vermag man die Geschichte Rußlands wie überhaupt aller Länder zweiten, dritten und zehnten Kulturaufgebotes nicht zu erfassen.

Unter dem Druck des reicheren Europa verschlang der Staat in Rußland einen verhältnismäßig viel größeren Teil des Volksvermögens als die Staaten im Westen und verurteilte damit nicht nur die Volksmassen zu doppelter Armut, sondern schwächte auch die Grundlagen der besitzenden Klassen. Da er gleichzeitig die Hilfe der letzteren benötigte, forcierte und reglementierte der Staat deren Bildung. Infolgedessen konnten sich die bürokratisierten privilegierten Klassen niemals in ganzer Höhe aufrichten, und um so mehr näherte sich der Staat in Rußland der asiatischen Despotie.

Das byzantinische Selbstherrschertum, das die Moskauer Zaren sich offiziell zu Beginn des sechzehnten Jahrhunderts angeeignet hatten, zähmte mit Hilfe des Adels das feudale Bojarentum und unterwarf sich den Adel, ihm gleichzeitig die Bauern versklavend, um sich auf dieser Grundlage in den Petersburger Imperatorenabsolutismus zu verwandeln. Die Verspätung dieses Prozesses wird dadurch zur Genüge charakterisiert, daß das Leibeigenschaftsrecht, das im 16. Jahrhundert entstanden war, sich im 17. ausgebildet und seine Blüte im 18. erreicht hatte, rechtlich erst 1861 abgeschafft wurde.

Perspektiven der russischen Revolution
(1906)

Revolution und Proletariat

Das Proletariat wächst und erstarkt zusammen mit dem Wachsen des Kapitalismus. In diesem Sinne ist die Entwicklung des Kapitalismus die Entwicklung des Proletariats zur Diktatur. Doch Tag und Stunde, wo die Macht in die Hände der Arbeiterklasse übergehen wird, hängen unmittelbar nicht vom Niveau der Produktivkräfte ab, sondern von den Bedingungen des Klassenkampfes, von der internationalen Situation und schließlich von einer Reihe subjektiver Momente: Tradition, Initiative, Kampfbereitschaft. [...]

In einem ökonomisch rückständigeren Lande kann dem Proletariat die Macht früher zufallen als in einem kapitalistisch fortgeschrittenen Lande. [...]

Die Vorstellung von irgendeiner automatischen Abhängigkeit der proletarischen Diktatur von den technischen Kräften und Mitteln des Landes bildet ein Vorurteil des aufs äußerste versimpelten „ökonomischen" Materialismus. Mit Marxismus hat eine solche Ansicht nichts gemein.

Die russische Revolution schafft unserer Ansicht nach Bedingungen, unter denen die Macht in die Hände des Proletariats übergehen kann (beim Sieg der Revolution übergehen muß), noch bevor die Politiker des bürgerlichen Liberalismus die Möglichkeit erhalten, ihr Staatsgenie in vollem Umfange zu entfalten.

Der Marxismus ist vor allem eine Methode der Analyse – nicht der Analyse von Texten, sondern der Analyse sozialer Beziehungen. Ist es, auf Rußland angewandt, richtig, daß die Schwäche des kapitalistischen Liberalismus unbedingt auch eine Schwäche der Arbeiterbewegung bedeutet?

Die zahlenmäßige Stärke des Industrieproletariats, seine Konzentriertheit, sein Kulturniveau, seine politische Bedeutung hängen zweifellos vom Entwicklungsgrad der kapitalistischen Industrie ab. Doch ist diese Abhängigkeit keine unmittelbare. Zwischen den Produktivkräften des Landes und den politischen Kräften seiner Klassen in jedem gegebenen Moment schieben sich verschiedene sozialpolitische Faktoren nationalen und internationalen Charakters, und diese verbiegen oder verändern sogar völlig den politischen Ausdruck der ökonomischen Beziehungen. Obwohl die Produktivkräfte der Industrie in den Vereinigten Staaten zehnfach höher sind als bei uns, ist die politische Rolle des russischen Proletariats, sein Einfluß auf die Politik seines Landes, die Möglichkeit seines baldigen Einflusses auf die Weltpolitik unvergleichlich größer als die Rolle und Bedeutung des amerikanischen Proletariats.

Das Proletariat an der Macht und die Bauernschaft

Im Falle eines entscheidenden Sieges der Revolution geht die Macht in die Hände der Klasse über, die im Kampfe die führende Rolle gespielt hat – mit anderen Worten, in die Hände des Proletariats. Selbstverständlich, wir wollen das gleich sagen, schließt das keinesfalls die Beteiligung revolutionärer Vertreter nichtproletarischer Gesellschaftsgruppen an der Regierung aus. [...] Die Frage ist nur, wer der Regierungspolitik Inhalt verleiht, wer in ihr die geschlossene Mehrheit darstellt. Es ist eines, ob an einer Regierung, die der Mehrheit ihrer Zusammensetzung nach eine Arbeiterregierung ist, Vertreter demokratischer Volksschichten teilnehmen – ein anderes, ob an einer ausgesprochen bürgerlich-demokratischen Regierung in der Rolle mehr oder minder ehrenwerter Geiseln Vertreter des Proletariats teilnehmen.

Das Proletariat wird seine Macht nicht festigen können, ohne die Basis der Revolution zu verbreitern. Viele Schichten der werktätigen Massen, hauptsächlich auf dem Lande, werden zum ersten Mal in die Revolution einbezogen werden und eine politische Organisation erhalten, erst nachdem die Avantgarde der Revolution, das Stadtproletariat, am Staatssteuer stehen wird. [...]

Der Charakter unserer sozial-historischen Beziehungen, der die ganze Schwere der bürgerlichen Revolution auf die Schultern des Proletariats wälzt, wird für die Arbeiterregierung nicht nur ungeheure Schwierigkeiten schaffen, sondern ihr auch, wenigstens in der ersten Periode ihres Bestehens, unschätzbare Vorteile bringen. Das wird sich in den Beziehungen zwischen Proletariat und Bauernschaft äußern.

Die russische Revolution verhindert und wird noch lange verhindern die Errichtung irgendeines bürgerlich-konstitutionellen Regimes, das die primitivsten Aufgaben der Demokratie lösen könnte. [...] Infolgedessen ist das Schicksal der elementarsten revolutionären Interessen der Bauernschaft – sogar der Gesamtbauernschaft als Stand – mit dem Schicksal der gesamten Revolution, das heißt mit dem Schicksal des Proletariats verbunden. Das Proletariat an der Macht wird der Bauernschaft als die Befreierklasse erscheinen.

Aber vielleicht wird die Bauernschaft das Proletariat verdrängen und dessen Platz einnehmen? Das ist unmöglich. Die gesamte historische Erfahrung lehnt sich gegen eine solche Annahme auf. Sie zeigt, daß die Bauernschaft absolut unfähig ist zu einer *selbständigen* politischen Rolle.

Die russische Bourgeoisie tritt dem Proletariat alle revolutionären Positionen ab. Sie wird auch die revolutionäre Hegemonie über die Bauernschaft abtreten müssen. In der Situation, die durch den Übergang der Macht an das Proletariat entstehen wird, wird der Bauernschaft nur übrigbleiben, sich dem Regime der Arbeiterdemokratie anzuschließen. Auch wenn sie es nicht mit größerer Einsicht tun sollte als der, mit der sie sich gewöhnlich dem bürgerlichen Regime anschließt! Doch während jede bürgerliche Partei im Besitz der Bauernstimmen sich beeilt, die Macht auszunutzen, um die Bauernschaft zu berauben und in all ihren Hoffnungen und Erwartungen zu betrügen, und danach, im schlimmsten Falle, den Platz einer anderen kapitalistischen Partei abzutreten, wird das Proletariat, gestützt auf die Bauernschaft, alle Kräfte in Bewegung setzen, um das Kulturniveau des Dorfes und die Entwicklung der politischen Erkenntnis in der Bauernschaft zu heben.

Das proletarische Regime

Zur Macht gelangen kann das Proletariat nur gestützt auf einen nationalen Aufschwung, auf die Begeisterung des ganzen Volkes. Das Proletariat wird die Regierung übernehmen als revolutionärer Vertreter der Nation, als anerkannter Volksführer im Kampfe gegen Absolutismus und Leibeigenschaftsbarbarei.

Aber an die Macht gekommen, wird das Proletariat eine neue Epoche eröffnen – eine Epoche revolutionärer Gesetzgebung, positiver Politik –, und hier ist ihm die Beibehaltung der Rolle des anerkannten Repräsentanten der Nation keinesfalls gesichert.

Jeder neue Tag wird die Politik des an der Macht stehenden Proletariats vertiefen und ihren Klassencharakter immer stärker bestimmen. Gleichzeitig damit wird die revolutionäre Verbindung zwischen Proletariat und Nation Störung erleiden, die klassenmäßige Differenzierung der Bauernschaft wird in politischen Formen hervortreten, der Antagonismus zwischen den Bestandteilen wird wachsen in gleichem Maße, wie die Politik der Arbeiterregierung aus einer allgemein demokratischen zu einer klassenmäßig bedingten sich entwickeln wird.

Die Abschaffung der ständischen Leibeigenschaft wird die Unterstützung der gesamten Bauernschaft als des Fronstandes finden. [...] Aber die gesetzgebenden Maßnahmen zum Schutze des landwirtschaftlichen Proletariats werden nicht nur diese aktive Sympathie bei der Mehrheit nicht finden, sondern sogar auf aktiven Widerstand der Minderheit stoßen. Das Proletariat wird sich gezwungen sehen, den Klassenkampf ins Dorf hineinzutragen und somit jene Interessengemeinschaft zu zerstören, die zweifellos bei der Gesamtbauernschaft besteht, wenn auch in verhältnismäßig engem Rahmen. Das Proletariat wird schon in den nächsten Monaten nach Antritt der Herrschaft eine Stütze suchen müssen in der Gegenüberstellung von Dorfarmut und Dorfreichen, landwirtschaftlichem Proletariat und ackerbauender Bourgeoisie.

Befindet sich die Macht in den Händen einer revolutionären Regierung mit sozialistischer Mehrheit, dann verliert der Unterschied zwischen Minimal- und Maximalprogramm sofort sowohl die prinzipielle wie die unmittelbar praktische Bedeutung. Im Rahmen dieser Abgrenzung sich zu halten, wird für eine proletarische Regierung völlig unmöglich sein.

Indem sie in die Regierung eintreten nicht als ohnmächtige Geiseln, sondern als führende Kraft, vernichten die Vertreter des Proletariats damit allein schon die Grenze zwischen Minimal- und Maximalprogramm, das heißt, sie stellen den Kollektivismus auf die Tagesordnung. An welchem Punkte das Proletariat auf diesem Wege aufgehalten werden wird, hängt von dem Kräfteverhältnis ab, keinesfalls aber von den ursprünglichen Absichten der proletarischen Partei.

Aus diesem Grunde kann nicht die Rede sein von irgendeiner besonderen Form der proletarischen Diktatur in der bürgerlichen Revolution, wie etwa von der demokratischen Diktatur des Proletariats (oder des Proletariats und der Bauernschaft). Die Arbeiterklasse wird nicht imstande sein, den demokratischen Charakter ihrer Diktatur zu sichern, ohne die Grenzen ihres demokratischen Programms zu überschreiten. Alle diesbezüglichen Illusionen wären nur unheilvoll.

Einmal im Besitze der Macht, wird die Partei des Proletariats um sie bis zum Ende kämpfen. Wird eines der Mittel dieses Kampfes um die Erhaltung und Sicherung der Macht Agitation und Organisation sein, besonders auf dem Lande, so wird das andere Mittel die kollektivistische Politik darstellen. Der Kollektivismus wird nicht nur unvermeidliche Schlußfolgerung aus der Stellung der Partei an der Macht werden, sondern auch das Mittel, diese Stellung, gestützt auf das Proletariat, zu sichern.

Als in der sozialistischen Presse die Idee der ununterbrochenen Revolution formuliert wurde, die die Liquidierung des Absolutismus und der bürgerlichen Leibeigenschaft verband mit der sozialistischen Umwälzung durch eine Reihe anwachsender sozialer Zusammenstöße, Aufstände neuer Schichten der Massen, fortwährender Attacken des Proletariats gegen die politischen und ökonomischen Privilegien der herrschenden Klassen, erhob unsere „fortschrittliche" Presse ein einmütiges Entrüstungsgeheul.

Die radikaleren Vertreter der gleichen Demokratie [...] halten nicht nur schon die Idee einer Arbeiterregierung in Rußland für phantastisch, sondern lehnen auch die Möglichkeit einer sozialistischen Revolution in Europa für die nächste historische Epoche ab. Noch seien die notwendigen „Voraussetzungen" nicht gegeben. Stimmt das? Es handelt sich selbstverständlich nicht darum, Fristen für die sozialistische Revolution festzulegen, sondern darum, sie in ihre realen historischen Perspektiven hineinzustellen. [...]

(Weiter folgen eine Analyse der allgemeinen Voraussetzungen der sozialistischen Wirtschaft und Beweise dafür, daß gegenwärtig – zu Beginn des 20. Jahrhunderts – diese Voraussetzungen, wenn man sie im europäischen und im Weltmaßstabe betrachtet, bereits gegeben sind.)

[...] Innerhalb der abgeschlossenen Grenzen einzelner Staaten könnte die sozialistische Produktion bereits nicht mehr Platz finden – sowohl aus ökonomischen wie aus politischen Gründen.

Arbeiterregierung in Rußland und Sozialismus

Wir haben oben gezeigt, daß objektive Voraussetzungen für die sozialistische Revolution bereits geschaffen sind durch die ökonomische Entwicklung der fortgeschrittenen kapitalistischen Länder. Was aber kann man in dieser Hinsicht von Rußland sagen? Darf man erwarten, daß der Übergang der Macht in die Hände des russischen Proletariats der Beginn einer Umwandlung unserer Nationalwirtschaft auf sozialistischen Grundlagen sein wird?

Die Pariser Arbeiter haben, wie Marx sagte, von der Kommune keine Wunder verlangt. Man darf plötzliche Wunder von der Diktatur des Proletariats auch jetzt nicht erwarten. Die Staatsgewalt ist nicht allmächtig. Es wäre unsinnig zu glauben, es genüge, daß das Proletariat die Macht bekommt – und es würde mittels einiger Dekrete Kapitalismus durch Sozialismus ersetzen. Ein ökonomisches Regime ist nicht Produkt einer Staatstätigkeit. Das Proletariat wird nichts weiter tun können, als mit aller Energie die Staatsmacht einzusetzen, um den Weg der wirtschaftlichen Evolution in die Richtung zum Kollektivismus zu erleichtern und abzukürzen.

Die Vergesellschaftung der Produktion wird mit Zweigen beginnen, die dafür die geringsten Schwierigkeiten bieten. In der ersten Periode wird die vergesellschaftete Produktion nur Oasen bilden, die mit privatwirtschaftlichen Unternehmungen durch Gesetze des Warenverkehrs verbunden sind. Je breiter das Feld sein wird, das bereits von vergesellschafteter Wirtschaft erfaßt ist, um so offenbarer werden dessen Vorteile, um so sicherer wird sich das neue politische Regime fühlen, um so kühner werden die weiteren Wirtschaftsmaßnahmen des Proletariats sein. Bei diesen Maßnahmen wird es sich nicht nur auf die nationalen Produktivkräfte stützen können und stützen, sondern auch auf die internationale Technik, ähnlich, wie es sich in seiner revolutionären Politik nicht nur auf die Erfahrung der nationalen Klassenbeziehungen, sondern auch auf die gesamte historische Erfahrung des internationalen Proletariats stützt.

Das proletarische Regime wird gleich zu Beginn an die Lösung der Agrarfrage gehen müssen, mit der das Schicksal riesiger Bevölkerungsmassen Rußlands verknüpft ist. Bei der Lösung dieser Frage, wie auch aller übrigen, wird das Proletariat ausgehen von der Grundbestrebung seiner ökonomischen Politik: ein möglichst breites Feld für die Organisierung der sozialistischen Wirtschaft zu gewinnen – wobei Formen und Tempo dieser Politik in der Agrarfrage bestimmt werden müssen sowohl von jenen materiellen Hilfsquellen, die zu erobern dem Proletariat gelingt, wie auch von der Notwendigkeit, sein Handeln so zu gestalten, daß nicht eventuelle Verbündete in die Reihen der Konterrevolution zurückgestoßen werden.

Wie weit aber kann die sozialistische Politik der Arbeiterklasse unter Rußlands Wirtschaftsbedingungen gehen? Man darf mit Bestimmtheit sagen: Sie wird viel früher auf politische Hindernisse stoßen als auf die technische Rückständigkeit des Landes. Ohne direkte Staatshilfe seitens des europäischen Proletariats wird sich die Arbeiterklasse Rußlands nicht an der Macht halten und ihre vorübergehende Herrschaft nicht in eine langwährende sozialistische Diktatur verwandeln können. [...]

Politischer „Optimismus" kann von zweierlei Art sein. Man kann übertrieben seine Kräfte und die Vorteile der revolutionären Situation einschätzen und sich Aufgaben stellen, deren Lösung das gegebene Kräfteverhältnis nicht zuläßt. Man kann aber auch umgekehrt optimistisch seinen revolutionären Aufgaben eine Schranke setzen, über die uns die Logik der Situation unvermeidlich hinwegschleudert.

Man kann die Rahmen sämtlicher Fragen der Revolution durch die Behauptung einschränken, unsere Revolution sei ihren objektiven Zielen, folglich auch den unvermeidlichen Resultaten nach bürgerlich, und man kann dabei die Augen vor der Tatsache verschließen, daß die wesentlichste wirkende Kraft dieser bürgerlichen Revolution das Proletariat ist, das durch den ganzen Gang der Revolution zur Macht gestoßen wird. [...]

Man kann sich damit trösten, daß die sozialen Bedingungen Rußlands für die sozialistische Wirtschaft noch nicht reif seien – und man kann sich dabei Gedanken darüber ersparen, daß das Proletariat, an die Macht gelangt, unweigerlich durch die gesamte Logik seiner Lage dazu gestoßen werden wird, die Wirtschaft auf Kosten des Staates zu führen.

Die allgemeine soziologische Bezeichnung – bürgerliche Revolution – löst keinesfalls jene politisch-taktischen Aufgaben, Widersprüche und Schwierigkeiten, die von der Mechanik der gegebenen bürgerlichen Revolution gestellt werden.

Im Rahmen der bürgerlichen Revolution Ende des 18. Jahrhunderts, die zur objektiven Aufgabe die Herrschaft des Kapitals hatte, erwies sich die Diktatur der Sansculotten als möglich. In der Revolution zu Beginn des 20. Jahrhunderts, die nach ihren unmittelbaren objektiven Aufgaben ebenfalls bürgerlich ist, zeichnet sich als nächste Perspektive die Unvermeidlichkeit oder doch wenigstens die Wahrscheinlichkeit der politischen Herrschaft des Proletariats ab. Daß diese Herrschaft nicht eine flüchtige „Episode" bleibe, wie einige reale Philister hoffen, dafür wird das Proletariat selbst sorgen. Aber schon jetzt darf man sich die Frage stellen: Muß die Diktatur des Proletariats unvermeidlich an dem Rahmen der bürgerlichen Revolution zerschellen, oder kann sie sich auf den gegebenen weltgeschichtlichen Grundlagen die Perspektive des Sieges eröffnen, indem sie diesen einschränkenden Rahmen sprengt?

Nachbemerkung im Jahre 1932

(Weiter folgt die Entwicklung des Gedankens, daß die russische Revolution die proletarische Revolution im Westen entfesseln könne und aller Wahrscheinlichkeit nach entfesseln werde, was seinerseits wieder die sozialistische Entwicklung Rußlands sichern würde.

Es bleibt noch hinzuzufügen, daß in den ersten Jahren des Bestehens der Kommunistischen Internationale die hier zitierte Arbeit offiziell in fremden Sprachen herausgegeben wurde als theoretische Deutung der Oktoberrevolution.)

Oktoberrevolution
(1932)

Jene Tage waren ungewöhnliche Tage sowohl im Leben des Landes wie im persönlichen Leben. Die Spannung der sozialen Leidenschaften und der persönlichen Kräfte erreichte einen Höhepunkt. Die Massen schufen Epoche, die Führer fühlten, daß ihre Schritte mit den Schritten der Geschichte sich vereinigten. In jenen Tagen wurden Beschlüsse gefaßt und Befehle erteilt, von denen das Schicksal des Volkes für eine ganze historische Epoche abhing. Die Beschlüsse wurden dennoch fast nicht diskutiert. Es würde mir schwer fallen, zu sagen, daß sie richtig erwogen und überlegt wurden. Sie wurden improvisiert. Dadurch waren sie nicht schlechter. Der Ansturm der Ereignisse war so mächtig, die Aufgaben so klar, daß die verantwortlichsten Beschlüsse leicht, im Gehen, entstanden, als etwas Selbstverständliches, und sie wurden auch so aufgenommen. Die Bahn war vorausbestimmt. Man hatte die Aufgaben nur bei Namen zu nennen, man brauchte nicht zu beweisen, man brauchte fast keine Aufrufe mehr. Die Masse begriff ohne Schwankungen und Zweifel, was sich für sie aus der Situation von selbst ergab. Unter der Last der Ereignisse formulierten die „Führer" nur das, was den Bedürfnissen der Masse und den Forderungen der Geschichte entsprach.

Der Marxismus betrachtet sich als den bewußten Ausdruck des unbewußten geschichtlichen Prozesses. Aber der – im geschichtlich-philosophischen und nicht im psychologischen Sinne – „unbewußte" Prozeß trifft nur auf seinen höchsten Gipfeln mit seinem bewußten Ausdruck zusammen, wenn die Masse durch einen elementaren Ansturm die Türen der sozialen Routine einschlägt und den tiefsten Bedürfnissen der historischen Entwicklung einen siegreichen Ausdruck gibt. Das höchste theoretische Bewußtsein der Epoche verschmilzt in solchen Augenblicken mit der unmittelbaren Handlung der zutiefst unterdrückten und der Theorie am fernsten stehenden Massen. Die schöpferische Vereinigung des Bewußten mit dem Unbewußten ist das, was man gewöhnlich Inspiration nennt. Revolution ist rasende Inspiration der Geschichte.

Jeder echte Schriftsteller kennt Augenblicke des Schaffens, wo jemand Anderer, Stärkerer, ihm die Hand führt. Jeder echte Redner kennt Augenblicke, wo aus seinem Munde etwas Stärkeres spricht, als er selbst in seinen gewöhnlichen Stunden ist. Das ist „Inspiration". Sie entsteht aus der höchsten schöpferischen Anspannung aller Kräfte. Das Unbewußte erhebt sich aus tiefen Höhlen und unterwirft sich die bewußte Gedankenarbeit, verbindet sich mit ihr zu einer höheren Einheit.

Stunden höchster Anspannung der geistigen Kräfte erfassen in gegebenen Augenblicken alle Seiten der persönlichen Tätigkeit, die mit der

Bewegung der Masse verbunden ist. Solche Tage waren für die „Führer" die Oktobertage. Die verborgensten Kräfte des Organismus, seine tiefsten Instinkte, der von seinen tierischen Ahnen vererbte Spürsinn, all das erhob sich, sprengte die Türen der psychischen Routine und stellte sich – zusammen mit den höchsten historisch-philosophischen Verallgemeinerungen – in den Dienst der Revolution. Diese beiden Prozesse, der individuelle und der kollektive, beruhten auf der Vereinigung des Bewußten und des Unbewußten, des Instinktes, der die Triebfeder des Willens bildet, mit den höchsten Verallgemeinerungen des Gedankens.

Äußerlich sah es gar nicht pathetisch aus: Die Menschen gingen einher müde, hungrig, ungewaschen, mit entzündeten Augen und borstigen Gesichtern. Jeder von ihnen vermochte später nur weniges über die kritischsten Tage und Stunden zu erzählen.

Hier ein Auszug aus den Notizen meiner Frau, die allerdings bedeutend später geschrieben wurden: „Die letzten Tage der Vorbereitung des Oktober wohnten wir in der Taurischen Straße. L. D. verbrachte die ganzen Tage im Smolny. Ich setzte meine Arbeit im Verband der Holzarbeiter fort, wo die Bolschewiki die Führung hatten und wo die Atmosphäre sehr erhitzt war. Alle Dienststunden vergingen in Diskussionen über den Aufstand. Der Vorsitzende des Verbandes vertrat den ‚Standpunkt Lenin-Trotzki' (so hieß das damals), ich führte zusammen mit ihm die Agitation. Über den Aufstand sprach man überall und allerorts: in den Straßen, in den Speiseräumen, bei Begegnungen auf den Treppen des Smolny. Man nährte sich schlecht, schlief wenig, arbeitete vierundzwanzig Stunden am Tage. Von unseren Jungens waren wir meist getrennt, und die Oktobertage waren für mich auch Tage der Sorge um ihr Schicksal. In der Schule, die sie besuchten, gab es insgesamt zwei ‚Bolschewiki', Ljowa und Serjoscha, und einen dritten, einen ‚Sympathisierenden', wie sie sagten. Gegen diese drei trat die kompakte Gruppe der Sprößlinge der regierenden Demokratie auf, der Kadetten und der Sozialrevolutionäre. Wie stets bei ernsten Meinungsverschiedenheiten, wurde die Kritik durch praktische Argumente ergänzt. Der Direktor mußte mehr als einmal meine Söhne aus dem Haufen der über ihnen liegenden ‚Demokraten' befreien. Die Jungens taten eigentlich das gleiche, was ihre Väter taten. Der Direktor war Kadett. Deshalb bestrafte er meinen Sohn dauernd: ‚Nehmen Sie Ihr Mützchen und gehen Sie nach Hause.' Nach dem Umsturz wurde ihr Verbleiben in der Schule ganz undenkbar. Die Jungens gingen in eine Volksschule über. Dort war alles primitiver und gröber, aber es war dort leichter zu atmen.

Ich und L. D. waren nie zu Hause. Wenn die Jungens aus der Schule heimkamen und uns nicht fanden, hielten auch sie es nicht für nötig, in den vier Wänden zu bleiben. Demonstrationen, Zusammenstöße, häufige Schießereien flößten mir in jenen Tagen Angst um sie ein; sie waren höchst revolutionär gesinnt. [...] Bei flüchtigen Begegnungen mit mir erzählten sie freudig: ‚Wir fuhren heut' in der Trambahn mit Kosaken und haben gesehen, wie sie Papas Aufruf ‚Brüder – Kosaken!' lasen.' ‚Nun, und?' ‚Sie lasen, gaben ihn weiter, schön ist es...' ‚Schön?' ‚Schön!' Ein Bekannter von L. D., der Ingenieur K., der eine große Familie, Kinder in verschiedenem Alter, eine Bonne und so weiter hatte, erbot sich, die Jungens vorübergehend bei sich aufzunehmen, wo sie unter Aufsicht sein würden. Man mußte dieses rettende Anerbieten aufgreifen. Mit verschiedenen Aufträgen von L. D. ging ich an manchen Tagen fünfmal nach dem Smolny. Spät in der Nacht kehrten wir in die Taurische Straße zurück und trennten uns am frühen Morgen: L. D. ging in den Smolny, ich in den Verband. Mit dem Anwachsen der Ereignisse verließ man den Smolny überhaupt nicht. L. D. kam tagelang nicht in die Taurische Straße, nicht mal, um sich ein wenig auszuschlafen. Oft blieb auch ich im Smolny. Man übernachtete auf Sofas, in Sesseln, ohne sich auszuziehen. Das Wetter war nicht warm, aber trocken, herbstlich, trübe, mit kalten Windstößen. In den Hauptstraßen war es still und leer. In dieser Stille lag eine unheimliche Spannung. Der Smolny kochte. Die riesige Aula glänzte in tausend Lichtern der prächtigen Lüster und war Tag und Nacht unmäßig mit Menschen überfüllt. Ein intensives Leben herrschte auch in den Fabriken und Werkstätten. Aber die Straßen wurden still, verstummten, als habe die Stadt ängstlich den Kopf in die Schultern eingezogen. [...]

Ich erinnere mich, wie ich am zweiten oder dritten Tag nach der Umwälzung am Morgen in ein Zimmer des Smolny trat, wo ich Wladimir Iljitsch, Lew Dawidowitsch, ich glaube, Dserschinski, Joffe und viele andere erblickte. Alle hatten eine graugrüne, übernächtigte Gesichtsfarbe, entzündete Augen, schmutzige Kragen; das Zimmer war vollgeraucht. Jemand saß am Tisch, um den Tisch herum stand eine Menge, die auf Befehle wartete. Lenin und Trotzki waren umringt. Mir schien, die Anordnungen wurden wie im Schlafe erteilt. In den Bewegungen, in den Worten war etwas Somnambulisches, Mondsüchtiges, einen Augenblick schien es mir, daß ich selbst dies alles nicht wachend wahrnähme und daß die Revolution verlorengehen müsse, wenn ‚sie' sich nicht gut ausschlafen und saubere Kragen nehmen würden: Der traumähnliche Zustand war mit diesen Kragen aufs engste verbunden. Ich erinnere mich noch, daß ich tags drauf Maria Iljinischna, Lenins Schwester, begegnete und sie in aller Eile darauf aufmerksam machte, daß Wladimir Iljitsch den Kragen wechseln müsse. ‚Ja, ja', antwortete sie lachend. Aber auch in meinen Augen hatten inzwischen die sauberen Kragen ihre quälende Wichtigkeit verloren."

Die Macht ist erobert, mindestens in Petrograd. Lenin hat noch keine Zeit gehabt, seinen Kragen zu wechseln. Auf dem müden Gesicht wachen Lenins Augen. Sie blicken auf mich freundschaftlich, milde, mit eckiger Verlegenheit innere Nähe ausdrückend. „Wissen Sie", sagt er zögernd, „gleich nach den Verfolgungen und der Illegalität zur Macht...", er sucht nach einem Ausdruck und geht plötzlich in die deutsche Sprache über: „es schwindelt." Er macht eine kreisende Handbewegung um den Kopf. Wir blicken einander an und lächeln kaum. Das Ganze dauert kaum eine bis zwei Minuten. Dann – einfacher Übergang zu den laufenden Geschäften.

Man muß die Regierung bilden. Wir sind einige Mitglieder des Zentralkomitees. Eine fliegende Sitzung in der Ecke eines Zimmers.

„Wie es nennen?", überlegt Lenin laut. „Nur nicht Minister: eine widerliche, abgenutzte Bezeichnung."

„Man könnte – Kommissare", schlage ich vor, „nur gibt es jetzt zu viel Kommissare. Vielleicht Oberkommissare? ... Nein, ‚Ober' klingt schlecht. Vielleicht aber, ‚Volkskommissare'?"

„Volkskommissare? Ja, das könnte vielleicht gehen", stimmt Lenin zu. „Und die Regierung in ihrer Gesamtheit?"

„Sowjet, natürlich Sowjet... Sowjet der Volkskommissare, wie?"

„Sowjet der Volkskommissare", wiederholt Lenin, „ausgezeichnet: riecht furchtbar nach Revolution!"

Lenin war wenig geneigt, sich mit der Ästhetik der Revolution zu befassen oder ihre „Romantik" auszukosten. Aber je tiefer er die Revolution im ganzen fühlte, um so präziser stellte er fest, wonach sie „rieche".

„Und was wird sein", fragte mich Wladimir Iljitsch ganz unvermutet in jenen ersten Tagen, „wenn die Weißgardisten Sie und mich umbringen; könnten dann Swerdlow und Bucharin fertig werden?"

„Vielleicht werden sie uns auch nicht umbringen", antwortete ich lachend.

„Der Teufel kennt sie", sagte Lenin und lachte selbst.

Diese Episode habe ich in meinen Erinnerungen über Lenin im Jahre 1924 zum ersten Mal wiedergegeben. Wie ich später erfuhr, fühlte sich das damalige „Trio", Stalin, Sinowjew und Kamenew, durch diese Mitteilung blutig gekränkt, wagte aber nicht, ihre Richtigkeit zu bestreiten. Eine Tatsache bleibt eine Tatsache: Lenin erwähnte damals nur Swerdlow und Bucharin. Andere Namen kamen ihm nicht in den Sinn.

Lenin hatte mit kurzen Unterbrechungen fünfzehn Jahre in der Emigration zugebracht und kannte die nicht in der Emigration befindlichen Kernkader der Partei nur aus dem Briefwechsel oder aus kurzen Begegnungen im Auslande. Erst nach der Revolution erhielt er die Möglichkeit, sie bei der

Arbeit näher zu betrachten. Er mußte sich dabei Urteile neu bilden oder Urteile, die er nach den Mitteilungen Dritter gebildet hatte, revidieren. Als ein Mann von großer sittlicher Leidenschaft kannte Lenin keine gleichgültige Beziehung zu Menschen. Diesem Denker, Beobachter und Strategen war eigentümlich, sich durch Menschen hinreißen zu lassen. Davon spricht auch Nadeschda Konstantinowna Krupskaja in ihren Erinnerungen. Lenin pflegte sich niemals auf den ersten Blick eine leichthin überlegte Ansicht über einen Menschen zu bilden. Lenins Auge war wie das Mikroskop. Es vergrößerte um das Vielfache jene Eigenschaft, die aus momentanen Bedingungen heraus sein Gesichtsfeld traf. Lenin verliebte sich oft im buchstäblichen Sinne des Wortes in einen Menschen. In solchen Fällen zog ich ihn auf: „Ich weiß, ich weiß, Sie haben einen neuen Roman." Lenin selbst kannte diese seine Eigenschaft und lachte als Antwort etwas verlegen und etwas bitter.

Seine Beziehung zu mir während des Jahres 1917 machte einige Stadien durch. Lenin empfing mich zurückhaltend und abwartend. Die Julitage brachten uns plötzlich einander näher. Als ich, gegen die Mehrheit der führenden Bolschewiki, die Parole des Boykotts des Vorparlaments aufstellte, schrieb Lenin aus seinem Versteck: „Bravo, Genosse Trotzki!" Nach einigen zufälligen und irreführenden Anzeichen schien es ihm dann, daß ich in der Frage des bewaffneten Aufstandes eine zu abwartende Linie verfolge. Diese Befürchtung fand ihren Ausdruck in einigen Briefen Lenins während des Monats Oktober. Um so klarer, wärmer und herzlicher hatte sich seine Stellung zu mir am Tage des Umsturzes geäußert, als wir in dem halbdunklen leeren Zimmer auf dem Fußboden ausruhten. Am anderen Tag, in der Sitzung des Zentralkomitees der Partei, schlug Lenin vor, mich zum Vorsitzenden des Rats der Volkskommissare zu wählen. Ich sprang protestierend von meinem Platze auf, – dermaßen unerwartet kam und unangebracht schien mir der Vorschlag. „Weshalb denn nicht?", beharrte Lenin. „Sie standen an der Spitze des Petrograder Sowjets, der die Macht ergriffen hat." Ich beantragte, den Vorschlag ohne Diskussion abzulehnen. So wurde es auch gemacht. Am 1. November rief Lenin während der heißen Debatten im Petrograder Parteikomitee aus: „Es gibt keinen besseren Bolschewiken als Trotzki." Diese Worte bedeuteten in Lenins Munde viel. Nicht zufällig wird das Protokoll der Sitzung, in der sie gesagt wurden, bis jetzt vor der Öffentlichkeit geheimgehalten.

Die Eroberung der Macht hatte die Frage auch nach meiner Regierungsarbeit gestellt. Merkwürdig: ich hatte niemals daran gedacht. Es war mir kein einziges Mal eingefallen, trotz der Erfahrung von 1905, die Frage meiner Zukunft mit der Frage der Regierung zu verbinden. Seit meinen frühesten Jahren, richtiger gesagt seit meiner Kinderzeit, träumte ich davon, Schriftsteller zu werden. In den späteren Jahren habe ich die

Schriftstellerei, wie alles andere, den revolutionären Zielen untergeordnet. Die Frage der Machteroberung durch die Partei stand immer vor mir. Ich habe Dutzende und Hunderte Male über das Programm der revolutionären Regierung geschrieben und gesprochen. Aber die Frage nach meiner persönlichen Arbeit nach der Machtergreifung ist niemals in mir aufgetaucht. Sie hatte mich deshalb so überrascht. Nach dem Umsturz versuchte ich, außerhalb der Regierung zu bleiben; ich machte den Vorschlag, die Leitung der Parteipresse zu übernehmen. Es ist möglich, daß dieser Versuch in gewissem Sinne durch eine Nervenreaktion nach dem Siege hervorgerufen wurde. Die vorangegangenen Monate waren für mich zu unmittelbar mit der Vorbereitung des Umsturzes verbunden. Jede Fiber war angespannt. Lunatscharski erzählte irgendwo in der Presse, daß Trotzki damals wie eine Leidener Flasche herumging; „jede Berührung mit ihm rief eine Entladung hervor." Der 7. November brachte die Lösung. Ich hatte den gleichen Wunsch wie ein Chirurg nach Beendigung einer schweren und gefährlichen Operation: Hände waschen, Kittel abnehmen und ausruhen. Lenin dagegen war soeben aus seinem Versteck zurückgekehrt, wo ihn dreieinhalb Monate das Isoliertsein von der direkten praktischen Führung gequält hatte. Eins kam zum anderen und nährte noch mein Verlangen, mindestens für eine kurze Zeit hinter die Kulissen zu treten. Aber Lenin wollte davon nichts hören. Er forderte, daß ich an die Spitze der inneren Angelegenheiten träte: Der Kampf gegen die Konterrevolution sei jetzt die Hauptaufgabe. Ich widersprach und brachte neben anderen Argumenten auch das nationale Moment hervor: Lohnt es sich, den Feinden noch eine solche Waffe wie mein Judentum in die Hand zu geben? Lenin war fast entrüstet: „Wir haben eine große internationale Revolution, welche Bedeutung können da solche Lappalien haben?" Bei diesem Thema entstand zwischen uns ein halb scherzhafter Wortwechsel: „Die Revolution ist gewiß groß, aber es sind noch Dummköpfe genug übriggeblieben," erwiderte ich. „Ja, wollen wir uns den Dummköpfen anpassen?" „Nicht anpassen, aber eine kleine Konzession an die Dummheit muß man mitunter schon machen: Wozu müssen wir gleich am Anfang eine überflüssige Komplikation schaffen?"

Ich habe bereits erwähnt, daß das nationale Moment, das im Leben Rußlands so wichtig war, in meinem persönlichen Leben fast keine Rolle gespielt hat. Schon in der frühesten Jugend waren mir nationale Leidenschaften und Vorurteile rationalistisch unfaßbar gewesen und hatten in mir in gewissen Fällen ein Gefühl des Ekels, manchmal sogar einen moralischen Brechreiz hervorgerufen. Die marxistische Erziehung hat diese Stimmungen vertieft und sie in einen aktiven Internationalismus verwandelt. Das Leben in verschiedenen Ländern, die Kenntnis ihrer Sprachen, Politik und Kultur trugen dazu bei, daß dieser Internationalismus mir in

Fleisch und Blut überging. Wenn ich im Jahre 1917 und später manchmal mein Judentum als Argument gegen die eine oder die andere Ernennung benutzte, so tat ich es ausschließlich aus Gründen politischer Berechnung.

Ich gewann Swerdlow und manches andere Mitglied des Zentralkomitees für mich. Lenin blieb in der Minderheit. Er zuckte mit den Achseln, seufzte, schüttelte vorwurfsvoll den Kopf und tröstete sich nur damit, daß wir auf jeden Fall ohne Rücksicht auf Ämter die Konterrevolution bekämpfen würden. Daß ich mich aber in die Presse zurückzöge, dem widersetzte sich energisch auch Swerdlow: da wollen wir Bucharin hinsetzen. „Lew Dawidowitsch muß man Europa gegenüberstellen, er soll die auswärtigen Angelegenheiten übernehmen." „Was werden wir jetzt für auswärtige Angelegenheiten haben?", erwiderte Lenin. Unzufrieden willigte er aber dennoch ein. Unzufrieden willigte auch ich ein. So gelangte ich durch die Initiative von Swerdlow für ein Vierteljahr an die Spitze der Sowjetdiplomatie.

Das Kommissariat des Auswärtigen bedeutete für mich eigentlich Befreiung von Amtsarbeit. Genossen, die mir ihre Mitarbeit anboten, riet ich fast stets, ein dankbareres Betätigungsfeld für ihre Kräfte zu suchen. Einer von ihnen hat später in seinen Erinnerungen recht saftig eine Unterhaltung geschildert, die er kurz nach Bildung der Sowjetregierung mit mir gehabt hatte. „Was für diplomatische Arbeit werden wir denn haben?", hätte ich ihm nach seinem Bericht gesagt, „ich werde einige revolutionäre Proklamationen an die Völker erlassen und dann die Bude schließen." Der Berichterstatter war über einen solchen Mangel an diplomatischem Selbstbewußtsein aufrichtig betrübt. Ich habe, natürlich absichtlich, meinen Standpunkt übertrieben, um damit zu unterstreichen, daß das Schwergewicht jetzt gar nicht in der Diplomatie läge.

Die Hauptarbeit bestand in der Weitertreibung der Oktoberrevolution, in ihrer Ausdehnung auf das ganze Land, in der Abwendung des Überfalls Kerenskis und des Generals Krassnow auf Petrograd, im Kampfe gegen die Konterrevolution. Diese Aufgaben lösten wir außerhalb der Ämter, und meine Zusammenarbeit mit Lenin war die ganze Zeit über eng und ohne Pause.

Unsere Arbeitszimmer im Smolny lagen an zwei verschiedenen Enden des Gebäudes. Der uns verbindende oder richtiger trennende Korridor war so lang, daß Lenin scherzend den Vorschlag machte, einen Fahrradverkehr einzurichten. Wir waren durch ein Telefon verbunden. Ich ging einigemal am Tage durch den endlosen Korridor, der einem Ameisenhaufen ähnelte, in Lenins Arbeitszimmer zu Beratungen zu ihm. Der junge Matrose, der sich Lenins Sekretär nannte, lief fortwährend mit Zetteln von Lenin zu mir, die zwei, drei kräftige Sätze mit doppelter und dreifacher Unterstreichung der wesentlichsten Worte enthielten und am Schluß eine scharf formulierte

Frage. Die Zettelchen waren öfters von Entwürfen für Dekrete begleitet, die eine eilige Rückäußerung erforderten. In den Archiven des Rates der Volkskommissare werden nicht wenige Dokumente aus jener Zeit aufbewahrt, die teils von Lenin, teils von mir geschrieben sind, Texte von Lenin mit meinen Korrekturen oder meine Vorschläge mit Ergänzungen von Lenin.

In der ersten Periode, beispielsweise bis August 1918, nahm ich an den Arbeiten des Rates der Volkskommissare aktiv teil. In der Zeit des Smolny war Lenin mit eifriger Ungeduld bestrebt, auf alle Fragen des wirtschaftlichen, politischen, administrativen und kulturellen Lebens mit Dekreten zu antworten. Ihn leitete dabei keinesfalls die Leidenschaft für bürokratische Reglementierung, sondern das Bestreben, das Programm der Partei in der Sprache der Regierung aufzurollen. Er wußte, daß die revolutionären Dekrete vorläufig nur zum kleinsten Teile durchzuführen waren. Die Sicherung der Durchführung und der Kontrolle setzte einen richtig funktionierenden Apparat, Erfahrung und Zeit voraus. Keiner aber konnte sagen, wieviel Zeit wir zur Verfügung haben würden. Die Dekrete hatten in der ersten Periode eine mehr propagandistische als administrative Bedeutung. Lenin beeilte sich, dem Volke zu sagen, was die neue Macht sei, was sie wolle und wie sie ihre Ziele zu verwirklichen gedenke. Er schritt von Frage zu Frage mit einer herrlichen Unermüdlichkeit, rief keine Beratungen zusammen, bestellte bei den Spezialisten Ermittlungen und wühlte selbst in den Büchern. Ich half ihm.

In Lenin war die Sorge um die Hinterlassenschaft jener Arbeit, die er leistete, mächtig. Als ein großer Revolutionär verstand er, was historische Tradition bedeutet. Ob wir an der Macht bleiben oder zurückgeschlagen werden, das könne man nicht voraussehen. Man müsse aber unter allen Bedingungen möglichst viel Klarheit in die revolutionären Erfahrungen der Menschheit hineinbringen. Es werden andere kommen und, auf das von uns Vorgezeichnete gestützt, einen neuen Schritt vorwärts tun. Dies war der Sinn der gesetzgeberischen Arbeit in der ersten Periode. Von demselben Gedanken bewegt, forderte Lenin ungeduldig die schnellste Herausgabe der Klassiker des Sozialismus und des Materialismus in russischer Sprache. Er war darauf bedacht, daß man möglichst viel revolutionäre Denkmäler aufstelle, wenn auch der einfachsten Art, wie Büsten, Gedenktafeln in allen Städten, wenn es anginge auch in den Dörfern: um das Geschehene in der Vorstellung der Massen zu befestigen; es komme darauf an, möglichst tiefe Spuren im Gedächtnis des Volkes zu hinterlassen.

Jede Sitzung des Rates der Volkskommissare, der in der ersten Zeit häufig teilweise erneuert wurde, ergab ein Bild der größten gesetzgeberischen Improvisation. Man mußte alles von vorn beginnen. „Präzedenzfälle" waren nirgendwo zu finden, denn die Geschichte kannte solche nicht. Lenin führte unermüdlich den Vorsitz im Rate der Volkskommissare, oft fünf, sechs Stunden hintereinander; Sitzungen des Rates der Volkskommissare fanden zu jener Zeit täglich statt. Nach einer allgemeinen Regel wurden Fragen ohne Vorbereitung gestellt, fast stets hatten sie den Charakter der Dringlichkeit. Sehr oft war der Kern der Sache sowohl den Mitgliedern wie dem Vorsitzenden des Sowjets vor Beginn der Beratung unbekannt gewesen. Die Diskussionen waren kurz, für den einführenden Bericht wurden etwa zehn Minuten bewilligt. Und trotzdem tastete sich Lenin stets zu dem Wesentlichen durch. Zur Zeitersparnis schickte er den Teilnehmern der Beratung kurze Zettelchen, mit dem Wunsch um die eine oder die andere Auskunft. Diese Zettelchen bildeten ein sehr umfangreiches und sehr interessantes schriftliches Element der gesetzgeberischen Technik des Leninschen Sowjets der Volkskommissare. Der größte Teil davon ist leider nicht aufbewahrt worden, da die Antwort meist auf der Rückseite des Fragezettels geschrieben stand und die Zettelchen von dem Vorsitzenden gewöhnlich gleich vernichtet wurden. Einen geeigneten Augenblick abwartend, gab Lenin seine Resolutionspunkte bekannt, die stets mit beabsichtigter Schärfe formuliert waren, wonach die Debatten entweder überhaupt aufhörten oder in eine konkrete Bahn praktischer Vorschläge mündeten. Die Leninschen „Punkte" wurden gewöhnlich die Basis der Dekrete.

Zur Führung dieser Arbeit war, neben allen anderen Fähigkeiten, ein riesiges schöpferisches Vorstellungsvermögen erforderlich. Eine der wertvollsten Eigenschaften einer solchen Vorstellungskraft ist die Fähigkeit, sich Menschen, Dinge und Erscheinungen, selbst wenn man sie niemals gesehen hat, gerade so vorzustellen, wie sie in Wirklichkeit sind. Alle seine Lebenserfahrungen und theoretischen Einstellungen auszunutzen, einzelne kleine Züge im Fluge zu erfassen, sie nach irgendwelchen unformulierten Gesetzen des Übereinstimmenden und Wahrscheinlichen zu ergänzen und auf diesem Wege ein bestimmtes Gebiet des menschlichen Lebens in all seiner Konkretheit entstehen zu lassen – das ist das Vorstellungsvermögen, das für einen Gesetzgeber, einen Administrator, einen Führer, besonders in der Epoche der Revolution, unbedingt notwendig ist. Die Kraft Lenins war in großem Maße die Kraft der realistischen Vorstellungsgabe.

Es ist unnötig, zu sagen, daß im Fieber der gesetzgeberischen Schöpfung nicht wenige Fehlgriffe und Widersprüche unterlaufen konnten. Im allgemeinen aber werden die Leninschen Dekrete aus der Epoche des Smolny, das heißt aus der stürmischsten und chaotischsten Revolutionsperiode, für immer in die Geschichte eingehen als Verkündungen einer neuen Welt. Nicht nur Soziologen und Geschichtsschreiber, auch Gesetzgeber der Zukunft werden immer wieder auf diese Quelle zurückkommen.

Jakobinismus und Sozialdemokratie

(August 1904)

Nicht Jakobiner und Sozialdemokrat, sondern Jakobiner oder Sozialdemokrat

„Der Jakobiner, der untrennbar verbunden ist mit der Organisation des Proletariats, das sich seiner Klasseninteressen *bewußt geworden* ist, – das ist eben der *revolutionäre Sozialdemokrat.*"

Diese Formel muß alle politischen und theoretischen Eroberungen sanktionieren, die von dem Leninschen Flügel unserer Partei gemacht wurden; in dieser unbedeutenden Formel verbirgt sich die theoretische Wurzel der Meinungsverschiedenheiten über den unglücklichen ersten Paragraphen des Statuts ebenso wie über alle taktischen Fragen. Notwendigerweise muß man bei ihr verweilen. [...]

In welchem Sinne können wir Jakobiner sein? In der Gesinnung? Der Doktrin? Der Methodik des politischen Kampfes? Der Methodik der innerparteilichen Politik? Der Art der feierlichen Deklamation?

Der Jakobinismus ist keine über der Gesellschaft stehende „revolutionäre" Kategorie, nein, er ist ein historisches Produkt. Der Jakobinismus ist der Gipfel der Anspannung revolutionärer Energie in der angespannten historischen Epoche der Selbstbefreiung der bürgerlichen Gesellschaft; er war das Maximum an Radikalismus, das die bürgerliche Gesellschaft erbringen kann – nicht auf dem Weg der Entwicklung ihrer inneren Widersprüche, sondern auf dem Weg ihrer Verdrängung und Unterdrückung –, in der Theorie mittels Appellation an die Rechte des abstrakten Menschen und des abstrakten Staatsbürgers, in der Praxis mittels der Guillotine. Die Geschichte mußte stehenbleiben, damit der Jakobinismus an der Macht bleiben konnte; denn jede Bewegung nach vorn mußte die verschieden gearteten Elemente, die die Jakobiner aktiv oder passiv unterstützt hatten, einander entgegenstellen und auf diese Weise, auf dem Weg innerer Reibungen, den revolutionären Willen abschwächen, an dessen Spitze sich die Bergpartei befand. [...]

Mittels des „Belagerungszustands" den Augenblick des höchsten revolutionären Aufbruchs verewigen und mittels des Stahls der Guillotine die Scheidelinie bestimmen – diese politische Taktik diktierte der Instinkt der politischen Selbsterhaltung.

Die Jakobiner waren Utopisten; sie stellten sich die Aufgabe: *„fonder une République sur les bases de la raison et de l'égalite"* („Eine Republik zu gründen auf der Basis von Vernunft und Gleichheit"). Sie wollten Republiken der Gleichheit – auf der Basis des Privateigentums, Republiken der Vernunft und der Tugend – im Rahmen der klassenmäßigen Ausbeutung. Die Methoden ihres Kampfes entsprangen ihrem revolutionären Utopismus. Sie standen auf der Schneide eines gewaltigen Widerspruchs, und sie riefen die Schneide der Guillotine zu Hilfe.

Die Jakobiner waren reinste Idealisten. Wie alle Idealisten vor und nach ihnen erkannten sie „als erste" *„les principes de la morale universelle"*, die Prinzipien der universellen Moral; sie glaubten an die absolute Kraft der Idee der *„vérité"*, der Wahrheit. Und sie glaubten, daß einige Menschenhekatomben zur Errichtung eines Piedestals für diese „Wahrheit" kein zu teurer Preis seien. [...]

Dem absoluten Glauben an die metaphysische Idee entsprach das absolute Mißtrauen gegenüber den lebendigen Menschen; Mißtrauen war unvermeidlich die Methode des Dienstes an der „Wahrheit" und die höchste staatsbürgerliche Verpflichtung des „echten Patrioten". [...]

Der revolutionäre Sozialdemokrat ist nicht nur des unvermeidlichen Wachstums der politischen Partei des Proletariats sicher, sondern auch des unvermeidlichen Sieges der Idee des *revolutionären* Sozialismus innerhalb dieser Partei. [...]

Zwei Welten, zwei Doktrinen, zwei Taktiken, zwei Mentalitäten – durch eine tiefe Kluft getrennt.

In welchem Sinne sind wir Jakobiner? Sie waren Utopisten, wir wollen die Repräsentanten objektiver Tendenzen sein; sie waren von Kopf bis Fuß Idealisten, wir sind von Kopf bis Fuß Materialisten. Sie waren Rationalisten, wir sind Dialektiker. Sie glaubten an die heilsame Kraft einer über den Klassen stehenden Wahrheit, vor der alle sich zu beugen verpflichtet seien; wir glauben allein an die Klassenkraft des revolutionären Proletariats. Ihr in sich widersprüchlicher theoretischer Idealismus veranlaßte sie zu politischem Mißtrauen und schonungslosem Argwohn; unser theoretischer Materialismus versieht uns mit unverletzbarem Vertrauen auf den historischen „Willen" des Proletariats. Ihre Methode war die Guillotinierung geringster Abweichungen, unsere Methode ist die geistig-politische Aufhebung von Meinungsverschiedenheiten. Sie hieben Köpfe ab, wir erfüllen sie mit Klassenbewußtsein. [...]

Die Jakobiner stellten zwischen sich und den Moderantismus den Stahl der Guillotine. Die Logik der Klassenbewegung war gegen sie, und sie versuchten, sie zu enthaupten. Torheit – die Zahl der Köpfe der Hydra nahm beständig zu, die Reihen der Köpfe jedoch, die den Ideen der Tugend und der Wahrheit hingegeben waren, lichteten sich von Tag zu Tag; die Jakobiner „reinigten sich", indem sie sich schwächten. Die Guillotine war nur das mechanische Instrument des politischen Selbstmords, der Selbstmord selbst jedoch war die verhängnisvolle Konsequenz ihrer hoffnungslosen historischen Position, der Position der Verkünder der Gleichheit auf der Basis des Privateigentums, der Propheten der universellen Moral im Rahmen der klassenmäßigen Ausbeutung. [...]

Mißtrauen und Argwohn bildeten unbezweifelbar einen Charakterzug der Mitarbeiter der „Iskra", da der Wirkungskreis, in dem sie arbeiteten, die Intelligenz war, die ihre anti-proletarische Natur in verschiedenen „Abweichungen" offenbarte. Wenn die Arbeit der Sozialdemokratie im ganzen darin besteht, den unorganisierten Grundkräften Form zu verleihen, indem sie das Proletariat zum politischen Zusammenschluß führt, dann bestand die Arbeit der alten „Iskra" im Kampf mit der unorganisierten Grundkraft, indem sie die Intelligenz von der politischen Auflösung im Proletariat zurückstieß. Die Aufgabe bestand nicht allein darin, das politische Bewußtsein der Intelligenz aufzuklären, sondern auch darin, sie *theoretisch zu terrorisieren*. Für jene Sozialdemokraten, die sich in dieser Periode formten, steht die „Orthodoxie" jener absoluten *vérité*, die die Jakobiner beseelte, sehr nahe. Die orthodoxe Wahrheit sieht alles vorher, sogar die Fragen der Kooptation. Wer das bestreitet, muß ausgestoßen werden, wer das bezweifelt, ist nahe daran, ausgestoßen zu werden, wer fragt, ist bereit zu zweifeln. [...]

Lenin und seine Anhänger werden die Ursachen ihres Mißlingens so lange nicht erfassen, wie sie die Idee nicht begreifen, daß man nicht nur der Gesellschaft im ganzen, sondern auch der einzelnen Partei die Wege ihrer Entwicklung nicht vorschreiben kann. Man kann sie lediglich aus den gegebenen historischen Bedingungen ableiten und mittels unermüdlicher kritischer Arbeit säubern. [...]

Der Führer der revolutionären bürgerlichen Demokratie kann nur ein Jakobiner sein. Er versammelt seine Armee (die nicht groß und gewaltig sein wird) um die klappernden Losungen der strengen „Diktatur", der eisernen „Disziplin", des „Aufrufs zum Aufstand". Als ideologische Hülle der Versöhnung der revolutionären Intelligenz mit ihrer beschränkten bürgerlich-revolutionären (jakobinischen) Rolle kann der Marxismus auftreten, natürlich nicht in seinem sozialistischen Klasseninhalt, sondern in seinem formalen Rahmen, der so zerbrochen ist, daß man diesen „orthodoxen Marxismus" mit dem Jakobinismus *verknüpfen* kann, um eine revolutionäre „Sozialdemokratie" zu erhalten.

Die Diktatur über das Proletariat

Zu der Zeit, da Lenin seine „Formel" vom sozialdemokratischen Jakobiner produzierte, erarbeiteten seine Gesinnungsgenossen im Ural eine neue „Formel" der Diktatur des Proletariats. [...]

Bei uns in Rußland sei angesichts der zentralisierten Autokratie „die Frage der Organisation, der streng zentralisierten, konspirativen, zum

Vorwärtsschreiten und zur Durchführung ihrer *eigentlichen Aufgabe* fähigen Partei" besonders wichtig; *„und diese Aufgabe fällt mit der Endaufgabe zusammen."*

Das ist die sozialrevolutionäre Philosophie dreier Komitees: der Komitees von Ufa, vom Mittelural und von Perm. Diese Philosophie läßt sich in drei Thesen formulieren:

1. Die Vorbereitung des Proletariats auf die Diktatur ist eine *organisatorische* Aufgabe, die in der Vorbereitung des Proletariats darauf besteht, eine mächtige Organisation, gekrönt von einem *Diktator*, zu *erhalten*.

2. Das Erscheinen dieses Diktators über dem Proletariat, im Interesse der Diktatur des Proletariats, muß unbedingt bewußt vorbereitet werden.

3. Abweichung von diesem Programm bedeutet Opportunismus.

In jedem Falle haben die Autoren dieses Dokuments den Mut, offen zu erklären, daß die Diktatur des Proletariats ihnen als Diktatur über das Proletariat sich darstellt: nicht die selbsttätige Arbeiterklasse, die das Schicksal der Gesellschaft in ihre Hände nimmt, sondern die „starke und mächtige Organisation", die über das Proletariat und durch es über die Gesellschaft herrscht, wird den Übergang zum Sozialismus sichern.

Um die Arbeiterklasse auf die politische Herrschaft vorzubereiten, muß in ihr die Selbsttätigkeit entwickelt und geübt werden und die Gewöhnung zur ständigen aktiven Kontrolle über das gesamte Exekutivpersonal der Revolution. Das eben ist die große *politische* Aufgabe, die sich die internationale Sozialdemokratie stellt. Für „sozialdemokratische Jakobiner" jedoch, für die unerschrockenen Vertreter des Systems der politischen Substitution, ist die gigantische *gesellschaftlich-politische* Aufgabe, nämlich die Vorbereitung der Klasse zur staatlichen Herrschaft, durch eine organisatorisch-taktische ersetzt, nämlich die Ausarbeitung eines Machtapparats.

Die erste Problemstellung verlegt den Schwerpunkt in die Methoden der politischen Erziehung und Umerziehung der immer mehr und mehr sich vergrößernden Kreise des Proletariats auf dem Weg ihrer Einbeziehung in die aktive politische Arbeit. Die zweite Problemstellung führt zur Auslese disziplinierter Exekutoren im Rahmen der „starken und mächtigen Organisation", zu einer Auslese, die im Interesse einer Verkürzung der Arbeit nur mittels der mechanischen Entfernung Nicht-Angepaßter vor sich geht: mittels „Auflösung" und „Entzug der Rechte".

Wiederholen wir: Die Genossen aus dem Ural sind völlig konsequent in der Ersetzung der Diktatur des Proletariats durch die Diktatur über das Proletariat, der politischen Herrschaft der Klasse durch die organisatorische Herrschaft über die Klasse. Das ist jedoch nicht die Folgerichtigkeit des Marxisten, sondern die des Jakobiners oder die seiner „Übertragung" in sozialistische Sprache, des Blanquisten – natürlich mit dem urwüchsigen Aroma der uralischen Kultur.

Für den europäischen Sozialismus sind die jakobinischen Tendenzen ein *überwundener Standpunkt,* ein längst abgeschlossenes Entwicklungsstadium. [...]

Die Aufgaben des neuen Regimes sind so kompliziert, daß sie nicht anders gelöst werden können als mittels des Wettstreits verschiedener Methoden des ökonomischen und politischen Aufbaus, mittels langer „Streitgespräche", mittels systematischen Kampfes, nicht nur der sozialistischen Welt mit der kapitalistischen, sondern auch der verschiedenen Strömungen innerhalb des Sozialismus untereinander, Strömungen, die sich unvermeidlich einstellen werden, sobald die Diktatur des Proletariats Dutzende und Hunderte neuer, von niemandem im voraus lösbarer Probleme aufstellen wird. Und keine „starke und mächtige Organisation" wird zur Beschleunigung und Vereinfachung des Prozesses diese Strömungen und Meinungsverschiedenheiten unterdrücken können, weil es nämlich nur zu klar ist, daß das Proletariat, wenn es fähig zur Diktatur über die Gesellschaft ist, nicht die Diktatur über sich selbst ertragen wird.

Die Arbeiterklasse, die am Staatsruder steht, wird zweifelsohne in ihren Reihen viele politische Invaliden einschließen und in ihrem Troß viel ideellen Ballast mitschleppen. In der Epoche der Diktatur wird sie unbedingt, wie sie das auch jetzt unbedingt muß, ihr Bewußtsein von falschen Theorien und bürgerlichen Denkweisen reinigen und ihre Reihen von politischen Phrasendreschern und Leuten, die in alten Kategorien denken, säubern müssen. Diese komplizierte Arbeit jedoch läßt sich nicht *substituieren,* indem man über das Proletariat eine gut ausgewählte Gruppe von Personen oder, besser noch, eine Person stellt, die mit dem Recht der „Auflösung" und der Degradierung versehen ist. [...]

Marx, der zwei Tage nach dem Sturz der Kommune seine denkwürdige Einschätzung lieferte, hatte, wie man denken muß, nicht den Verdacht, daß die Leute, die sich als ihre Jünger bekennen, 33 Jahre danach die Vorurteile des doktrinären Jakobinismus, die gegenüber der Kommune zum Ausdruck gebracht wurden, wiederholen würden.

Die Kommune zeigte gerade, wie dumm und hilflos alle konspirative Doktrinenreiterei gegenüber der Logik der Klassenbewegung des Proletariats ist. Sie zeigte gerade, daß einzig auf der Basis der nicht-abenteuerlichen sozialdemokratischen Politik nur ein selbsttätiges Proletariat existieren kann, nicht aber eine Klasse, der eine „seelische Haltung" zugunsten einer über ihr stehenden, starken und mächtigen Organisation aufgepropft ist.

Es ist zu begreifen notwendig, ihr Herren, daß die Entwicklung einer ganzen Klasse sich beständig, aber langsam vollzieht, daß wir außer dem Niveau des proletarischen Bewußtseins keine andere Basis unserer politischen Vorwärtsbewegung haben [...]. Man muß ein für allemal verzichten auf die „Beschleunigungs"-Methoden der politischen Substitution. [...]

Schrieb etwa nicht die Sibirische Delegation lange vor dem Erscheinen des uralischen Dokuments, daß gemäß der Logik des „Belagerungszustands" die Hegemonie der Sozialdemokratie im Befreiungskampf die Hegemonie einer Person über die Sozialdemokratie bedeutet? [...]

Nein, wir haben im uralischen Manifest keine Kuriosität, sondern das Symptom einer ernsthaften Gefahr, die unserer Partei droht; und wir sind unseren uralischen Genossen zu tiefer politischer Dankbarkeit verpflichtet, daß sie die abstrakte Feigheit, die die Mehrheit ihrer Gesinnungsgenossen auszeichnet, überwunden und Schlüsse gezogen haben, bei denen es sogar Menschen kalt überläuft, die nicht ängstlich sind.

Sie werden von uns fortgehen – ich spreche von denen, für die die skizzierten Ansichten schon eine mehr oder minder vollständig abgeschlossene Weltanschauung und keine einfache Wachstumskrankheit mehr sind –, sie werden fortgehen, weil dieser formale Revolutionismus, der Revolutionismus der organisatorischen *Form*, nicht aber des politischen *Inhalts*, in sich das Pfand seines unvermeidlichen und dabei raschen Verfalls trägt.

Wenn unsere Partei in der Situation der Autokratie jenen idealen organisatorischen Bau auch bilden mag – was unwahrscheinlich ist –, wenn sie diesen Bau auch unversehrt durch alle Prüfungen tragen wird, die die Periode der Liquidierung der Autokratie für uns bereithält – in den Honigjahren der befreiten Bourgeoisie jedoch, in den Jahren des nationalen Aufstiegs, wenn der russische Kapitalismus, berauscht durch die neuen Entwicklungsquellen, die sich ihm eröffnet haben, temporär vielleicht das Proletariat von dem angestrengten politischen Kampf ablenken und es auf den Weg des geringsten Widerstands, auf den Weg syndikalistischer und ökonomistischer Organisationen stößt, dann wird die „starke und mächtige Organisation" leblos über den lebendigen Klassenkämpfen hängen, wie ein Segel, das vom Wind nicht aufgeblasen wird.

Und dann werden all diejenigen, denen es „reiner Opportunismus" scheint, auf das „langsame, aber beständige Wachstum des Klassenbewußtseins" zu rechnen, all diejenigen, für deren Bewußtsein die historische Logik der Klassenbewegung weniger zählt als die bürokratische Logik dieses oder jenes Organisations-„Plans", sie alle werden plötzlich überrumpelt werden, und die Woge der politischen Enttäuschung wird unvermeidlich viele, viele dieser Mystiker der organisatorischen Form aus unseren Reihen hinausführen. Diese Enttäuschung nämlich wird nicht einfach die organisatorische Form, nicht einfach die Idee des Zentralismus in Frage stellen, sondern die Idee des Zentralismus als Grundlage der revolutionären Weltanschauung.

Das Fiasko des organisatorischen Fetischismus wird für ihr politisches Bewußtsein unvermeidlich das Fiasko des Marxismus, das Fiasko der „Orthodoxie" bedeuten, da der gesamte Marxismus sich für sie in einigen primitiven organisatorischen Formeln konkretisierte; mehr noch, es wird dies das Fiasko des Glaubens an das Proletariat als Klasse sein, das sich nicht zur Diktatur führen ließ, obgleich ihm dazu so klare und direkte Marschrouten vorgezeichnet wurden.

Enttäuscht werden sie von uns gehen – die einen zum Reformismus, die anderen zum Anarchismus, und wenn es sich ergeben wird, daß wir ihnen auf der Kreuzung zweier politischer Straßen begegnen, werden wir sie an diese Prophezeiung erinnern.

Ziele und Mittel

(16. Februar 1938)

Der bürgerliche Evolutionismus bleibt auf der Schwelle der historischen Gesellschaft ohnmächtig stehen, weil er die treibende Kraft in der Entwicklung historischer Formen, den Klassenkampf, nicht erkennen will. Die Moral ist nur eine der ideologischen Funktionen in diesem Kampf. Die herrschende Klasse zwingt der Gesellschaft ihre Ziele auf und gewöhnt sie daran, alle Mittel, die ihren Zielen widersprechen, als unmoralisch anzusehen. Das ist die wichtigste Funktion der offiziellen Sittenlehre. Sie verfolgt die Idee des „größtmöglichen Glücks" nicht für die Mehrheit, sondern für eine sich ständig verringernde Minderheit. Durch Gewalt allein könnte sich ein solches Regime nicht eine Woche lang halten. Es braucht den moralischen Zement. Das Mischen dieses Zements ist der Beruf der kleinbürgerlichen Theoretiker und Moralisten. Sie schillern zwar in allen Regenbogenfarben, bleiben aber letzten Endes ohne Ausnahme Apostel der Sklaverei und der Unterwerfung.

Wer nicht zu Moses, Christus oder Mohammed zurückkehren will und mit eklektischem Hokuspokus nicht zufrieden ist, muß einsehen, daß die Moral ein Produkt der historischen Entwicklung ist, daß es in ihr nichts Unveränderliches gibt, daß sie sozialen Interessen dient, daß diese Interessen widerspruchsvoll sind, daß die Moral mehr als irgendeine andere Form der Ideologie Klassencharakter trägt.

Aber existieren denn keine elementaren moralischen Vorschriften, die sich in der Entwicklung der Menschheit als integraler Bestandteil der Existenz eines jeden Kollektivs herausgebildet haben? Solche Vorschriften existieren unzweifelhaft, aber ihr Geltungsbereich ist äußerst begrenzt und unstabil. Je schärferen Charakter der Klassenkampf annimmt, desto wirkungsloser werden die Normen, die „für alle bindend" sind. Der Kulminationspunkt des Klassenkampfes ist der Bürgerkrieg, der alle moralischen Bande zwischen den feindlichen Klassen in die Luft sprengt.

Unter „normalen" Bedingungen befolgt ein „normaler" Mensch das Gebot „Du sollst nicht töten". Aber wenn er unter der anormalen Bedingung der Notwehr tötet, verzeiht ihm der Richter seine Handlung. Wenn er das Opfer eines Mörders wird, wird das Gericht den Mörder töten. Die Notwendigkeit von Gerichten wie die der Selbstverteidigung ergibt sich aus antagonistischen Interessen. Was den Staat angeht, so beschränkt er sich in Friedenszeiten auf vereinzelte Fälle des legalisierten Mords, um in Kriegszeiten das „bindende" Gebot „Du sollst nicht töten" in sein Gegenteil zu verwandeln. Die „humansten" Regierungen, die in Friedenszeiten den Krieg „verabscheuen", erklären während des Krieges die Ausrottung einer größtmöglichen Zahl von Menschen zur höchsten Pflicht ihrer Armeen.

Die sogenannten „allgemein anerkannten“ Moralvorschriften haben einen wesentlich algebraischen, d. h. unbestimmten Charakter. Sie drücken nur die Tatsache aus, daß der Mensch in seinem individuellen Verhalten durch eine gewisse Anzahl von allgemeinen Normen gebunden ist, die sich aus seiner Existenz als Mitglied der Gesellschaft ergeben. Die höchste Verallgemeinerung dieser Normen ist Kants kategorischer Imperativ. Aber obwohl dieser Imperativ einen hohen Rang im philosophischen Olymp einnimmt, enthält er nichts Kategorisches, weil er nichts Konkretes enthält. Er ist eine Schale ohne Kern.

Diese Leere in den für alle bindenden Vorschriften ergibt sich daraus, daß die Menschen in allen entscheidenden Fragen ihre Klassenzugehörigkeit bedeutend tiefer und direkter empfinden als ihre Zugehörigkeit zur „Gesellschaft“. Die „bindenden“ Moralvorschriften haben in Wirklichkeit einen Klasseninhalt, das heißt einen antagonistischen Inhalt. Die sittliche Norm wird um so kategorischer, je weniger sie für alle bindend ist. Die Solidarität der Arbeiter, im besonderen der Streikenden oder Barrikadenkämpfer, ist unvergleichlich „kategorischer“ als die menschliche Solidarität im allgemeinen.

Die Bourgeoisie, die das Proletariat an Vollständigkeit und Unversöhnlichkeit des Klassenbewußtseins bei weitem übertrifft, hat ein Lebensinteresse daran, ihre Moralphilosophie den ausgebeuteten Massen aufzuzwingen. Eben zu diesem Zweck werden die konkreten Vorschriften des bürgerlichen Katechismus hinter moralischen Abstraktionen versteckt, die dem Patronat der Religion, der Philosophie oder des Bastards „gesunder Menschenverstand“ unterstellt werden. Der Appell an abstrakte Normen ist kein uneigennütziger philosophischer Fehler, sondern ein notwendiges Element in der Mechanik des Klassenbetrugs. Die Entlarvung dieses Betrugs, der über eine vieltausendjährige Tradition verfügt, gehört zur obersten Pflicht des proletarischen Revolutionärs.

Ein Mittel ist nur durch das mit ihm verfolgte Ziel zu rechtfertigen. Aber das Ziel bedarf seinerseits der Rechtfertigung. Vom marxistischen Standpunkt, der die historischen Interessen des Proletariats zum Ausdruck bringt, ist das Ziel *gerechtfertigt*, wenn es dazu führt, *die Macht des Menschen über die Natur zu vermehren und die Macht des Menschen über den Menschen zu vernichten*.

„Das bedeutet also, daß zur Erreichung dieses Ziels alles erlaubt ist?“, wird der Philister sarkastisch fragen – und er beweist damit, daß er nichts begriffen hat. Erlaubt ist, antworten wir, was *wirklich* zur Befreiung der Menschheit führt. Da dieses Ziel nur durch Revolution erreicht werden kann, trägt die Befreiungsmoral des Proletariats notwendigerweise revolutionären Charakter. Sie tritt nicht nur jedem religiösen Dogma, sondern auch allen idealistischen Fetischen, diesen philosophischen Gendarmen der herrschenden Klasse, unversöhnlich entgegen. Ihre Regeln leiten sich aus den Entwicklungsgesetzen der Gesellschaft ab, also in erster Linie aus dem Klassenkampf, dem obersten aller Gesetze.

„Alles gut und schön", wird der Moralist hartnäckig erwidern, „aber bedeutet das nun, daß im Kampf gegen die Kapitalisten alle Mittel erlaubt sind: Lüge, Schwindel, Verrat, Mord und so weiter?" Erlaubt und obligatorisch sind jene Mittel, und nur jene Mittel, antworten wir, die das revolutionäre Proletariat einen, seine Herzen mit unversöhnlicher Feindschaft gegen die Unterdrückung erfüllen, die es lehren, die offizielle Moral und ihre demokratischen Nachbeter zu verachten, die es mit dem Bewußtsein seiner eigenen historischen Mission erfüllen, seinen Mut und seinen Opfergeist im Kampf heben. Eben daraus ergibt sich, daß nicht alle Mittel erlaubt sind. Wenn wir sagen, das Ziel heiligt die Mittel, so ergibt sich für uns daraus die Schlußfolgerung, daß das große revolutionäre Ziel solche niedrigen Mittel und Wege verwirft, die einen Teil des Proletariats gegen andere Teile aufhetzen, oder die Arbeiter ohne ihr eigenes Zutun glücklich machen wollen, oder das Selbstvertrauen der Massen und den Glauben an ihre Organisation senken und durch den Führerkult ersetzen. In erster Linie und absolut unversöhnlich verwirft die revolutionäre Moral Knechtseligkeit gegenüber der Bourgeoisie und Hochmut gegenüber den Arbeitern, d. h. jene Eigenschaften, die für die kleinbürgerlichen Pedanten und Moralisten so charakteristisch sind.

Diese Kriterien geben natürlich keine fix und fertige Antwort auf die Frage, was in jedem einzelnen Fall erlaubt ist und was nicht. Solche automatischen Antworten kann es auch gar nicht geben. Die Probleme der revolutionären Moral sind mit den Problemen der revolutionären Strategie und Taktik verbunden. Die richtigen Antworten auf diese Fragen ergeben sich aus der theoretisch durchdrungenen lebendigen Erfahrung der Bewegung.

Der dialektische Materialist kennt keinen Dualismus zwischen Ziel und Mittel. Das Ziel ergibt sich naturnotwendig aus dem historischen Prozeß. Die Mittel sind dem Ziel organisch untergeordnet. Das unmittelbare Ziel wird zum Mittel für ein entfernteres Ziel. In seinem Drama „Franz von Sickingen" legt Ferdinand Lassalle dem Helden folgende Worte in den Mund:

„Das Ziel nicht zeige, zeige auch den Weg.
Denn so verwachsen ist hienieden Weg und Ziel,
Daß eines sich stets ändert mit dem andern
Und andrer Weg auch andres Ziel erzeugt."

Lassalles Verse sind keineswegs vollkommen. Schlimmer noch ist die Tatsache, daß Lassalle selbst in der praktischen Politik von der oben formulierten Regel abwich – es genügt, daran zu erinnern, daß er sich selbst (im Mai 1863) auf geheime Abmachungen mit Bismarck einließ! Aber die dialektische Wechselbeziehung zwischen Mittel und Ziel ist in den oben zitierten Versen ganz richtig zum Ausdruck gebracht. Man muß Weizensamen säen, um Weizenähren zu ernten.

Ist zum Beispiel vom Standpunkt der „reinen Moral" individueller Terror erlaubt oder verboten? In dieser abstrakten Form existiert die Frage für uns überhaupt nicht. Die konservativen Schweizer Bürger bezeugen noch heute dem Terroristen Wilhelm Tell ihr offizielles Lob. Unsere Sympathien sind voll und ganz auf der Seite der irischen, russischen, polnischen und indischen Nationalisten in ihrem Kampf gegen nationale und politische Unterdrückung. Der ermordete Kirow, ein roher Satrap, erweckt keinerlei Sympathie. Unsere Beziehung zum Mörder bleibt nur deshalb neutral, weil wir die Motive, die ihn leiteten, nicht kennen. Wenn bekannt würde, daß Nikolajew bewußt für die von Kirow begangene Schändung der Arbeiterrechte Vergeltung übte, wären unsere Sympathien völlig auf selten des Mörders. Doch ist nicht die Frage der subjektiven Motive, sondern die der objektiven Zweckmäßigkeit für uns entscheidend. Führt das gegebene Mittel wirklich zum Ziel? Was den individuellen Terror betrifft, bezeugen sowohl Theorie wie Erfahrung, daß dies nicht der Fall ist. Dem Terroristen sagen wir: Es ist unmöglich, die Massen zu ersetzen, nur in der Massenbewegung kannst du für deinen Heroismus einen zweckmäßigen Ausdruck finden. Unter den Bedingungen des Bürgerkriegs hört jedoch die Ermordung individueller Unterdrücker auf, ein Akt individuellen Terrors zu sein. Nehmen wir einmal an, ein Revolutionär würde General Franco und seinen Stab in die Luft sprengen, so würde dies wohl selbst auf Seiten der demokratischen Eunuchen kaum moralische Entrüstung hervorrufen. Unter den Bedingungen des Bürgerkriegs wäre ein solcher Akt politisch vollkommen zweckmäßig. So erweisen sich selbst in der schärfsten Frage – dem Mord des Menschen am Menschen – die moralischen Absoluta als untauglich. Die moralischen Wertungen ergeben sich zusammen mit den politischen aus den inneren Notwendigkeiten des Kampfes.

Die Befreiung der Arbeiter kann nur das Werk der Arbeiter selbst sein. Deshalb gibt es kein größeres Verbrechen, als die Massen zu täuschen, Niederlagen als Siege und Freunde als Feinde auszugeben, Arbeiterführer zu bestechen, Legenden zu fabrizieren, falsche Prozesse zu montieren, mit einem Wort: zu tun, was die Stalinisten tun. Diese Mittel können nur einem Ziel dienen: die Herrschaft einer Clique zu verlängern, die von der Geschichte bereits verurteilt ist. Aber sie können nicht dazu dienen, die Massen zu befreien. Deshalb führt die IV. Internationale gegen Stalin einen Kampf auf Leben und Tod.

Die Massen sind natürlich keineswegs unfehlbar. Idealisierung der Massen liegt uns fern. Wir haben sie unter verschiedenen Bedingungen, in verschiedenen Epochen und außerdem in den schwersten politischen Erschütterungen gesehen. Wir haben ihre starken und schwachen Seiten kennengelernt. Ihre starken Seiten: Entschlossenheit, Opfergeist, Heroismus, haben immer in Zeiten revolutionären Aufschwungs den klarsten Ausdruck gefunden. In dieser Periode standen die Bolschewiken an der Spitze der Massen. Danach begann ein anderes Kapitel der Geschichte, das die schwachen Seiten der Unterdrückten an die Oberfläche brachte: Ungleichartigkeit, Mangel an Kultur, ein allzu beschränkter Gesichtskreis. Die Massen erschlafften nach der Spannung, wurden enttäuscht, verloren ihr Selbstvertrauen – und machten der neuen Aristokratie den Weg frei. In dieser Epoche fanden sich die Bolschewiken („Trotzkisten") von den Massen isoliert. Wir haben praktisch zwei solch große historische Zyklen erlebt: 1897-1905, Jahre der Flut; 1907-1913, Jahre der Ebbe; 1917-1923, die Periode eines in der Geschichte beispiellosen Aufschwungs, schließlich eine neue Periode der Reaktion, die heute noch nicht zu Ende ist. In diesen gewaltigen Ereignissen lernten die „Trotzkisten" den Rhythmus der Geschichte, d. h. die Dialektik des Klassenkampfes. Sie lernten auch, und, wie es scheint, bis zu einem gewissen Grade mit Erfolg, wie sie ihre subjektiven Pläne und Programme diesem objektiven Rhythmus unterzuordnen haben. Sie lernten, nicht an der Tatsache zu verzweifeln, daß die Gesetze der Geschichte weder von ihrem persönlichen Geschmack abhängen noch ihren Moralkriterien untergeordnet sind. Sie lernten, ihre persönlichen Wünsche den Gesetzen der Geschichte unterzuordnen. Sie lernten, sich auch von den mächtigsten Feinden nicht schrecken zu lassen, wenn deren Macht im Widerspruch zu den Gesetzen der historischen Entwicklung steht. Sie verstehen es, gegen den Strom zu schwimmen, in der tiefen Gewißheit, daß die neue historische Flut sie an das andere Ufer tragen wird. Nicht alle werden dieses Ufer erreichen, viele werden ertrinken. Aber an dieser Bewegung mit offenen Augen und angespanntem Willen teilnehmen – nur das kann einem denkenden Wesen die höchste moralische Befriedigung gewähren.

P. S. Ich schrieb diese Zeilen in jenen Tagen, als mein Sohn, ohne daß ich davon wußte, mit dem Tode rang. Seinem Andenken widme ich diese kleine Arbeit, die, so hoffe ich, seine Zustimmung gefunden hätte. Leo Sedow war ein echter Revolutionär und verachtete die Pharisäer.

Kapitalismus oder Sozialismus?
(1925)

Die Frage nach dem Sieg des Sozialismus läßt sich am einfachsten unter der Voraussetzung beantworten, daß sich die proletarische Revolution in Europa in den nächsten Jahren entfalten wird. Diese „Variante" ist durchaus nicht die unwahrscheinlichste. Und sie ist unter dem Gesichtspunkt der sozialistischen Prognose ganz unproblematisch. Denn es ist klar, daß bei einer Verbindung der Wirtschaft der Sowjetunion mit der Wirtschaft Sowjet-Europas die Frage der Vergleichskoeffizienten der sozialistischen und kapitalistischen Produktion auch bei einem noch so starken Widerstand von seiten Amerikas erfolgreich gelöst würde. Und man darf bezweifeln, daß dieser Widerstand lange anhalten würde.

Die Frage wird außerordentlich kompliziert, wenn man annimmt, daß die uns umgebende kapitalistische Welt sich noch einige Jahrzehnte lang halten kann. Eine solche Annahme bleibt jedoch völlig inhaltslos, wenn wir sie nicht mit Hilfe einer Reihe von anderen Annahmen konkretisieren. Was wird im Fall einer solchen Variante aus dem europäischen, was aus dem amerikanischen Proletariat? Was wird aus den Produktivkräften des Kapitalismus? Handelt es sich bei den angenommenen Jahrzehnten um eine Epoche stürmischer Gezeiten, eines grausamen Bürgerkriegs, einer wirtschaftlichen Stagnation oder sogar eines Verfalls, das heißt einfach um die sich in die Länge ziehenden Geburtswehen des Sozialismus, dann ist klar, daß unsere Wirtschaft während dieser Übergangsperiode ein Übergewicht erlangen wird – allein schon dank der ungleich größeren Stabilität unserer gesellschaftlichen Grundlagen.

Nimmt man aber an, daß sich im Verlauf der kommenden Jahrzehnte auf dem Weltmarkt ein neues dynamisches Gleichgewicht herausbildet, etwa eine Art erweiterter Reproduktion der Periode von 1871 bis 1914, dann stellt sich uns die Frage völlig anders. Voraussetzung für ein solches, von uns angenommenes „Gleichgewicht" wäre eine neue Periode des Aufblühens der Produktivkräfte, denn die relative „Friedensliebe" der Bourgeoisie und des Proletariats und die opportunistische Entartung der Sozialdemokratie und der Gewerkschaften in den Jahrzehnten vor dem Krieg waren nur aufgrund des mächtigen Aufschwungs der Industrie möglich. Es ist ganz klar: Wenn das Unmögliche möglich, das Unwahrscheinliche wirklich würde, wenn der internationale und in erster Linie der europäische Kapitalismus ein neues dynamisches Gleichgewicht nicht für seine unbeständigen Regierungskombinationen, sondern für seine Produktivkräfte finden würde, wenn die kapitalistische Produktion in den nächsten Jahren und Jahrzehnten einen neuen, mächtigen Aufschwung nehmen sollte, dann hieße das, daß wir, der sozialistische Staat, zwar die Absicht haben, vom

Güterzug auf einen Personenzug umzusteigen, und das auch tatsächlich zuwege bringen, daß wir aber in Wirklichkeit einen Schnellzug einholen müßten. Einfacher gesagt: Das hieße, daß wir uns in der grundlegenden historischen Einschätzung geirrt hätten. Das würde bedeuten, daß der Kapitalismus seine historische „Mission" noch nicht erschöpft hat, daß die sich entwickelnde imperialistische Phase keineswegs die Phase des Verfalls des Kapitalismus, seiner Konvulsionen und seiner Fäulnis ist, sondern nur die Voraussetzung einer neuen Blüte. Es ist völlig klar, daß unter den Bedingungen einer neuen, langjährigen europäischen und weltweiten kapitalistischen Wiedergeburt der Sozialismus in einem rückständigen Land unmittelbar mit den größten Gefahren konfrontiert wäre. Gefahren welcher Art? Ein neuer Krieg, den auch diesmal das durch den Aufschwung „befriedete" europäische Proletariat nicht verhindern könnte, ein Krieg, in dem unser Feind über ein kolossales technisches Übergewicht verfügte? Eine Flut von kapitalistischen Waren, die ungleich besser und billiger als die unsrigen sind, von Waren, die das Außenhandelsmonopol und danach auch andere Grundlagen der sozialistischen Wirtschaft sprengen? Das ist dann eigentlich schon eine zweitrangige Frage. Aber für Marxisten ist es ganz klar, daß es für den Sozialismus in einem zurückgebliebenen Land sehr schwierig würde, wenn der Kapitalismus Möglichkeiten nicht nur für ein Dahinvegetieren, sondern auch für eine langfristige Entwicklung der Produktivkräfte in den fortgeschrittenen Ländern fände.

Doch gibt es für die Annahme einer solchen Variante entschieden keine vernünftigen Gründe. Es wäre deshalb unsinnig, zuerst eine phantastisch-„optimistische" Perspektive für die kapitalistische Welt zu entwickeln und sich dann den Kopf darüber zu zerbrechen, wie man wieder herausfindet. Das europäische und das weltweite Wirtschaftssystem bilden gegenwärtig eine solche Anhäufung von Widersprüchen – die die Entwicklung nicht vorwärts treiben, sondern sie mit jedem Schritt untergraben –, daß die Geschichte uns in den kommenden Jahren genügend Gelegenheiten zur Beschleunigung des wirtschaftlichen Tempos geben wird – wenn wir nur alle Ressourcen unserer eigenen und der Weltwirtschaft entsprechend ausnutzen. Und wir sind entschlossen, das zu tun. Parallel dazu wird die europäische Entwicklung – mit Verzögerungen und Rückschlägen – auch den „Koeffizienten" der politischen Kraft zugunsten des revolutionären Proletariats verschieben. Insgesamt wird, darf man annehmen, die historische Bilanz für uns mehr als befriedigend ausfallen.

Was bedeutet „Permanente Revolution"?
(1930)

1. Die Theorie der permanenten Revolution erfordert jetzt von jedem Marxisten die größte Aufmerksamkeit, denn der Verlauf des geistigen Kampfes, wie des Klassenkampfes, hat die Frage vollständig und restlos aus dem Bereich der Erinnerungen an alte Meinungsverschiedenheiten innerhalb der russischen Marxisten herausgehoben und in eine Frage nach dem Charakter, den inneren Zusammenhängen und den Methoden der internationalen Revolution überhaupt umgewandelt.

2. In bezug auf die Länder mit einer verspäteten bürgerlichen Entwicklung, insbesondere auf die kolonialen und halbkolonialen Länder, bedeutet die Theorie der permanenten Revolution, daß die volle und wirkliche Lösung ihrer *demokratischen Aufgabe und des Problems ihrer nationalen Befreiung* nur denkbar ist mittels der Diktatur des Proletariats als des Führers der unterdrückten Nation und vor allem ihrer Bauernmassen.

3. Nicht nur die Agrarfrage, sondern auch die nationale Frage weist der Bauernschaft, die in den zurückgebliebenen Ländern die überwiegende Mehrheit der Bevölkerung bildet, einen außerordentlichen Platz in der demokratischen Revolution an. Ohne ein Bündnis des Proletariats mit der Bauernschaft können die Aufgaben der demokratischen Revolution nicht nur nicht gelöst, sondern auch nicht ernstlich gestellt werden. Das Bündnis dieser zwei Klassen ist aber nicht anders zu verwirklichen als im unversöhnlichen Kampf gegen den Einfluß der national-liberalen Bourgeoisie.

4. Wie verschieden die ersten episodenhaften Etappen der Revolution in den einzelnen Ländern auch sein mögen, die Verwirklichung des revolutionären Bündnisses zwischen Proletariat und Bauernschaft ist nur denkbar unter der politischen Führung der proletarischen Avantgarde, die in der Kommunistischen Partei organisiert ist. Dies wiederum bedeutet, daß der Sieg der demokratischen Revolution nur durch die Diktatur des Proletariats denkbar ist, das sich auf das Bündnis mit der Bauernschaft stützt und in erster Linie die Aufgaben der demokratischen Revolution löst.

5. Historisch betrachtet, ist die alte Parole des Bolschewismus „demokratische Diktatur des Proletariats und der Bauernschaft" ein Ausdruck des oben charakterisierten Verhältnisses zwischen Proletariat, Bauernschaft und liberaler Bourgeoisie. Das hat die Erfahrung des Oktobers bestätigt. Doch hat die alte Formel Lenins nicht im voraus festlegen sollen, wie sich die gegenseitigen politischen Beziehungen zwischen Proletariat

und Bauernschaft innerhalb des revolutionären Blocks gestalten werden. Mit anderen Worten: die Formel hat bewußt eine gewisse algebraische Veränderbarkeit zugelassen, die im Prozeß der historischen Erfahrung einer präziseren arithmetischen Größe den Platz räumen mußte. Nun hat die Erfahrung gezeigt, und zwar unter Bedingungen, die jede falsche Deutung ausschließen, daß die Rolle der Bauernschaft, so groß sie auch sein mag, weder selbständig noch führend sein kann. Der Bauer geht entweder mit dem Arbeiter oder mit dem Bourgeois. Das bedeutet, daß die „demokratische Diktatur des Proletariats und der Bauernschaft" nur als *Diktatur des Proletariats, das die Bauernmassen führt,* denkbar ist.

6. Eine demokratische Diktatur des Proletariats und der Bauernschaft als Regime, das sich nach seinem Klasseninhalt von der Diktatur des Proletariats unterscheidet, könnte nur in dem Falle verwirklicht werden, wenn die Verwirklichung einer *selbständigen* revolutionären Partei als Ausdruck der Interessen der Bauernschaft und der kleinbürgerlichen Demokratie überhaupt denkbar wäre, d. h. einer Partei, die mit Unterstützung des Proletariats fähig wäre, die Macht zu erobern und ihr revolutionäres Programm zu bestimmen. Wie die gesamte Erfahrung der neueren Geschichte, besonders die Erfahrung des letzten Vierteljahrhunderts in Rußland, beweist, bildet ein unüberwindliches Hindernis für die Schaffung einer Bauernpartei die ökonomische und politische Unselbständigkeit der Kleinbourgeoisie und ihre tiefgehende innere Differenzierung, kraft deren die oberen Schichten der Kleinbourgeoisie (der Bauernschaft) in allen entscheidenden Fällen, besonders bei Krieg und Revolution, mit der Großbourgeoisie gehen, während die unteren Schichten der Kleinbourgeoisie mit dem Proletariat gehen und damit die Zwischenschicht zwingen, zwischen den zwei äußersten Polen eine Wahl zu treffen. Zwischen der Kerenskiade und der bolschewistischen Macht, zwischen der Kuomintang und der Diktatur des Proletariats gibt es keine Zwischenstufe und kann es keine geben, d. h. es gibt keine demokratische Diktatur der Arbeiter und Bauern.

7. Das Bestreben der Komintern, den Ländern des Ostens heute die von der Geschichte längst und endgültig überholte Losung der demokratischen Diktatur des Proletariats und der Bauernschaft aufzuzwingen, kann nur eine reaktionäre Wirkung haben. Insofern diese Losung der Losung der Diktatur des Proletariats entgegengestellt wird, trägt sie politisch zur Auflösung des Proletariats in den kleinbürgerlichen Massen bei und schafft dadurch die günstigsten Bedingungen für die Hegemonie der nationalen Bourgeoisie, folglich auch für das Fiasko der demokratischen Revolution. Die Aufnahme dieser Losung in das Programm der Komintern ist ein direkter Verrat am Marxismus und an den Oktobertraditionen des Bolschewismus.

8. Die Diktatur des Proletariats, das als Führer der demokratischen Revolution zur Herrschaft gelangt ist, wird unvermeidlich und in kürzester Frist vor Aufgaben gestellt sein, die mit weitgehenden Eingriffen in die bürgerlichen Eigentumsrechte verbunden sind. Die demokratische Revolution wächst unmittelbar in die sozialistische hinein und wird dadurch allein schon zur *permanenten Revolution*.

9. Die Machteroberung durch das Proletariat schließt die Revolution nicht ab, sondern eröffnet sie nur. Der sozialistische Aufbau ist nur auf der Basis des Klassenkampfes im nationalen und internationalen Maßstabe denkbar. Unter den Bedingungen des entscheidenden Übergewichts kapitalistischer Beziehungen in der Weltarena wird dieser Kampf unvermeidlich zu Explosionen führen, d. h. im Inneren zum Bürgerkrieg und außerhalb der nationalen Grenzen zum revolutionären Krieg. Darin besteht der permanente Charakter der sozialistischen Revolution, ganz unabhängig davon, ob es sich um ein zurückgebliebenes Land handelt, das erst gestern seine demokratische Umwälzung vollzogen hat, oder um ein altes kapitalistisches Land, das eine lange Epoche der Demokratie und des Parlamentarismus durchgemacht hat.

10. Der Abschluß einer sozialistischen Revolution ist im nationalen Rahmen undenkbar. Eine grundlegende Ursache für die Krisis der bürgerlichen Gesellschaft besteht darin, daß die von dieser Gesellschaft geschaffenen Produktivkräfte sich mit dem Rahmen des nationalen Staates nicht vertragen. Daraus ergeben sich einerseits die imperialistischen Kriege, andererseits die Utopie der bürgerlichen Vereinigten Staaten von Europa. Die sozialistische Revolution beginnt auf nationalem Boden, entwickelt sich international und wird vollendet in der Weltarena. Folglich wird die sozialistische Revolution in einem neuen, breiteren Sinne des Wortes zu einer permanenten Revolution: sie findet ihren Abschluß nicht vor dem endgültigen Siege der neuen Gesellschaft auf unserem ganzen Planeten.

11. Das angeführte Schema der Entwicklung der Weltrevolution beseitigt die Frage nach den Ländern, die für den Sozialismus „reif" oder „nicht reif" sind, im Sinne jener pedantisch leblosen Klassifizierung, wie sie das heutige Programm der Komintern gibt. Insofern der Kapitalismus einen Weltmarkt geschaffen hat, eine weltumfassende Arbeitsteilung und weltumfassende Produktivkräfte, hat er zugleich die Weltwirtschaft in ihrer Gesamtheit für die sozialistische Umgestaltung vorbereitet.

Verschiedene Länder werden diesen Prozeß in verschiedenem Tempo durchlaufen. Unter gewissen Bedingungen können zurückgebliebene

Länder früher als die fortgeschrittenen zur Diktatur des Proletariats kommen, aber später zum Sozialismus.

Ein zurückgebliebenes koloniales Land, dessen Proletariat nicht genügend darauf vorbereitet ist, die Bauernschaft um sich zu sammeln und die Macht zu ergreifen, wird schon dadurch allein außerstande sein, seine demokratische Umwälzung zu Ende zu führen. In einem Lande dagegen, wo das Proletariat als Endergebnis einer demokratischen Revolution zur Macht gekommen ist, hängt das weitere Schicksal der Diktatur und des Sozialismus letzten Endes nicht nur und nicht so sehr von den nationalen Produktivkräften ab wie von der Entwicklung der internationalen sozialistischen Revolution.

12. Die Theorie des Sozialismus in einem Lande, die auf der Hefe der Reaktion gegen den Oktober hochgegangen ist, ist die einzige Theorie, die folgerichtig und restlos im Gegensatz steht zu der Theorie der permanenten Revolution. Der Versuch der Epigonen, unter den Schlägen der Kritik die Anwendbarkeit der Theorie des Sozialismus in einem Land ausschließlich auf Rußland zu beschränken, infolge seiner besonderen Eigenschaften (Ausdehnung, natürliche Reichtümer usw.), macht die Sache nicht besser, sondern schlechter. Der Bruch mit der internationalen Position führt stets und unvermeidlich zum nationalen *Messianismus*, d. h. dazu, dem eigenen Lande besondere Vorzüge und Eigenschaften zuzusprechen, die es ihm erlauben, eine Mission zu erfüllen, die den anderen Ländern versagt ist.

Die weltumfassende Arbeitsteilung, die Abhängigkeit der Sowjetindustrie von der ausländischen Technik, die Abhängigkeit der Produktivkräfte der fortgeschrittenen Länder Europas von den asiatischen Rohstoffen usw. usw. machen in keinem Lande der Welt den Aufbau einer selbständigen nationalen sozialistischen Gesellschaft möglich.

13. Die Theorie von Stalin und Bucharin bringt nicht nur der ganzen Erfahrung der russischen Revolution zuwider die demokratische Revolution mechanisch in Gegensatz zur sozialistischen Revolution, sondern sie trennt auch die nationale Revolution von der internationalen.

Diese Theorie stellt den Revolutionen in den zurückgebliebenen Ländern die Aufgabe, ein nicht zu verwirklichendes Regime einer demokratischen Diktatur zu errichten, das sie zur Diktatur des Proletariats in Gegensatz bringt: Damit trägt sie Illusionen und Fiktionen in die Politik hinein, lähmt den Kampf des Proletariats des Ostens um die Macht und hält den Sieg der kolonialen Revolutionen auf.

Die bereits eroberte proletarische Macht bedeutet vom Standpunkt der Theorie der Epigonen schon die Vollendung der Revolution („zu neun Zehnteln“ nach Stalins Formel) und den Beginn der Epoche nationaler Reformen. Die Theorie vom Hineinwachsen des Kulaken in den Sozialismus und die Theorie von der „Neutralisierung" der Weltbourgeoisie ist deshalb von der Theorie des Sozialismus in einem Lande nicht zu trennen. Sie stehen und fallen zusammen.

Durch die Theorie des Nationalsozialismus wird die Kommunistische Internationale zu einem Werkzeug degradiert, das nur für den Kampf gegen die militärische Intervention von Nutzen ist. Die heutige Politik der Komintern, ihr Regime und die Auswahl ihres führenden Personals entspricht völlig dieser Degradierung der Kommunistischen Internationale zur Rolle eines Hilfskorps, das nicht dazu ausersehen ist, große, selbständige Aufgaben zu lösen.

14. Das von Bucharin geschaffene Programm der Kommunistischen Internationale ist durch und durch eklektisch. Es macht den hoffnungslosen Versuch, die Theorie des Sozialismus in einem Lande mit dem marxistischen Internationalismus, der von dem permanenten Charakter der Weltrevolution untrennbar ist, zu versöhnen. Der Kampf der linken kommunistischen Opposition um eine richtige Politik und ein gesundes Regime in der Kommunistischen Internationale ist nicht zu trennen von dem Kampfe um ein marxistisches Programm. Die Frage des Programms wiederum ist nicht zu trennen von der Frage der zwei einander ausschließenden Theorien: der permanenten Revolution und des Sozialismus in einem Lande. Das Problem der permanenten Revolution ist längst hinausgewachsen über die von der Geschichte restlos erschöpften episodischen Meinungsverschiedenheiten zwischen Lenin und Trotzki. Der Kampf geht um die grundlegenden Gedanken von Marx und Lenin auf der einen Seite und die Eklektik der Zentristen auf der anderen Seite.

Kapitel II: Faschismus und Stalinismus

Die österreichische Krise, die Sozialdemokratie und der Kommunismus

(13. November 1929)

Die österreichische Krise bietet einen Teilaspekt der allgemeinen Krise der Demokratie – der Grundform der bürgerlichen Herrschaft. Zu hohe Spannung des internationalen Klassenkampfes führt zum Kurzschluß der Diktatur, die Sicherungen der Demokratie schlagen eine nach der anderen durch. Dieser Prozeß begann an der europäischen Peripherie, in den rückständigsten Ländern, den schwächsten Gliedern der kapitalistischen Kette, aber er schreitet unaufhaltsam weiter fort. Die sogenannte Krise des Parlamentarismus ist der politische Ausdruck der allgemeinen Krise der bürgerlichen Gesellschaft. Die Demokratie steht und fällt mit dem Kapitalismus. Die Sozialdemokratie verteidigt die schon überlebte Demokratie und treibt damit die soziale Entwicklung in die Sackgasse des Faschismus.

Die österreichische Sozialdemokratie zog ihre Kraft vor allem aus der außerordentlich schwachen Position, in die die österreichische Bourgeoisie nach Krieg und Revolution geraten war, und aus der damit verknüpften wirtschaftlichen und politischen Unselbständigkeit des Landes. Als Retter und Stabilisator des bürgerlichen Regimes war die österreichische Sozialdemokratie in der Lage, sich agitatorisch bald von der nationalen, bald von der internationalen (anglo-amerikanischen) Bourgeoisie zu distanzieren. In der ersten Phase der Stabilisierung der bürgerlichen Herrschaft nach der Revolution war die Sozialdemokratie eindeutig eine direkte Agentur des ausländischen Kapitals. Das erlaubte ihr nicht nur, die Verantwortung für alle Schwierigkeiten auf die nationale Bourgeoisie abzuwälzen, sondern ihr gegenüber auch eine weitaus kritischere Haltung einzunehmen, als es sich die Sozialdemokratien anderer Länder, einschließlich der deutschen Sozialdemokratie, leisten konnten. Mit fortschreitender Konsolidierung der bürgerlichen Herrschaft beschuldigte die Sozialdemokratie immer häufiger die nationale Bourgeoisie, nur eine Exekutive des angelsächsischen Kapitals zu sein. Den Arbeitern gegenüber konnte sie nun aber die Unverletzlichkeit des Privateigentums folgendermaßen rechtfertigen: „Mit unserer eigenen Bourgeoisie könnten wir schon fertigwerden – aber es handelt sich um die anglo-amerikanische.“

Die bürgerlichen Partelen haben ihre Eigenart im selben Maße eingebüßt, wie sie gezwungen waren, auf die Stimme ihres angelsächsischen Herrn zu hören. Die Sozialdemokratie spielt im Grunde die gleiche Rolle, muß aber, da sie sich auf die Arbeiter stützt, dem Block der bürgerlichen Parteien gegenüber eine oppositionelle Haltung einnehmen. Einzig diese „Opposition" gibt ihr die Möglichkeit, die Bourgeoisie zu retten. Die gleiche Situation hat sich in Deutschland ergeben und hat dort die Fortexistenz der Sozialdemokratie ermöglicht. Aber weil die deutsche Bourgeoisie weitaus stärker und selbständiger ist, mußte sich die Sozialdemokratie hier sehr viel eindeutiger und offener anpassen, mit ihr koalieren und vor den Arbeitermassen direkte Verantwortung übernehmen; das schuf gute Entwicklungsmöglichkeiten für die deutsche Kommunistische Partei.

Österreich ist einem kleinen Körper mit großem Kopf vergleichbar. Die Hauptstadt ist in Händen der Sozialdemokratie, die freilich im Parlament nur über weniger als die Hälfte der Sitze (43 Prozent) verfügt. Dies labile Gleichgewicht besteht dank der konservativ-versöhnlerischen Politik der Sozialdemokratie und begünstigt die Position des Austromarxismus ganz außerordentlich. Was er im Wiener Gemeinderat leistet, reicht hin, um ihn in den Augen der Arbeiter von den bürgerlichen Parteien zu unterscheiden, und für das, was er nicht zustande bringt – nämlich das Wichtigste –, kann er stets die bürgerlichen Parteien verantwortlich machen, Während der Austromarxismus die Bourgeoisie in Artikeln und Reden entlarvt, macht er sich – wie schon gesagt – die internationale Abhängigkeit Österreichs zunutze, um die Arbeiter daran zu hindern, sich gegen ihre Klassenfeinde zu erheben. „In Wien sind wir stark, aber im Lande noch schwach. Außerdem gibt es über uns mächtige Herren. Wir müssen unsere Positionen in der Demokratie halten und ... warten." Das ist der Grundgedanke der austromarxistischen Politik. All das hat den Austromarxismus bisher instandgesetzt, die Rolle des „linken" Flügels der II. Internationale zu spielen und gegenüber der Kommunistischen Partei, die noch dazu Fehler auf Fehler häufte, alle seine Positionen zu verteidigen.

Die österreichische Sozialdemokratie half der Entente, mit der ungarischen Revolution fertigzuwerden, sie half der eigenen Bourgeoisie, aus der Nachkriegskrise herauszukommen, und bot dem angeschlagenen Privateigentum ein demokratisches Refugium. Während der ganzen Nachkriegszeit war sie somit das wichtigste Instrument der bürgerlichen Herrschaft über die Arbeiterklasse.

Aber dies Herrschaftsinstrument ist zugleich eine Organisation für sich, mit einer großen Bürokratie und einer verselbständigten Arbeiteraristokratie, die spezifische Interessen und Ansprüche haben. Diese Bürokratie ist nach Lebensweise, Sitten und Ideen durchaus kleinbürgerlich – stützt sich aber auf die Arbeiterklasse und muß ständig deren Unzufriedenheit fürchten. Hieraus entstehen die meisten Reibungen und Konflikte zwischen Bourgeoisie und Sozialdemokratie, zwischen Herr und Knecht.

Die Sozialdemokratie hat die Arbeiterklasse in ein Netz von politischen, gewerkschaftlichen, städtischen, kulturellen und sportlichen Organisationen verstrickt; dennoch geben die reformistisch-pazifistischen Methoden allein der Bourgeoisie noch nicht die nötige Sicherheit. Das haben die Julitage des Jahres 1927 drastisch bewiesen.

Und daraus erwächst die soziale Funktion des österreichischen Faschismus. Er ist der zweite Knecht der Bourgeoisie, ganz anders als der erste und ihm feind. Die unteren Schichten der Sozialdemokratie werden durch einen zwar fehlgeleiteten, doch proletarischen Klasseninstinkt vorwärtsgetrieben. Die unteren Schichten des Faschismus ziehen ihre Energie aus der Ausweglosigkeit des Kleinbürgertums und der deklassierten Elemente, an denen Österreich so reich ist. Die führenden Gruppen der Sozialdemokratie bändigen den Klasseninstinkt mit Ordnungsparolen und demokratischen Institutionen. Die führenden Gruppen des Faschismus stellen dem verzweifelten, heruntergekommenen Kleinbürgertum einen rettenden Umsturz in Aussicht, der „die Marxisten" hindern soll, fortan die Prosperität von Landwirtschaft, Handel und Gewerbe zu blockieren.

So bietet Österreich eine klassische Widerlegung der spießbürgerlichen „Theorie", wonach der Faschismus eine Folge des revolutionären Bolschewismus ist. Je klarer, schreiender und unerträglicher der Widerspruch zwischen den Erfordernissen der historischen Situation und der praktischen Politik der sozialdemokratischen Massenpartei wird, desto bedeutender ist die Rolle, die der Faschismus im Lande spielen kann. In Österreich wie in allen anderen Ländern tritt der Faschismus als notwendige Ergänzung der Sozialdemokratie auf, lebt von ihr und kommt mit ihrer Hilfe zur Macht.

Der Faschismus ist der legitime Sproß der formalen Demokratie in ihrer Verfallszeit. Die Prinzipien der Demokratie werden in Österreich in höchst aufschlußreicher Weise ad absurdum geführt. Der Sozialdemokratie fehlen nur wenige Prozent Wählerstimmen zur (absoluten) Mehrheit. Man kann aber sagen – und das ist kein Paradox, sondern die nackte Wahrheit –, daß das politische Gleichgewicht der Sozialdemokratie nicht auf den 43 Prozent der Stimmen beruht, die sie hat, sondern auf den 7 Prozent, die ihr zur Majorität fehlen. Die Grundlagen des Kapitalismus blieben unangetastet, selbst wenn die Sozialdemokratie die Stimmenmehrheit erobern könnte. Aber ein solcher Stimmengewinn ist keineswegs sicher. Es ist unsinnig, zu glauben, man könne durch Propaganda alles erreichen.

Unterstellt man, die österreichische Gesellschaft würde sich auch weiterhin im Rahmen der Demokratie bewegen, so gibt es doch gar keinen Anhaltspunkt dafür, daß die österreichische Sozialdemokratie im

Laufe der nächsten 25 oder 50 Jahre notwendigerweise die Mehrheit bekommen wird. Das Wirtschaftsleben des kapitalistischen Europas wird durch die Entwicklung der Vereinigten Staaten und der übrigen überseeischen Länder außerordentlich bedroht. Der wirtschaftliche Niedergang Österreichs, der selbst bei friedlicher Entwicklung unaufhaltsam ist, würde der Sozialdemokratie eher Stimmenverluste als -gewinne bringen. Obwohl also eine Fortdauer der Bourgeoisherrschaft der Nation Verfall und kulturellen Niedergang bringt und obwohl die überwältigende Mehrheit des Proletariats – des Rückgrats der Nation – durchaus bereit ist, den Übergang zum Sozialismus zu vollziehen, folgt nach der Logik der Demokratie, daß dieser Übergang unstatthaft ist, weil ein kleiner Prozentsatz von Wählern, die ungebildetsten, rückständigsten und verkommensten, sich aus dem Kampf heraushält, in völliger Unwissenheit verharrt und im entscheidenden Augenblick bereit ist, seine Stimmen und Fäuste dem Faschismus zu leihen.

Die Demokratie hat den Gipfel der Absurdität erreicht. In der Epoche der organischen und methodischen Entwicklung des Kapitalismus, die mit der systematischen sozialen Differenzierung der Bevölkerung Hand in Hand ging, kam der Demokratie große historische Bedeutung zu – auch für die Erziehung des Proletariats. In Europa hat sie ihre bedeutendste Rolle gespielt. Aber in der Epoche des Imperialismus, des Verfallskapitalismus, ist die Demokratie in eine Sackgasse geraten. In Österreich wurde die Verfassung von Sozialdemokraten gemacht, und die Sozialdemokratie hat, weil sie die Hauptstadt beherrscht, überaus große Bedeutung. Man erwartet, hier demokratische Formen des Übergangs von der Demokratie zum Sozialismus in besonders reiner Form zu sehen. Aber die Wirklichkeit ist ganz anders. Die Politik wird von den angreifenden faschistischen Banden auf der einen und den zurückweichenden, halbbewaffneten sozialdemokratischen Arbeitern auf der andern Seite bestimmt, während ein alter Polizist der Habsburger Schule als Dirigent dieses demokratischen Orchesters auftritt.

Der Faschismus ist der zweite Treuhänder der Bourgeoisie. Ebenso wie die Sozialdemokratie, ja, in noch ausgeprägterer Form, hat der Faschismus seine eigene Armee, eigene Interessen und eigene Bewegungsgesetze. In Italien mußte er sich bekanntlich, um die bürgerliche Gesellschaft zu retten und zu konsolidieren, nicht nur zur Sozialdemokratie, sondern auch zu den bürgerlichen Parteien in scharfen Gegensatz bringen. Das gleiche kann man in Polen beobachten. Man darf die Sache nicht so darstellen, als handelten alle politischen Organe der Bourgeoisie in völliger Harmonie miteinander. Glücklicherweise ist es anders. Die wirtschaftliche Anarchie wird durch die politische ergänzt. Der Faschismus nährt sich von der Sozialdemokratie, aber er muß ihr den Schädel einschlagen, um an die Macht zu kommen. Die österreichische Sozialdemokratie tut, was sie kann, um ihm diese chirurgische Operation zu erleichtern.

Man kann sich kaum etwas Absurderes vorstellen als Otto Bauers Argumentation, derzufolge Gewalt nur zur Verteidigung der bestehenden Demokratie angewandt werden darf. In die Sprache des Klassenkampfs übersetzt heißt das: Gewalt ist erlaubt, um die Interessen der staatlich organisierten Bourgeoisie zu verteidigen, Gewalt ist verboten, wenn es um die Errichtung eines Arbeiterstaats geht.

Diese Theorie wird juristisch formuliert. Otto Bauer käut die alten Formeln Lassalles über Recht und Revolution wieder. Aber Lassalle sprach vor Gericht, und dort waren seine Argumente treffend. Der Versuch, aus einem juristischen Duell mit dem Staatsanwalt Geschichtsphilosophie zu machen, dient hingegen nur der Feigheit zum Vorwand. Nach Bauer ist Gewalt nur statthaft, um auf einen schon vollzogenen Staatsstreich zu antworten, wenn der Boden des „Rechts" nicht mehr gegeben ist, nicht aber 24 Stunden vorher, um ihn zu verhindern. Mit Hilfe dieser Konzeption zieht Bauer die Scheidelinie zwischen Austromarxismus und Bolschewismus, als wären das zwei Rechts-Schulen. In Wirklichkeit liegt der Unterschied darin, daß der Bolschewismus die Herrschaft der Bourgeoisie stürzen, die Sozialdemokratie sie verewigen will. Kein Zweifel, daß Bauer, käme es zum Staatsstreich, Folgendes erklären würde: Wir haben die Arbeiter nicht gegen die Faschisten in Bewegung gebracht, als sie verfassungsfeindliche Banden organisierten und die gesetzliche Ordnung bedrohten und wir noch über mächtige Organisationen, eine legale Presse, 43 Prozent der Abgeordneten und den Wiener Gemeinderat verfügten; jetzt haben die Faschisten den Staatsapparat in Händen und stützen sich auf ihr selbstgeschaffenes Recht, wir aber haben weder Feuer noch Wasser, stehen außerhalb der Gesetze, haben keine legalen Beziehungen zu den Massen, die zudem enttäuscht und unterdrückt sind und in großer Zahl zu den Faschisten überlaufen; unter diesen Umständen zum Aufstand rufen – das können nur verbrecherische Abenteurer oder Bolschewisten. Nach dieser theoretischen Wendung um 180 Grad wären die Austromarxisten sich selbst doch gänzlich treu geblieben. Die Parole der *inneren Abrüstung* übersteigt in ihrer reaktionären Gemeinheit alles, was wir bisher von seiten der Sozialdemokratie zu hören bekamen. Diese Herrschaften bitten die Arbeiter inständig, sich angesichts des bewaffneten bürgerlichen Staates zu entwaffnen. Die faschistischen Banden sind doch nur Hilfstruppen der Bourgeoisie; heute aufgelöst, können sie jeden Augenblick wieder in noch größerer Zahl und mit besserer Bewaffnung zusammengetrommelt werden. Aber den Arbeitern wird niemand Waffen geben, wenn die Sozialdemokratie sie mit Hilfe des bürgerlichen Staates erst einmal entwaffnet hat. Natürlich fürchtet die Sozialdemokratie die Waffen der

Faschisten; aber sie fürchtet die Waffen in den Händen der Arbeiter fast noch mehr. Heute hat die Bourgeoisie vor dem Bürgerkrieg noch Angst – erstens ist der Ausgang ungewiß, zweitens will sie keine wirtschaftlichen Erschütterungen. Die Entwaffnung der Arbeiter sichert die Bourgeoisie vor dem Bürgerkrieg und maximiert zugleich die Chancen eines faschistischen Staatsstreichs.

Die innere Abrüstung Österreichs ist eine Forderung der Ententeländer, in erster Linie Frankreichs, in zweiter – Englands. Der offiziöse französische „Temps" erklärt Schober in strengem Ton, daß die innere Abrüstung im Interesse des Auslands wie des Privateigentums liege, Hendersons Rede im Unterhaus galt dem gleichen Thema. Indem er die österreichische Demokratie verteidigte, verteidigte er die Verträge von Versailles und Saint-Germain. Die österreichische Sozialdemokratie dient hier – wie in allen wichtigen Fragen – der Bourgeoisie der Siegerländer nur als Relaisstation.

Die Sozialdemokratie kann und will die Macht nicht übernehmen. Aber die Bourgeoisie meint, daß die Disziplinierung der Arbeiter durch die Sozialdemokratie für sie zu kostspielig wird. Die Bourgeoisie insgesamt braucht den Faschismus, um die Sozialdemokratie in Zaum zu halten und sie bei günstiger Gelegenheit beiseite zu schleudern. Der Faschismus will die Macht und ist imstande, sie sich zu holen. Hat er sie, wird er sie voll und ganz dem Finanzkapital zur Verfügung stellen. Aber das ist ein Weg sozialer Erschütterungen, die ebenfalls große Unkosten mit sich bringen. Dies erklärt das Zögern der Bourgeoisie, den inneren Kampf ihrer sozialen Schichten, und bestimmt die Politik, die sie in der nächsten Zeit vermutlich einschlagen wird: die Sozialdemokratie mittels des Faschismus dazu zu zwingen, der Bourgeoisie behilflich zu sein, die Verfassung so zu ändern, daß alle Vorteile der Demokratie und des Faschismus vereint werden: Faschismus als Kern, Demokratie als Schale – bei Wegfall der Unkosten für demokratische Reformen und, wenn möglich, unter Vermeidung der Unkosten eines faschistischen Staatsstreichs.

Wird die Bourgeoisie damit Erfolg haben? Ganz, bis zum Ende und auf lange Sicht bestimmt nicht. Mit anderen Worten: Die Bourgeoisie kann kein Regime schaffen, das es ihr gestatten würde, sich friedlich ebensowohl auf die Arbeiter wie auf das ruinierte Kleinbürgertum zu stützen und sich weder die Kosten für soziale Reformen, noch diejenigen aufzuladen, die aus den Erschütterungen des Bürgerkriegs erwachsen. Die Widersprüche sind zu groß – sie müssen in der einen oder der anderen Richtung durchbrechen.

In jedem Falle ist die österreichische „Demokratie" verloren. Nach dem jetzigen Schlaganfall kann sie sich natürlich wieder erholen und eine Zeitlang dahinvegetieren, ein Bein nachschleppend und mit lallender Zunge. Mag sein, daß ein weiterer Schlag nötig ist, um sie ganz umzubringen. Aber ihr Schicksal ist bereits entschieden.

Der Austromarxismus hat jetzt eine Zeit der Sühne für seine politischen Verbrechen vor sich. Die Sozialdemokratie, die die Bourgeoisie vor dem Bolschewismus gerettet hat, trägt zur Rettung der Bourgeoisie vor der Sozialdemokratie bei. Es wäre unsinnig, die Augen davor zu verschließen, daß der Sieg des Faschismus nicht nur die physische Ausrottung der wenig zahlreichen Kommunisten nach sich ziehen würde, sondern auch die erbarmungslose Vernichtung aller sozialdemokratischen Organisationen und Stützpunkte. In dieser Hinsicht (wie in mancher anderen) wiederholt die Sozialdemokratie nur die Geschichte des Liberalismus, dessen späte Tochter sie ist. Mehr als einmal in der Geschichte haben die Liberalen der feudalen Reaktion geholfen, mit den Volksmassen fertig zu werden, – nachher liquidierte die Reaktion dann die Liberalen selbst.

Anscheinend hat es sich die Geschichte zur Aufgabe gemacht, die Prognosen und Direktiven der Komintern von 1923 an restlos zu widerlegen: die Einschätzung der revolutionären Lage im Deutschland von 1923, der internationalen Rolle der Vereinigten Staaten und des anglo-amerikanischen Konflikts; die Orientierung auf einen revolutionären Aufschwung in den Jahren 1924-25; die Einschätzung der Triebkräfte und Perspektiven der chinesischen Revolution (1925-27), des englischen Tradeunionismus (1925-27), der Industrialisierung und der Kulaken in der UdSSR usw., usw. Das Gleiche widerfährt jetzt der Einschätzung der „dritten Periode" und des „Sozialfaschismus". Molotow hat die Entdeckung gemacht, daß Frankreich in der ersten Reihe der revolutionären Bewegung steht. In Wirklichkeit ist es – unter den europäischen Ländern – Österreich, wo gegenwärtig eine revolutionäre Situation besteht, wobei es sehr charakteristisch ist, daß der Ansatzpunkt einer möglichen revolutionären Entwicklung nicht im Kampf zwischen Kommunismus und „Sozialfaschismus" liegt, sondern im Konflikt zwischen Sozialdemokratie und Faschismus. Nun wird deutlich, daß sich die unglückselige Kommunistische Partei in eine Sackgasse verrannt hat.

Ja, der Konflikt zwischen Sozialdemokratie und Faschismus ist jetzt das wichtigste Faktum der österreichischen Politik. Die Sozialdemokratie weicht zurück, verliert an Boden, kriecht auf dem Bauche, bittet um Gnade und gibt eine Position nach der anderen auf. Aber der Konflikt hat nichtsdestoweniger einen sehr realen Charakter: Es geht um den Kopf der Sozialdemokratie. Ein weiteres Vorrücken der Faschisten kann und muß die sozialdemokratischen Arbeiter, ja selbst einen Teil des sozialdemokratischen Apparats dazu bringen, sehr viel weiter zu gehen als bis zu der Grenze, die Seitz, Bauer und Co. für sie gezogen haben. Ebenso wie sich mehr als einmal aus dem Konflikt zwischen Liberalismus und Monarchie eine revolutionäre Situation entwickelt hat, die dann beiden Gegnern über den Kopf wuchs, so kann aus dem Konflikt zwischen Sozialdemokratie und Faschismus – den beiden antagonistischen Geschäftsführern der Bourgeoisie – eine revolutionäre Lage entstehen, die bald beiden über den Kopf wächst.

Was wäre ein proletarischer Revolutionär wert gewesen, der in einer Zeit bürgerlicher Revolution nicht verstanden hätte, den Konflikt zwischen Liberalismus und Monarchie richtig einzuschätzen, und der, statt ihn für revolutionäre Zwecke zu nutzen, die beiden Gegner in einen Topf geworfen hätte? Und was taugt ein Kommunist, der den Konflikt zwischen *Faschismus* und *Sozialdemokratie* mit der simplen und inhaltsleeren Formel vom *Sozialfaschismus* verdeckt?

Eine solche Position – bloßes Geschrei und steriler Linksradikalismus – versperrt der Kommunistischen Partei von vornherein den Weg zu den sozialdemokratischen Arbeitern und gibt den rechten Strömungen im kommunistischen Lager reiche Nahrung. Einer der Gründe für das Erstarken der rechtsoppositionellen Gruppen liegt darin, daß sie mit ihrer Kritik wirklich schwache Stellen des offiziellen Kommunismus treffen. Im gleichen Maße, wie sich die Partei als unfähig erweist, sich den Weg zu den sozialdemokratischen Arbeitern zu bahnen, findet die Rechte Opposition Zugang zum sozialdemokratischen Apparat. Unverständnis für das Wesen revolutionärer Krisen, politischer Minimalismus und die Perspektive der ewigen Vorbereitung – das sind die charakteristischen Züge der Politik der Rechten. Sie müssen sich am stärksten fühlen, wenn die Leitung der Komintern versucht, auf administrativem Wege eine revolutionäre Situation zu simulieren. In solchen Fällen gewinnen die Kritiken von rechts einen Schein von Überzeugungskraft. Sie haben aber mit revolutionärer Strategie nichts gemein. In den revolutionärsten Augenblicken haben die Rechten eine opportunistische Politik unterstützt (in Deutschland, China und England). Durch Kritik des bürokratischen Putschismus verbessern sie ihren Ruf, um im entscheidenden Augenblick dann wieder die Rolle der Bremse zu übernehmen.

Die Politik der wild gewordenen Zentristen gibt nicht nur den Rechten Nahrung, sondern gießt Wasser auf die Mühle des Austromarxismus. Nichts kann die Sozialdemokratie in nächster Zeit retten – nur die falsche Politik des offiziellen Kommunismus.

Was heißt eigentlich „Sozialfaschismus"? Auch wenn die verlegenen „Theoretiker" einander an Subtilität überböten, könnten sie nichts anderes sagen, als daß darunter die Bereitschaft der Sozialdemokratie zu verstehen ist, die Grundlagen der bürgerlichen Herrschaft (und ihre eigenen Positionen in diesem System) gegen die Arbeiter mit Waffengewalt zu verteidigen. Aber sind dazu nicht ausnahmslos alle „demokratischen"

Parteien bereit? Haben wir je die Demokratie für ein Regime des sozialen Friedens gehalten? Haben nicht Kerenski und Zeretelli die Bauern und Arbeiter im Honigmond der demokratischen Revolution massakriert? Haben nicht die französischen Radikalen vor wie nach dem Krieg die Armee gegen Streikende eingesetzt? Und ist nicht die Geschichte der Herrschaft der Republikanischen und der Demokratischen Partei in den Vereinigten Staaten zugleich die Geschichte blutiger Repressalien gegen Streikende? Wenn all das Faschismus ist, dann ist die Geschichte der Klassengesellschaft die Geschichte des Faschismus, dann gibt es in der Weit ebensoviel Faschismen wie bürgerliche Parteien: Liberal-Faschisten, Radikal-Faschisten, National-Faschisten usw. Aber welchen Sinn haben dann diese Bezeichnungen? Keinen. „Faschismus" ist dann nur ein marktschreierisches Synonym für Klassengewalt.

Im August 1914 haben wir die Sozialdemokratie als „sozial-imperialistisch" bezeichnet. Damit gaben wir zu verstehen, daß die Sozialdemokratie eine der Arbeiterklasse angepaßte Sonderform des Imperialismus ist. Der Imperialismus vereinigt die Sozialdemokratie mit ausnahmslos allen bürgerlichen Parteien. Der „Sozialismus" stellt sie ihnen gegenüber. Der Terminus Sozial-Imperialismus charakterisiert diese ihre Situation vollständig.

Der Faschismus ist aber – will man nicht töricht mit Worten spielen – keineswegs ein allen bürgerlichen Parteien gemeinsamer Zug, sondern eine *besondere* bürgerliche Partei, die für spezielle Bedingungen und Aufgaben geeignet ist, sich gegen die anderen bürgerlichen Parteien stellt und ihre Gewalt gerade gegen die Sozialdemokratie richtet.

Bourgeoisie, Kleinbürgertum und Proletariat
(1932)

Jede wirkliche Analyse der politischen Lage muß von den Beziehungen zwischen drei Klassen ausgehen: Bourgeoisie, Kleinbürgertum (samt Bauernschaft) und Proletariat.

Die wirtschaftlich mächtige Großbourgeoisie stellt an sich eine verschwindende Minderheit der Nation dar. Um ihre Herrschaft zu befestigen, muß sie bestimmte Beziehungen zum Kleinbürgertum sichern und – durch dessen Vermittlung – mit dem Proletariat.

Zum Verständnis der Dialektik dieser Verhältnisse muß man drei historische Etappen unterscheiden: den Anfang der kapitalistischen Entwicklung, als die Bourgeoisie zur Lösung ihrer Aufgaben revolutionäre Methoden benötigte; die Blüte- und Reifeperiode des kapitalistischen Regimes, in der die Bourgeoisie ihrer Herrschaft geordnete, friedliche, konservative, demokratische Formen verlieh; endlich den Niedergang des Kapitalismus, wo die Bourgeoisie gezwungen ist, zu Bürgerkriegsmethoden gegen das Proletariat zu greifen, um ihr Recht auf Ausbeutung zu wahren.

Die diese drei Etappen charakterisierenden politischen Programme: *Jakobinertum*, reformistische *Demokratie* (darunter auch: Sozialdemokratie) und *Faschismus* sind ihrem Wesen nach Programme kleinbürgerlicher Strömungen. Schon das beweist, welch große, richtiger, welch entscheidende Bedeutung die politische Selbstbestimmung der kleinbürgerlichen Volksmassen für das Schicksal der gesamten bürgerlichen Gesellschaft hat!

Aber die Wechselbeziehungen zwischen der Bourgeoisie und ihrer grundlegenden sozialen Stütze, dem Kleinbürgertum, beruhen keineswegs auf gegenseitigem Vertrauen und friedlicher Zusammenarbeit. In seiner Masse ist das Kleinbürgertum eine ausgebeutete und benachteiligte Klasse. Es steht der Großbourgeoisie mit Neid und oft mit Haß gegenüber. Die Bourgeoisie ihrerseits mißtraut dem Kleinbürgertum, während sie sich seiner Unterstützung bedient, denn sie fürchtet ganz zu Recht, es sei stets geneigt, die ihm von oben gesetzten Schranken zu überschreiten.

Während die Jakobiner der bürgerlichen Entwicklung den Weg bahnten, gerieten sie bei jedem Schritt in heftige Zusammenstöße mit der Bourgeoisie. Sie dienten ihr in unversöhnlichem Kampfe gegen sie. Nachdem sie ihre begrenzte historische Rolle erfüllt hatten, wurden die Jakobiner gestürzt, denn die Herrschaft des Kapitals war vorherbestimmt.

Über mehrere Etappen hin festigte die Bourgeoisie ihre Macht unter der Form der parlamentarischen Demokratie. Wiederum weder friedlich noch freiwillig. Die Bourgeoisie hatte tödliche Furcht vor dem allgemeinen Wahlrecht. Letzten Endes aber gelang es ihr, sich durch eine Kombination von Gewaltmaßnahmen und Zugeständnissen, von Hungerpeitsche und Reformen, im Rahmen der formalen Demokratie nicht nur das alte Kleinbürgertum unterzuordnen, sondern in bedeutendem Maße auch das Proletariat, mit Hilfe des neuen Kleinbürgertums – der Arbeiterbürokratie. Im August 1914 war die imperialistische Bourgeoisie imstande, mittels der parlamentarischen Demokratie Dutzende von Millionen Arbeiter und Bauern in den Krieg zu führen.

Aber gerade mit dem Krieg beginnt der deutliche Niedergang des Kapitalismus, vor allem seiner demokratischen Herrschaftsform. Jetzt geht es schon nicht mehr um neue Reformen und Almosen, sondern um Schmälerung und Wegnahme der alten. Die politische Herrschaft der Bourgeoisie gerät damit in Widerspruch nicht nur zu den Einrichtungen der proletarischen Demokratie (Gewerkschaften und politische Parteien), sondern auch zur parlamentarischen Demokratie, in deren Rahmen die Arbeiterorganisationen entstanden sind. Daher der Feldzug gegen den „Marxismus" einerseits, gegen den demokratischen Parlamentarismus andererseits,

Wie aber die Spitzen der liberalen Bourgeoisie seinerzeit außerstande waren, aus eigener Kraft mit Monarchie, Feudalität und Kirche fertig zu werden, so sind die Magnaten des Finanzkapitals außerstande, aus eigener Kraft mit dem Proletariat fertig zu werden. Sie brauchen die Hilfe des Kleinbürgertums. Zu diesem Zweck muß es aufgepeitscht, auf die Beine gebracht, mobilisiert und bewaffnet werden. Doch diese Methode ist gefährlich. Während die Bourgeoisie sich des Faschismus bedient, fürchtet sie ihn. Pilsudski war im Mai 1926 gezwungen, die bürgerliche Gesellschaft durch einen gegen die herkömmlichen Parteien der polnischen Bourgeoisie gerichteten Staatsstreich zu retten. Es kam so weit, daß der offizielle Führer der polnischen Kommunistischen Partei, Warski, der von Rosa Luxemburg nicht zu Lenin, sondern zu Stalin übergegangen war, Pilsudskis Umsturz für den Weg zur „revolutionär-demokratischen Diktatur" hielt und die Arbeiter zur Unterstützung Pilsudskis aufrief.

In der Sitzung der polnischen Kommission des Exekutivkomitees der Komintern am 2. Juli 1926 sagte der Verfasser dieser Zeilen anläßlich der Ereignisse in Polen:

„In seiner Gesamtheit gesehen ist Pilsudskis Umsturz die kleinbürgerliche, ‚plebejische' Art der Lösung der unaufschiebbaren Aufgaben der in Zersetzung und Niedergang befindlichen bürgerlichen Gesellschaft. Hier besteht bereits eine direkte Annäherung an den italienischen Faschismus.

Beide Strömungen haben unzweifelhaft gemeinsame Züge: Ihre Stoßtruppen rekrutieren sich vor allem aus dem Kleinbürgertum; Pilsudski wie Mussolini arbeiteten mit außerparlamentarischen, offen gewalttätigen Mitteln, mit den Methoden des Bürgerkrieges; beide waren nicht um den Sturz, sondern um die Rettung der bürgerlichen Gesellschaft bemüht. Während sie das Kleinbürgertum auf die Beine gebracht hatten, vereinigten sie sich nach der Machteroberung offen mit der Großbourgeoisie. Hier drängt sich unwillkürlich eine historische Generalisierung auf, wenn man sich der von Marx gegebenen Einschätzung des Jakobinertums als der plebejischen Abrechnung mit den feudalen Feinden der Bourgeoisie erinnert. [...] Das war in der Aufstiegsepoche der Bourgeoisie. Jetzt muß man sagen, daß in der *Niedergangsepoche* der bürgerlichen Gesellschaft die Bourgeoisie abermals einer „plebejischen" Lösung ihrer nun nicht mehr progressiven, sondern durch und durch reaktionären Aufgaben bedarf. *In diesem Sinne ist der Faschismus eine reaktionäre Karikatur auf das Jakobinertum.* [...]

Die untergehende Bourgeoisie ist unfähig, sich mit den Methoden und Mitteln des von ihr selbst geschaffenen parlamentarischen Staates an der Macht zu halten. Sie braucht den Faschismus als Waffe der Selbstverteidigung, zumindest in den kritischsten Augenblicken. Doch die Bourgeoisie liebt die „plebejische" Lösung ihrer Aufgaben nicht. Sie blieb dem Jakobinertum gegenüber, das den Entwicklungsweg der bürgerlichen Gesellschaft mit Blut gesäubert hatte, durchwegs feindlich. Die Faschisten stehen der Verfallsbourgeoisie unermeßlich näher als die Jakobiner der aufsteigenden. Doch die solide Bourgeoisie sieht auch die faschistische Lösung ihrer Aufgaben ungern, denn die Erschütterungen, die das mit sich bringt, sind für sie, obwohl sie im Interesse der bürgerlichen Gesellschaft liegen, mit Gefahren verbunden. Daher der Gegensatz zwischen dem Faschismus und den herkömmlichen bürgerlichen Parteien. [...]

Die Großbourgeoisie liebt den Faschismus ebensowenig wie ein Mensch mit kranken Kiefern das Zahnziehen. Die besseren Kreise der bürgerlichen Gesellschaft verfolgten mit Widerwillen das Werk des Zahnarztes Pilsudski, letzten Endes aber fügten sie sich in das Unvermeidliche, wenn auch mit Drohungen, mit Handeln und Feilschen. So verwandelt sich der gestrige Abgott des Kleinbürgertums in den Gendarmen des Kapitals."

Diesem Versuch, die historische Funktion des Faschismus als die politische Ablösung der Sozialdemokratie zu kennzeichnen, wurde die Theorie vom „Sozialfaschismus" gegenübergestellt. Anfangs konnte sie als anmaßende, marktschreierische, aber harmlose Dummheit erscheinen. Die weiteren Ereignisse haben gezeigt, welchen verderblichen Einfluß die Stalinsche Theorie auf die gesamte Entwicklung der Komintern ausübte.

Ergibt sich aus der historischen Rolle von Jakobinertum, Demokratie und Faschismus, daß das Kleinbürgertum verdammt ist, bis ans Ende seiner Tage ein Werkzeug in den Händen des Kapitals zu bleiben? Stünden die Dinge so, so wäre die Diktatur des Proletariats in einer Reihe von Ländern, wo das Kleinbürgertum die Mehrheit der Nation bildet, ausgeschlossen und in anderen Ländern, wo das Kleinbürgertum eine bedeutende Minderheit darstellt, äußerst erschwert. Zum Glück stehen die Dinge nicht so. Schon die Erfahrung der Pariser Kommune hat, zumindest in den Grenzen einer Stadt, sowie nach ihr die Erfahrung der Oktoberrevolution in unvergleichlich größerem räumlichen und zeitlichen Maßstab gezeigt, daß das Bündnis von Groß- und Kleinbourgeoisie nicht unauflöslich ist. Ist das Kleinbürgertum unfähig zu *selbständiger* Politik (weshalb sich insbesondere auch die kleinbürgerliche „demokratische Diktatur" nicht verwirklichen läßt), so bleibt ihm nur die Wahl zwischen Bourgeoisie und Proletariat.

In der Epoche von Aufstieg, Wachstum und Blüte des Kapitalismus ging das Kleinbürgertum trotz heftiger Ausbrüche von Unzufriedenheit im großen und ganzen gehorsam im kapitalistischen Gespann. Es blieb ihm auch nichts anderes übrig. Unter den Bedingungen der kapitalistischen Fäulnis und wirtschaftlichen Ausweglosigkeit aber versucht die Kleinbourgeoisie, sich der Fesseln der alten Herren und Meister der Gesellschaft zu entledigen. Sie ist durchaus fähig, ihr Schicksal mit dem des Proletariats zu verknüpfen. Hierzu ist nur eines erforderlich: Das Kleinbürgertum muß die Überzeugung gewinnen, daß das Proletariat fähig ist, die Gesellschaft auf einen neuen Weg zu führen. Ihm diesen Glauben einzuflößen, vermag das Proletariat nur durch seine Kraft, durch die Sicherheit seiner Handlungen, durch geschickten Angriff auf die Feinde, durch die Erfolge seiner revolutionären Politik.

Doch wehe, wenn die revolutionäre Partei sich als unfähig erweist! Der tägliche Kampf des Proletariats verschärft die Unbeständigkeit der bürgerlichen Gesellschaft. Streiks und politische Unruhen verschlechtern die Wirtschaftslage des Landes. Das Kleinbürgertum wäre bereit, sich vorübergehend mit den wachsenden Entbehrungen abzufinden, wenn es durch die Erfahrung zu der Überzeugung käme, daß das Proletariat imstande ist, es auf einen neuen Weg zu führen. Erweist sich aber die revolutionäre Partei trotz des ununterbrochen zunehmenden Klassenkampfs immer wieder von neuem als unfähig, die Arbeiterklasse um sich zu scharen, schwankt sie, ist sie verwirrt, widerspricht sie sich selbst, dann verliert das Kleinbürgertum die Geduld und beginnt in den revolutionären Arbeitern die Urheber seines eigenen Elends zu sehen. In diese Richtung drängen es alle bürgerlichen Parteien, darunter auch die Sozialdemokratie. Wird nun die soziale Krise unerträglich, so tritt eine besondere Partei auf, deren direktes Ziel es ist, das Kleinbürgertum bis zur Weißglut zu bringen und seinen Haß und seine Verzweiflung gegen das Proletariat zu richten. Diese historische Funktion erfüllt in Deutschland der Nationalsozialismus, eine breite Strömung, deren Ideologie sich aus allen Verwesungsgerüchen der verfallenden bürgerlichen Gesellschaft zusammensetzt.

Die politische Hauptverantwortung für das Wachstum des Faschismus liegt selbstverständlich bei der Sozialdemokratie. Seit dem imperialistischen Krieg läuft die Arbeit dieser Partei darauf hinaus, die Idee einer selbständigen Politik im Bewußtsein des Proletariats auszulöschen, ihm den Glauben an die Ewigkeit des Kapitalismus einzuflößen und es Mal um Mal vor der verfallenden Bourgeoisie auf die Knie zu zwingen. Das Kleinbürgertum kann dem Arbeiter folgen, wenn es in ihm den neuen Herrn erblickt. Die Sozialdemokratie lehrt den Arbeiter, Lakai zu sein. Einem Lakaien wird das Kleinbürgertum nicht folgen. Die Politik des Reformismus nimmt dem Proletariat die Möglichkeit, die plebejischen Massen des Kleinbürgertums zu führen, und verwandelt sie dadurch in Kanonenfutter für den Faschismus.

Politisch ist aber für uns die Frage nicht damit erledigt, daß die Sozialdemokratie die Verantwortung hat. Seit Kriegsbeginn haben wir diese Partei für eine Agentur der imperialistischen Bourgeoisie im Proletariat erklärt. Aus dieser Neuorientierung der revolutionären Marxisten erwuchs die Dritte Internationale, deren Aufgabe darin bestand, das Proletariat unter dem Banner der Revolution zu vereinigen und ihm dadurch die Möglichkeit zu sichern, führenden Einfluß auf die unterdrückten Massen des Kleinbürgertums in Stadt und Land zu nehmen.

Die Nachkriegsperiode war in Deutschland mehr als in anderen Ländern eine Zeit der wirtschaftlichen Ausweglosigkeit und des Bürgerkriegs. Internationale wie innere Bedingungen stießen das Land gebieterisch auf den Weg des Sozialismus, jeder Schritt der Sozialdemokratie machte ihre Verkommenheit und Ohnmacht, das reaktionäre Wesen ihrer Politik, die Käuflichkeit ihrer Führer offenbar. Welche Bedingungen waren denn sonst noch nötig für die Entfaltung der Kommunistischen Partei? Doch der deutsche Kommunismus trat nach den ersten Jahren bedeutender Erfolge in eine Ära der Schwankungen, der Zickzacks, des Wechsels von Opportunismus und Abenteurertum ein. Die zentristische Bürokratie hat die proletarische Vorhut systematisch geschwächt und sie gehindert, die Klasse zu führen. Damit hat sie dem Proletariat als Ganzem die Möglichkeit geraubt, die unterdrückten Massen des Kleinbürgertums hinter sich herzuführen. In den Augen der proletarischen Avantgarde trägt die stalinistische Bürokratie die direkte und unmittelbare Verantwortung für das Wachstum des Faschismus.

Arbeiter-Einheitsfront gegen die Faschisten!

(1931)

Deutschland durchlebt gegenwärtig eine jener großen historischen Stunden, von denen das Schicksal des deutschen Volkes, das Schicksal Europas und in bedeutendem Maße das Schicksal der ganzen Menschheit auf Jahrzehnte hinaus abhängt. Setzt man eine Kugel auf die Spitze einer Pyramide, so kann ein geringer Anstoß sie nach links oder rechts hinabrollen lassen. Das ist die Lage, der sich Deutschland mit jeder Stunde nähert. Es gibt Kräfte, die wünschen, die Kugel möge nach rechts hinabrollen und der Arbeiterklasse den Rücken zerschmettern. Es gibt Kräfte, die wünschen, die Kugel möge sich auf der Spitze halten. Das ist eine Utopie. Die Kugel kann sich auf der Pyramidenspitze nicht halten. Die Kommunisten wollen, die Kugel möge nach links hinabrollen und dem Kapitalismus den Rücken zerschlagen. Aber wollen ist wenig, man muß können. Versuchen wir nochmals ruhig zu überlegen: Ist die Politik, die gegenwärtig vom Zentralkomitee der Kommunistischen Partei Deutschlands getrieben wird, richtig oder falsch?

Was will Hitler?

Es gibt kein größeres Verbrechen in der Politik, als auf die Dummheit eines starken Feindes zu hoffen. Kann aber Hitler nicht übersehen, daß der Weg zur Macht durch grausamsten Bürgerkrieg hindurchführt, so heißt das, daß seine Reden vom friedlichen, demokratischen Weg eine bloße Tarnung sind, eine Kriegslist. Umso mehr heißt es, die Augen offen zu halten.

Was verbirgt sich hinter Hitlers Kriegslist?

Sein Kalkül ist ganz einfach und leicht zu durchschauen: Er will den Gegner durch die langfristige Perspektive des parlamentarischen Wachstums der Nazis einschläfern, um in einer günstigen Minute den Todesstoß gegen den eingeschläferten Widersacher zu führen. Durchaus möglich, daß Hitlers Verbeugungen vor dem demokratischen Parlamentarismus überdies helfen sollen, in der nächsten Zeit irgendeine Koalition herzustellen, in der die Faschisten die wichtigsten Posten erlangen und sie wiederum für den Staatsstreich ausnützen würden. Denn es ist vollkommen klar, daß die Koalition, sagen wir – zwischen Zentrum und Faschisten, nicht eine Etappe zur „demokratischen" Lösung der Frage wäre, sondern eine Stufe zum Staatsstreich unter den für die Faschisten günstigsten Bedingungen.

Man muß auf kurze Sicht anlegen

Würden die Faschisten wirklich die Macht erobern, so bedeutete dies nicht nur die physische Zerschlagung der Kommunistischen Partei, sondern ihren wahrhaften politischen Bankrott. Eine schmähliche Niederlage gegen Banden von menschlichem Staub – das würde das Vielmillionenproletariat Deutschlands der Kommunistischen Internationale und ihrer deutschen Sektion niemals verzeihen. Die Machtergreifung durch die Faschisten würde daher höchstwahrscheinlich die Notwendigkeit der Schaffung einer neuen revolutionären Partei bedeuten und aller Wahrscheinlichkeit nach auch einer neuen Internationale. Das wäre eine furchtbare historische Katastrophe. Aber heute annehmen, all das sei unvermeidlich, können nur wahrhafte Liquidatoren, die sich unter dem Deckmantel hohler Phrasen in Wirklichkeit daranmachen, feige noch vor dem Kampf und ohne Kampf zu kapitulieren. Mit dieser Auffassung haben wir Bolschewiki-Leninisten, die von den Stalinisten „Trotzkisten" genannt werden, nichts gemein.

Wir sind unerschütterlich davon überzeugt, daß der Sieg über die Faschisten möglich ist – nicht nach ihrer Machtergreifung, nicht nach fünf, zehn oder zwanzig Jahren ihrer Herrschaft, sondern jetzt, unter den gegebenen Bedingungen, in den kommenden Wochen und Monaten.

Thälmann hält den Sieg des Faschismus für unvermeidlich

Zum Sieg braucht man eine richtige Politik. Das heißt, man braucht vor allem eine Politik, die auf die gegenwärtige Lage berechnet ist, auf die heutige Kräftegruppierung, und nicht auf die Lage, die in ein, zwei oder drei Jahren eintreten soll, wenn die Machtfrage längst schon entschieden sein wird.

Das ganze Unglück besteht darin, daß die Politik des Zentralkomitees der deutschen Kommunistischen Partei teils bewußt, teils unbewußt von der Anerkennung der Unvermeidbarkeit des faschistischen Sieges ausgeht. In der Tat geht in dem am 29. November veröffentlichten Aufruf zur „Roten Einheitsfront" das Zentralkomitee der KPD von dem Gedanken aus, daß man den Faschismus nicht besiegen kann, ohne zuvor die Sozialdemokratie besiegt zu haben. Den gleichen Gedanken wiederholt Thälmann in seinen Artikeln in allen Tonarten. Ist dieser Gedanke richtig? Im historischen Maßstab ist er unbedingt richtig. Das bedeutet aber durchaus nicht, daß man mit seiner Hilfe, das heißt durch seine bloße Wiederholung, die Tagesfragen lösen kann. Ein vom Standpunkt der revolutionären Strategie im ganzen richtiger Gedanke schlägt in Lüge um, übersetzt man ihn nicht in die Sprache der *Taktik*. Ist es richtig, daß man zur Beseitigung von Arbeitslosigkeit und Elend den Kapitalismus vernichten muß? Richtig.

Aber nur der letzte Dummkopf kann daraus die Folgerung ziehen, daß wir nicht schon heute aus allen Kräften gegen jene Maßnahmen kämpfen müssen, mit deren Hilfe der Kapitalismus das Elend der Arbeiter vergrößert.

Läßt sich hoffen, daß die Kommunistische Partei in den nächsten Monaten sowohl die Sozialdemokratie als auch den Faschismus niederwirft? Kein normal denkender Mensch, der lesen und rechnen kann, würde eine solche Behauptung riskieren. Politisch steht die Frage so: Kann man jetzt, im Lauf der kommenden Monate, d. h. bei Existenz einer zwar geschwächten, aber immer noch (zum Unglück) sehr starken Sozialdemokratie, dem Faschismus siegreichen Widerstand leisten? Darauf antwortet das Zentralkomitee verneinend. Mit anderen Worten: Thälmann hält den Sieg des Faschismus für unvermeidlich.

Ist Brüning das „kleinere Übel"?

Das Unglück besteht gerade darin, daß sich die Führer der deutschen Kommunistischen Partei auf den gleichen Boden gestellt haben wie die Sozialdemokratie, bloß mit umgekehrtem Vorzeichen: Die Sozialdemokraten stimmen für Brüning, indem sie ihn als kleineres Übel anerkennen. Die Kommunisten aber, die Brüning und Braun in jeder Weise das Vertrauen verweigern (und das ist vollkommen richtig gehandelt), gingen auf die Straße, um Hitlers Volksentscheid zu unterstützen, das heißt, den Versuch der Faschisten, Brüning zu stürzen. Damit aber haben sie selbst Hitler als das kleinere Übel anerkannt, denn der Sieg des Volksentscheids hätte nicht das Proletariat an die Macht gebracht, sondern Hitler.

Es geht nicht um die Arbeiter, die die Sozialdemokratie verlassen haben, sondern um jene, die in ihr verharren

Die Tausende von Noskes, Wels und Hilferdings ziehen letzten Endes den Faschismus dem Kommunismus vor. Aber dazu müssen sie sich endgültig von den Arbeitern loslösen. Heute ist das noch nicht so. Heute gerät die Sozialdemokratie als Ganzes, bei all ihren inneren Widersprüchen, in scharfen Konflikt mit den Faschisten. Unsere Aufgabe besteht darin, diesen Konflikt auszunützen, und nicht darin, die Widersacher gegen uns zu vereinigen. […]

Der deutsche Arbeiter ist erzogen im Geist von Organisation und Disziplin. Das hat seine starken und schwachen Seiten. Die überwiegende Mehrheit der sozialdemokratischen Arbeiter will gegen die Faschisten kämpfen, aber – vorwiegend noch – nicht anders als gemeinsam mit ihrer Organisation. Diese Etappe läßt sich nicht überspringen. Wir müssen den sozialdemokratischen Arbeitern helfen, in der Praxis – in der neuen, außergewöhnlichen Situation – zu überprüfen, was ihre Organisationen und Führer wert sind, wenn es um Leben und Tod der Arbeiterklasse geht.

Man muß der Sozialdemokratie den Block gegen die Faschisten aufzwingen

Wahlabkommen, parlamentarische Vereinbarungen, die zwischen der revolutionären Partei und der Sozialdemokratie abgeschlossen werden, dienen in der Regel der Sozialdemokratie zum Vorteil. Praktische Vereinbarungen über Massenaktionen, über Kampfziele sind immer zum Nutzen der revolutionären Partei. [...]

Keine gemeinsame Plattform mit der Sozialdemokratie oder den Führern der deutschen Gewerkschaften, keine gemeinsamen Publikationen, Banner, Plakate! Getrennt marschieren, vereint schlagen! Sich nur darüber verständigen, wie zu schlagen, wen zu schlagen und wann zu schlagen! Darüber kann man mit dem Teufel selbst sich verständigen, mit seiner Großmutter und sogar mit Noske und Grzesinsky. Unter einer Bedingung: Man darf sich nicht die eigenen Hände binden! [...]

Nichts zurücknehmen von unserer Kritik an der Sozialdemokratie. Nichts vergessen von dem, was war. Die gesamte historische Rechnung, darunter auch die Rechnung für Karl Liebknecht und Rosa Luxemburg, wird eines Tages präsentiert werden, so wie auch die russischen Bolschewiki letzten Endes den Menschewiki und Sozialrevolutionären die Generalabrechnung für Hetze, Verleumdung, Verhaftungen, Mord an Arbeitern, Soldaten und Bauern präsentiert haben.

Aber wir haben unsere Generalabrechnung präsentiert zwei Monate, nachdem wir die Teilabrechnung zwischen Kerenski und Kornilow, zwischen „Demokraten" und Faschisten, dazu benutzt hatten, die Faschisten umso sicherer zurückzuschlagen. Nur darum haben wir gesiegt. [...]

Aber diesen Sieg muß man wollen. Es gibt unter den kommunistischen Funktionären nicht wenige feige Karrieristen und Bonzen, denen ihr Plätzchen, ihr Einkommen teuer ist und mehr noch – ihre Haut. Diese Leute sind sehr geneigt, mit ultraradikalen Phrasen zu prunken, hinter denen sich kläglicher und verächtlicher Fatalismus verbirgt. „Ohne Sieg über die Sozialdemokratie kann man sich mit dem Faschismus nicht schlagen!", sagt so ein schrecklicher Revolutionär, und aus diesem Grund ... besorgt er sich einen Reisepaß.

Arbeiter-Kommunisten, Ihr seid Hunderttausende, Millionen; Ihr könnt nirgendwohin wegfahren, für Euch gibt es nicht Reisepässe genug. Wenn der Faschismus an die Macht kommt, wird er wie ein furchtbarer Tank über Eure Schädel und Wirbelsäulen hinwegrollen. Rettung liegt nur in unbarmherzigem Kampf. Und Sieg kann nur das Kampfbündnis mit den sozialdemokratischen Arbeitern bringen. Eilt, Arbeiter-Kommunisten, Ihr habt nicht mehr viel Zeit!

Ein Sieg Hitlers bedeutet: Krieg gegen die UdSSR
(April 1932)

Es gibt zur Zeit zwei ungewöhnlich weit auseinanderliegende Brennpunkte der Weltpolitik, der eine liegt auf der Linie Mukden-Peking, der andere auf der Linie Berlin-München. Jeder dieser beiden Infektionsherde ist imstande, den „normalen" Gang der Ereignisse auf unserem Planeten für Jahre oder Jahrzehnte durcheinander zu bringen. Unterdessen gehen die Diplomaten und die offiziellen Politiker ihrem Tagewerk nach, als gehe nichts Besonderes vor. Gerade so haben sie es schon 1912, während des Balkankrieges gemacht, der das Vorspiel zum Krieg von 1914 war.

Man nennt das mit gutem Grund „Vogel-Strauß-Politik", wobei man einem klugen Vogel Unrecht tut. Die schöne Resolution des Völkerbunds zur mandschurischen Frage ist – selbst im Rahmen der Geschichte der europäischen Diplomatie beurteilt – ein Dokument beispielloser Unfähigkeit; kein Strauß, der auf sich hält, würde seinen Namen daruntersetzen. Solcher Blindheit (in vielen Fällen ist es ganz offenbar ein Nicht-Sehen-Wollen) gegenüber dem, was sich im Fernen Osten vorbereitet, kann man allenfalls zugutehalten, daß sich die Ereignisse dort in relativ langsamem Tempo entwickeln. Der Osten ist, obwohl er zu neuem Leben erwacht, noch weit vom „amerikanischen", ja selbst vom europäischen Tempo entfernt.

Deutschland ist eine harte Nuß. Das in Versailles balkanisierte Europa ist in eine Sackgasse geraten. Diese Ausweglosigkeit erscheint in Deutschland in konzentrierter Form, in der politischen Gestalt des „Nationalsozialismus". In der Sprache der Sozialpsychologie läßt sich diese politische Strömung als epidemische Verzweiflungshysterie der Mittelschichten beschreiben. Ich denke hier an die zugrundegerichteten Kleinhändler, Handwerker und Bauern, auch an Teile des arbeitslosen Proletariats, an die Beamten und die ehemaligen Offiziere des großen Krieges, die noch ihre Auszeichnungen tragen, aber keinen Sold mehr erhalten, an die Angestellten der inzwischen geschlossenen Büros, die Buchhalter der bankrotten Banken, die beschäftigungslosen Ingenieure, die Journalisten ohne Gehalt und ohne Aussichten, an die Ärzte, deren Klienten zwar noch krank sind, aber nicht wissen, wie sie zahlen sollen.

Hitler hat es abgelehnt, Fragen zu seinem innenpolitischen Programm zu beantworten, da es sich dabei um militärische Geheimnisse handele. Er denke nicht daran, sagt er, seinen politischen Gegnern das Geheimnis seiner Heilmethoden preiszugeben. Das ist nicht sehr patriotisch, aber schlau. In Wirklichkeit hat Hitler kein Geheimnis. Aber wir wollen uns hier nicht mit seiner Innenpolitik beschäftigen. In der Sphäre der Außenpolitik scheint seine Position auf den ersten Blick hin ein wenig klarer zu sein. In seinen Artikeln und Reden erklärt Hitler dem Versailler Vertrag, dessen Produkt er selber ist, den Krieg. Seine Spezialität sind aggressive Beschimpfungen Frankreichs. In Wahrheit aber würde Hitler, käme er an die Macht, zu einer Hauptstütze von Versailles und zum Helfershelfer des französischen Imperialismus werden.

Diese Behauptungen mögen paradox klingen. Aber sie ergeben sich unausweichlich aus der Logik der europäischen und internationalen Situation, sofern man sie richtig analysiert, d. h. wenn die Analyse von den Grundkräften der Politik und nicht von leerem Gerede, von Gesten und anderem demagogischen Plunder ausgeht. [...]

Rußland muß bereit sein

Nimmt man die Versicherung der faschistischen Propheten, sie würden in der ersten Hälfte des Jahres 1932 an die Macht kommen, für bare Münze – obwohl wir weit davon entfernt sind, diesen Leuten auf ihr bloßes Wort hin zu glauben –, so ist es möglich, von vornherein eine Art politischen Kalender zu entwerfen. Einige Jahre werden mit der Faschisierung Deutschlands vergehen – der Zerschlagung der deutschen Arbeiterklasse, der Schaffung einer faschistischen Miliz und der Wiederherstellung der Armee. Etwa 1933/34 wären die Voraussetzungen für einen militärischen Angriff gegen die Sowjetunion geschaffen.

Dieser Zeitplan geht natürlich von der Annahme aus, daß die Regierung der Sowjetunion unterdessen geduldig abwartet. Meine Beziehungen zur gegenwärtigen Regierung sind nicht derart, daß ich ein Recht hätte, in ihrem Namen zu sprechen oder auf ihre Absichten hinzuweisen, die ich, wie jeder andere Zeitungsleser oder Politiker, nur auf Grund aller verfügbaren Nachrichten beurteilen kann. Umso freier kann ich mich dazu äußern, wie – meiner Meinung nach – die Sowjetregierung im Falle eines faschistischen Umsturzes in Deutschland handeln *müßte*.

An ihrer Stelle würde ich, sobald ich die telegraphische Nachricht von diesem Ereignis erhielte, eine Teilmobilmachung anordnen. Steht man einem Todfeind gegenüber und ergibt sich der Krieg mit Notwendigkeit aus der Logik der realen Situation, dann wäre es unverzeihlicher Leichtsinn, diesem Gegner Zeit zu lassen, sich festzusetzen und zu stärken, Bündnisse einzugehen, sich die nötige Hilfe zu verschaffen, einen umfassenden militärischen Angriffsplan – nicht nur für den Westen, sondern auch für den Osten – auszuarbeiten, und so eine ungeheure Gefahr wachsen zu lassen.

Hitlers Sturmabteilungen lassen schon ganz Deutschland von einem Kriegsgesang gegen die Sowjets widerhallen, den ein Dr. Hans Büchner komponiert hat. Es wäre unklug, die Faschisten dies Kriegslied brüllen zu lassen. Wenn sie es singen müssen, dann wenigstens staccato.

Es kommt nicht darauf an, wer von beiden formell die Initiative ergreift; ein Krieg zwischen dem Hitlerstaat und dem Sowjetstaat wäre unvermeidlich, und zwar in kurzer Frist. Die Folgen dieses Krieges wären unberechenbar. Aber welche Illusionen man auch in Paris hegt, eins ist sicher: in den Flammen eines bolschewistisch-faschistischen Krieges würde sogleich der Vertrag von Versailles aufgehen.

Thälmann und die „Volksrevolution"
(4. April 1931)

Besten Dank für die Auszüge aus der Thälmann-Rede über die „Volks"-Revolution, die mir entgangen war. Die lächerliche und böswillig verdrehte Art, wie er die Frage behandelt, spottet jeder Beschreibung! Die „Volksrevolution" als Losung – und sogar unter Anspielung auf Lenin. Aber jede Nummer der Zeitung des Faschisten Strasser ist mit der Losung der Volksrevolution geschmückt *als dem Gegensatz* zur Marxschen Parole der Klassen-Revolution. Natürlich ist jede große Revolution eine Volksrevolution oder nationale Revolution in dem Sinne, daß sie alle lebensfähigen und schöpferischen Kräfte der Nation um die revolutionäre Klasse schart, die Nation um einen neuen Kern herum organisiert. Aber das ist keine Kampfparole, sondern eine soziologische Beschreibung der Revolution, die ihrerseits genaue und konkrete Begriffe erfordert. „Volksrevolution" als Slogan ist eine Leerformel, Scharlatanerie; macht man den Faschisten auf diese Art Konkurrenz, so ist der Preis, daß man die Köpfe der Arbeiter mit Verwirrung erfüllt.

Die Entwicklung der Losungen der Komintern ist gerade in dieser Frage eindrucksvoll. Seit dem 3. Weltkongreß wurde die Losung „Klasse gegen Klasse" zum populären Ausdruck der *proletarischen Einheitsfront-Politik*. Das war völlig richtig: Alle Arbeiter sollten sich gegen die Bourgeoisie zusammenschließen. Daraus wurde später ein Bündnis mit den reformistischen Bürokraten gegen die Arbeiter (die Erfahrung des englischen Generalstreiks). Dann mußte die Losung für das entgegengesetzte Extrem herhalten: Keine Abkommen mit den Reformisten, „Klasse gegen Klasse". Gerade die Losung, die dazu dienen sollte, die sozialdemokratischen Arbeiter enger an die kommunistischen heranzuziehen, erhielt in der „dritten Periode" die Bedeutung: Kampf gegen die sozialdemokratischen Arbeiter wie gegen eine andere Klasse. Nun die neue Wendung: Volksrevolution anstelle der proletarischen Revolution. Der Faschist Strasser sagt: 95 Prozent der Bevölkerung haben Interesse an der Revolution, folglich ist das keine Klassen-, sondern eine Volksrevolution. Thälmann stimmt in den Chor ein. Die Arbeiter-Kommunisten müßten dem faschistischen Arbeiter sagen: Natürlich werden 95, wenn nicht 98 Prozent der Bevölkerung vom Finanzkapital ausgebeutet. Aber diese Ausbeutung ist hierarchisch organisiert: es gibt Ausbeuter, Nebenausbeuter, Hilfsausbeuter usw. Nur dank dieser Hierarchie herrschen die Oberausbeuter über die Mehrheit der Bevölkerung. Damit sich die Nation tatsächlich um einen neuen Klassen-Kern herum reorganisieren kann, muß sie ideologisch reorganisiert werden, und das ist nur möglich, wenn sich das Proletariat selbst nicht im „Volk" oder in der „Nation" auflöst, sondern im Gegenteil ein Programm *seiner proletarischen Revolution* entwickelt und das Kleinbürgertum zwingt, zwischen zwei Regimen zu wählen. Die Losung der Volksrevolution lullt das Kleinbürgertum ebenso wie die breiten Massen der Arbeiter ein, versöhnt sie mit der bürgerlich-hierarchischen Struktur des „Volkes" und verzögert ihre Befreiung. Unter den gegenwärtigen Verhältnissen in Deutschland verwischt die Losung einer „Volksrevolution" die ideologische Demarkation zwischen Marxismus und Faschismus und versöhnt Teile der Arbeiterschaft und des Kleinbürgertums mit der faschistischen Ideologie, da sie ihnen gestattet, zu glauben, daß sie keine Wahl treffen müssen, wenn es doch in beiden Lagern um eine Volksrevolution geht.

Diese erbärmlichen Revolutionäre denken, sobald sie mit einem ernsthaften Gegner zu tun bekommen, zu allererst daran, wie sie ihn imitieren können, wie sie seine Farbe annehmen und die Massen statt durch revolutionären Kampf mit einem schlauen Trick für sich gewinnen können. Eine wirklich schändliche Art, die Frage zu stellen! Wenn die schwachen spanischen Kommunisten sich diese Formel zu eigen machten, würden sie bei der Politik der spanischen Kuomintang landen.

Porträt des Nationalsozialismus

(10. Juni 1933)

Naive Leute glauben, die Königswürde stecke im König selbst, in seinem Hermelinmantel und in der Krone, in seinem Fleisch und Bein. Aber die Königswürde ist ein Verhältnis zwischen Menschen. Der König ist nur darum König, weil sich in seiner Person die Interessen und Vorurteile von Millionen Menschen widerspiegeln. Wenn dieses Verhältnis vom Strom der Ereignisse weggespült wird, erweist sich der König bloß als ein verbrauchter Herr mit herabhängender Unterlippe. Davon dürfte, aus frischen Erlebnissen, jener erzählen können, der sich einst Alfons XIII. nannte.

Der Unterschied zwischen dem Führer von Gottes und dem von Volkes Gnaden ist der, daß dieser darauf angewiesen ist, sich selbst den Weg zu bahnen oder wenigstens den Umständen zu helfen, ihn zu entdecken. Aber jeder Führer ist immer ein Verhältnis zwischen Menschen, ein individuelles Angebot auf eine kollektive Nachfrage. Die Erörterungen über die Persönlichkeit Hitlers sind um so hitziger, je mehr man das Geheimnis seines Erfolges in ihm selbst sucht. Doch ist es schwer, eine andere politische Gestalt zu finden, die in einem solchen Maße der Knoten unpersönlicher geschichtlicher Kräfte wäre. Nicht jeder erbitterte Kleinbürger könnte ein Hitler werden, aber ein Stückchen Hitler steckt in jedem von ihnen.

Das rasche Wachstum des deutschen Kapitalismus vor dem Kriege bedeutete bei weitem nicht die einfache Aufreibung der Mittelklassen; während er einzelne Schichten des Kleinbürgertums zugrunderichtete, schuf er wieder neue: Handwerker und Krämer um die großen Betriebe herum, Techniker und Angestellte in den Betrieben. Aber während sie sich zahlenmäßig hielten – das alte und das neue Kleinbürgertum umfaßt nicht viel weniger als die Hälfte des deutschen Volkes –, büßten die Mittelklassen den letzten Schatten von Selbständigkeit ein; sie lebten am Rande der Schwerindustrie und des Bankensystems, sie aßen die Brosamen vom Tisch der Kartelle, sie lebten von den geistigen Almosen ihrer alten Theoretiker und Politiker.

Die Kriegsniederlage verbaute dem deutschen Imperialismus den Weg. Die äußere Dynamik verwandelte sich in die innere, der Krieg ging in die Revolution über. Die Sozialdemokratie, die den Hohenzollern geholfen hatte, den Krieg bis zum tragischen Ende zu führen, verbot dem Proletariat, nun seinerseits die Revolution bis zum Ende zu führen. Vierzehn Jahre vergingen unter beständigen Entschuldigungen der Weimarer Demokratie für ihr eigenes Dasein. Die Kommunistische Partei rief die Arbeiter zu einer neuen Revolution, erwies sich aber als unfähig, sie zu führen. Die deutschen Arbeiter gingen durch die Siege und Zusammenbrüche des Krieges, der Revolution, des Parlamentarismus und des Pseudobolschewismus.

Während die alten bürgerlichen Parteien sich restlos verausgabten, war zugleich die Bewegungskraft der Arbeiter gebrochen.

Das Nachkriegschaos traf die Handwerker, Krämer und Angestellten nicht weniger heftig als die Arbeiter. Die Landwirtschaftskrise richtete die Bauern zugrunde. Der Verfall der Mittelschichten konnte nicht ihre Proletarisierung bedeuten, da ja im Proletariat selbst ein riesiges Heer von chronischen Arbeitslosen entstand. Die Pauperisierung der Mittelschichten – mit Mühe durch Halstuch und Strümpfe aus Kunstseide verhüllt – fraß allen offiziellen Glauben und vor allem die Lehren vom demokratischen Parlamentarismus.

Die Vielzahl der Parteien, das kalte Fieber der Wahlen, der fortwährende Wechsel der Ministerien komplizierten die soziale Krise durch das Kaleidoskop unfruchtbarer politischer Kombinationen. In der durch Krieg, Niederlage, Reparationen, Inflation, Ruhrbesetzung, Krise, Not und Erbitterung überhitzten Atmosphäre erhob sich das Kleinbürgertum gegen alle alten Parteien, die es betrogen hatten. Die schweren Frustrationen der Kleineigentümer, die aus dem Bankrott nicht herauskamen, ihrer studierten Söhne ohne Stellung und Klienten, ihrer Töchter ohne Aussteuer und Freier, verlangten nach Ordnung und nach einer eisernen Hand.

Die Fahne des Nationalsozialismus wurde erhoben von der unteren und mittleren Offiziersschicht des alten Heeres. Die ordengeschmückten Offiziere und Unteroffiziere konnten nicht darin einwilligen, daß ihr Heroismus und ihre Leiden nicht allein fürs Vaterland umsonst hingegeben sein, sondern auch ihnen selbst keine besonderen Rechte auf Dank gebracht haben sollten; daher stammt ihr Haß gegen die Revolution und das Proletariat. Sie waren unzufrieden damit, daß die Bankiers, Fabrikanten, Minister sie wieder in die bescheidenen Stellungen von Buchhaltern, Ingenieuren, Postbeamten und Volksschullehrern schickten – daher ihr „Sozialismus“. An der Yser und vor Verdun hatten sie gelernt, sich und andere aufs Spiel zu setzen und im Kommandoton zu reden, was dem kleinen Mann im Hinterland mächtig imponierte. So wurden diese Leute Führer.

Zu Beginn seiner politischen Laufbahn zeichnete sich Hitler vielleicht nur durch größeres Temperament, eine lautere Stimme und selbstsichere geistige Beschränktheit aus. Er brachte in die Bewegung keinerlei fertiges Programm mit – wenn man den Rachedurst des gekränkten Soldaten nicht zählt. Hitler begann mit Verwünschungen und Klagen über die Versailler Bedingungen, über das teure Leben, über das Fehlen des Respekts vor dem verdienten Unteroffizier, über das Treiben der Bankiers und Journalisten mosaischen Bekenntnisses. Heruntergekommene, Verarmte, Leute mit Schrammen und frischen blauen Flecken fanden sich genug. Jeder von ihnen wollte mit der Faust auf den Tisch hauen. Hitler verstand das besser als die anderen. Zwar wußte er nicht, wie der Not beizukommen sei. Aber seine Anklagen klangen bald wie Befehl, bald wie Gebet, gerichtet an das ungnädige Schicksal. Todgeweihte Klassen werden – ähnlich hoffnungslosen Kranken – nicht müde, ihre Klagen zu variieren und Tröstungen anzuhören. Alle Reden Hitlers sind auf diesen Ton gestimmt. Sentimentale Formlosigkeiten, Mangel an Disziplin des Denkens, Unwissenheit bei buntscheckiger Belesenheit – all diese Minus verwandelten sich in ein Plus. Sie gaben ihm die Möglichkeit, im Bettelsack „Nationalsozialismus" alle Formen der Unzufriedenheit zu vereinen und die Masse dorthin zu führen, wohin sie ihn stieß. Von den eigenen Improvisationen des Beginns blieb im Gedächtnis des Agitators nur das haften, was Billigung fand. Seine politischen Gedanken waren die Frucht der rhetorischen Akustik. So ging die Auswahl der Losungen vonstatten. So verdichtete sich das Programm. So bildete sich aus dem Rohstoff der „Führer".

Mussolini war von Anfang an der sozialen Materie bewußter als Hitler, dem der Polizeimystizismus eines Metternich näher liegt als die politische Algebra Machiavellis. Mussolini ist geistig verwegener und zynischer. Als Beweis dürfte genügen, daß der römische Atheist sich der Religion lediglich bedient wie der Polizei oder der Justiz, während sein Berliner Kollege wirklich an die Unfehlbarkeit der römischen Kirche glaubt. In jener Zeit, als der heutige Diktator Italiens Marx noch für „unser aller unsterblichen Meister" hielt, verteidigte er nicht ohne Geschick die Theorie, die im Leben der heutigen Gesellschaft vor allem das Gegeneinanderwirken zweier grundlegender Klassen sieht: der Bourgeoisie und des Proletariats. Allerdings, schrieb Mussolini im Jahre 1914, liegen zwischen ihnen sehr zahlreiche Mittelschichten, die sozusagen das „einigende Gewebe der menschlichen Kollektive" bilden, aber „in einer Krisenperiode werden die Mittelschichten ihren Interessen und Ideen gemäß angezogen von der einen oder der anderen der beiden Hauptklassen". Eine sehr wichtige Verallgemeinerung! Wie die wissenschaftliche Medizin ihre Adepten sowohl mit der Möglichkeit ausrüstet, einen Kranken zu heilen, als auch mit jener, auf kürzestem Wege einen Gesunden ins Grab zu bringen, so hat die wissenschaftliche Analyse der Klassenbeziehungen – die von ihrem Urheber zur Mobilisierung des Proletariats gedacht war – Mussolini, als er ins gegnerische Lager schwenkte, die Möglichkeit gegeben, die Mittelklassen gegen das Proletariat zu mobilisieren. Hitler hat die gleiche Arbeit verrichtet, wobei er die Methodologie des italienischen Faschismus in die Sprache der deutschen Mystik übersetzte.

Die Scheiterhaufen, auf denen die verruchten Schriften des Marxismus brennen, werfen helles Licht auf die Klassennatur des Nationalsozialismus. Solange die Nazis als Partei handelten und nicht als Staatsmacht, fanden sie fast keinen Zugang zur Arbeiterklasse. Andererseits betrachtete die Großbourgeoisie – auch jene, die Hitler mit Geld unterstützte – die Nazis nicht als ihre Partei. Das nationale „Erwachen" stützte sich ganz und gar auf die Mittelklassen, den rückständigsten Teil der Nation, den schweren Ballast der Geschichte. Die politische Kunst bestand darin, das Kleinbürgertum durch Feindseligkeit gegen das Proletariat zusammenzuschweißen. Was wäre zu tun, damit alles besser werde? Vor allem die niederdrücken, die unten sind. Kraftlos vor den großen Wirtschaftsmächten, hofft das Kleinbürgertum, durch die Zertrümmerung der Arbeiterorganisationen seine gesellschaftliche Würde wiederherzustellen.

Die Nazis geben ihrem Umsturz den usurpierten Namen Revolution. In Wirklichkeit läßt der Faschismus in Deutschland wie auch in Italien die Gesellschaftsordnung unangetastet. Hitlers Umsturz hat, isoliert betrachtet, nicht einmal ein Recht auf den Namen Konterrevolution. Aber man darf ihn nicht abgesondert sehen, er ist die Vollendung des Kreislaufs von Erschütterungen, der in Deutschland 1918 begann. Die Novemberrevolution, die die Macht den Arbeiter- und Soldatenräten übergab, war in ihrer Grundtendenz proletarisch. Doch die an der Spitze der Arbeiterschaft stehende Partei gab dem Bürgertum die Macht zurück. In diesem Sinne eröffnete die Sozialdemokratie die Ära der Konterrevolution, ehe es der Revolution gelang, ihr Werk zu vollenden. Solange die Bourgeoisie von der Sozialdemokratie und folglich von den Arbeitern abhängig war, enthielt das Regime aber immer noch Elemente des Kompromisses. Bald ließ die internationale und die innere Lage des deutschen Kapitalismus keinen Raum mehr für Zugeständnisse. Rettete die Sozialdemokratie die Bourgeoisie vor der proletarischen Revolution, so hatte der Faschismus seinerseits die Bourgeoisie vor der Sozialdemokratie zu retten. Hitlers Umsturz ist nur das Schlußglied in der Kette der konterrevolutionären Verschiebungen.

Der Kleinbürger ist dem Entwicklungsgedanken feind, denn die Entwicklung geht beständig gegen ihn – der Fortschritt brachte ihm nichts als unbezahlbare Schulden. Der Nationalsozialismus lehnt nicht nur den Marxismus, sondern auch den Darwinismus ab. Die Nazis verfluchen den Materialismus, weil die Siege der Technik über die Natur den Sieg des großen über das kleine Kapital bedeuten. Die Führer der Bewegung liquidieren den „Intellektualismus" nicht so sehr deshalb, weil sie selbst mit einem Intellekt zweiter und dritter Sorte versehen sind, sondern vor allem, weil ihre geschichtliche Rolle es ihnen nicht gestattet, irgendeinen Gedanken zu Ende zu führen. Der Kleinbürger braucht eine höchste Instanz, die über Natur und Geschichte steht, gefeit gegen Konkurrenz, Inflation, Krise und Versteigerung. Der Evolution, dem „ökonomischen Denken", dem Rationalismus – dem 20., 19. und 18. Jahrhundert – wird der nationale Idealismus als die Quelle des Heldischen entgegengestellt. Die Nation

Hitlers ist ein mythologischer Schatten des Kleinbürgertums selbst, sein pathetischer Wahn vom tausendjährigen Reich auf Erden.

Um die Nation über die Geschichte zu erheben, gab man ihr als Stütze die Rasse. Den geschichtlichen Ablauf betrachtet man als Emanation der Rasse. Die Eigenschaften der Rasse werden ohne Bezug auf die veränderlichen gesellschaftlichen Bedingungen konstruiert. Das niedrige „ökonomische Denken" ablehnend, steigt der Nationalsozialismus ein Stockwerk tiefer, gegen den wirtschaftlichen Materialismus beruft er sich auf den zoologischen. Die Rassentheorie – wie besonders geschaffen für einen anspruchsvollen Autodidakten, der nach einem Universalschlüssel für alle Geheimnisse des Lebens sucht – sieht im Licht der Ideengeschichte besonders kläglich aus. Die Religion des rein Germanischen mußte Hitler aus zweiter Hand beim französischen Diplomaten und dilettierenden Schriftsteller Gobineau entlehnen. Die politische Methodologie fand Hitler bei den Italienern fertig vor. Mussolini hat sich ausgiebig der Marxschen Theorie des Klassenkampfs bedient. Der Marxismus selbst war die Frucht einer Verbindung deutscher Philosophie, französischer Geschichtsschreibung und englischer Ökonomie. In der Genealogie der Ideen – selbst der rückschrittlichsten und stumpfsinnigsten – findet sich vom Rassismus keine Spur.

Die Armseligkeit der nationalsozialistischen Philosophie hat die Universitätsprofessoren selbstverständlich nicht gehindert, mit vollen Segeln in Hitlers Fahrwasser einzulenken – als sein Sieg außer Frage stand. Die Jahre der Weimarer Ordnung waren für die Mehrheit des Professorenpöbels eine Zeit der Verwirrung und Unruhe. Die Historiker, Ökonomen, Juristen und Philosophen ergingen sich in Vermutungen darüber, welches der einander bekämpfenden Wahrheitskriterien das echte sei, das heißt, welches Lager sich zuguterletzt als Sieger erweisen werde. Die faschistische Diktatur beseitigt die Zweifel der Fauste und das Schwanken der Hamlets auf dem Universitätskatheder. Aus der Dämmerung der parlamentarischen Relativität tritt die Wissenschaft wiederum in das Reich des Absoluten ein. Einstein mußte Deutschland verlassen.

Auf der Ebene der Politik ist der Rassismus eine aufgeblasene und prahlerische Abart des Chauvinismus, gepaart mit Schädellehre. Wie herabgekommener Adel Trost findet in der alten Abkunft seines Bluts, so besäuft sich das Kleinbürgertum am Märchen von den besonderen Vorzügen seiner Rasse. Es verdient Beachtung, daß die Führer des Nationalsozialismus nicht germanische Deutsche sind, sondern Zugewanderte: aus Österreich, wie Hitler selbst, aus den ehemaligen baltischen Provinzen des Zarenreichs, wie Rosenberg, aus den Kolonialländern, wie der augenblickliche Stellvertreter Hitlers in der Parteileitung, Heß, und der neue Minister Darré. Es bedurfte der Schule barbarischer nationaler Balgerei in den kulturellen

Randgebieten, um den Führern die Gedanken einzuflößen, die später ein Echo im Herzen der barbarischsten Klassen Deutschlands fanden.

Die Persönlichkeit und die Klasse – der Liberalismus und der Marxismus – sind das Böse. Die Nation ist das Gute. Doch an der Schwelle des Eigentums verkehrt sich diese Philosophie ins Gegenteil. Nur im persönlichen Eigentum liegt das Heil. Der Gedanke des nationalen Eigentums ist eine Ausgeburt des Bolschewismus. Obwohl er die Nation vergottet, will ihr der Kleinbürger doch nichts schenken. Im Gegenteil erwartet er, daß die Nation ihm selbst Besitz beschert und diesen dann gegen Arbeiter und Gerichtsvollzieher in Schutz nimmt.

Vor dem Hintergrund des heutigen Wirtschaftslebens – international in den Verbindungen, unpersönlich in den Methoden – scheint das Rassenprinzip einem mittelalterlichen Ideenfriedhof entstiegen. Die Nazis machen im voraus Zugeständnisse: Im Reich des Geistes wird Rassereinheit durch den Paß bescheinigt, im Reich der Wirtschaft aber muß sie sich durch Geschäftstüchtigkeit ausweisen. Unter den heutigen Bedingungen heißt das: durch Konkurrenzfähigkeit. So kehrt der Rassismus durch die Hintertür zum ökonomischen Liberalismus – ohne politische Freiheiten – zurück.

Praktisch beschränkt sich der Nationalismus in der Wirtschaft auf – trotz aller Brutalität – ohnmächtige Ausbrüche von Antisemitismus. Vom heutigen Wirtschaftssystem sondern die Nazis das raffende oder Bankkapital als den bösen Geist ab; gerade in dieser Sphäre nimmt ja die jüdische Bourgeoisie einen bedeutenden Platz ein. Während er sich vor dem kapitalistischen System verbeugt, bekriegt der Kleinbürger den bösen Geist des Profits in Gestalt des polnischen Juden im langschößigen Kaftan, der oft keinen Groschen in der Tasche hat. Der Pogrom wird zum Beweis rassischer Überlegenheit.

Das Programm, mit dem der Nationalsozialismus an die Macht gelangte, erinnert nur zu sehr an die jüdischen Warenhäuser der finsteren Provinz. Was findet man dort nicht alles – zu niedrigem Preis und in noch niedrigerer Qualität: Die Erinnerung an die „glücklichen" Zeiten der freien Konkurrenz und die vage Überlieferung von der Stabilität der Ständegesellschaft, Träume von der Auferstehung des Kolonialreichs und den Wahn von einer geschlossenen Wirtschaft, Phrasen über eine Rückkehr vom römischen zum altdeutschen Recht und über die Befürwortung des amerikanischen Moratoriums, neidische Feindschaft gegen die Ungleichheit in Gestalt einer Villa und eines Autos und tierische Furcht vor der Gleichheit in Gestalt des Arbeiters mit Mütze und ohne Kragen, tobenden Nationalismus und Angst vor den Weltgläubigern – all dieser internationale Auswurf politischer Gedanken füllt die geistige Schatzkammer des neudeutschen Messianismus.

Der Faschismus entdeckte den Bodensatz der Gesellschaft für die Politik. Nicht nur in den Bauernhäusern, sondern auch in den Wolkenkratzern der

Städte lebt neben dem 20. Jahrhundert heute noch das zehnte oder dreizehnte. Hunderte Millionen Menschen benutzen den elektrischen Strom, ohne aufzuhören, an die magische Kraft von Gesten und Beschwörungen zu glauben. Der römische Papst predigt durchs Radio vom Wunder der Verwandlung des Wassers in Wein. Kinostars laufen zur Wahrsagerin. Flugzeugführer, die wunderbare, vom Genie des Menschen erschaffene Mechanismen lenken, tragen unter dem Sweater Amulette. Was für unerschöpfliche Vorräte von Finsternis, Unwissenheit, Wildheit! Die Verzweiflung hat sie auf die Beine gebracht, der Faschismus wies ihnen die Richtung. All das, was bei ungehinderter Entwicklung der Gesellschaft vom nationalen Organismus als Kulturexkrement ausgeschieden werden müßte, kommt jetzt durch den Schlund hoch; die kapitalistische Zivilisation erbricht die unverdaute Barbarei. Das ist die Physiologie des Nationalsozialismus.

Der deutsche wie der italienische Faschismus stiegen zur Macht über den Rücken des Kleinbürgertums, das sie zu einem Rammbock gegen die Arbeiterklasse und die Einrichtungen der Demokratie zusammenpreßten. Aber der Faschismus, einmal an der Macht, ist alles andere als eine Regierung des Kleinbürgertums. Mussolini hat recht, die Mittelklassen sind nicht fähig zu selbständiger Politik. In Perioden großer Krisen sind sie berufen, die Politik einer der beiden Hauptklassen bis zur Absurdität zu treiben. Dem Faschismus gelang es, sie in den Dienst des Kapitals zu stellen. Losungen wie die Verstaatlichung der Trusts und die Abschaffung des „arbeits- und mühelosen Einkommens" waren nach Übernahme der Macht mit einem Mal über Bord geworfen. Der Partikularismus der deutschen Länder, der sich auf die Eigenarten des Kleinbürgertums stützte, hat dem polizeilichen Zentralismus Platz gemacht, den der moderne Kapitalismus braucht. Jeder Erfolg der nationalsozialistischen Innen- und Außenpolitik wird unvermeidlich die Erdrückung des kleinen Kapitals durch das große bedeuten.

Das Programm der kleinbürgerlichen Illusionen wird dabei nicht abgeschafft, es wird einfach von der Wirklichkeit abgetrennt und in Ritualhandlungen aufgelöst. Die Vereinigung aller Klassen läuft hinaus auf die Halbsymbolik der Arbeitsdienstpflicht und die Beschlagnahme des Arbeiterfeiertags „zugunsten des Volkes". Die Beibehaltung der gotischen Schrift im Gegensatz zur lateinischen ist eine symbolische Vergeltung für das Joch des Weltmarkts. Die Abhängigkeit von den internationalen – darunter auch jüdischen – Bankiers ist nicht um ein Jota gemildert, dafür ist es verboten, Tiere nach dem Talmudritual zu schlachten. Ist der Weg zur Hölle mit guten Vorsätzen gepflastert, so sind die Straßen des Dritten Reiches mit Symbolen ausgelegt.

Indem er das Programm der kleinbürgerlichen Illusionen auf elende bürokratische Maskeraden reduziert, erhebt sich der Nationalsozialismus über die Nation als reinste Verkörperung des Imperialismus. Die Hoffnung darauf, daß die Hitlerregierung heute oder morgen als Opfer ihres inneren Bankrotts fallen werde, ist völlig vergeblich. Das Programm war für die Nazis nötig, um an die Macht zu kommen, aber die Macht dient Hitler durchaus nicht dazu, das Programm zu erfüllen. Die gewaltsame Zusammenfassung aller Kräfte und Mittel des Volkes im Interesse des Imperialismus – die wahre geschichtliche Sendung der faschistischen Diktatur – bedeutet die Vorbereitung des Krieges; diese Aufgabe duldet keinerlei Widerstand von Innen und führt zur weiteren mechanischen Zusammenballung der Macht. Den Faschismus kann man weder reformieren noch zum Abtreten bewegen. Ihn kann man nur stürzen. Der politische Weg der Naziherrschaft führt zur Alternative Krieg oder Revolution.

Postskriptum (2. November 1933)

Der erste Jahrestag der Nazidiktatur steht bevor. Alle Tendenzen des Regimes haben sich inzwischen klar und deutlich entfalten können. Die „sozialistische" Revolution, die den kleinbürgerlichen Massen die unentbehrliche Ergänzung der „nationalen" schien, wurde offiziell verdammt und liquidiert. Die Klassenverbrüderung gipfelt darin, daß – an einem eigens von der Regierung bestimmten Tage – die Reichen zugunsten der Armen auf Vor- und Nachtisch verzichten. Der Kampf gegen die Arbeitslosigkeit hat dazu geführt, daß man die halbe Hungerration noch einmal teilt. Alles übrige ist Produkt der manipulierten Statistik. Die „geplante" Autarkie erweist sich als ein neues Stadium des wirtschaftlichen Zerfalls.

Je weniger das Polizeiregime der Nazis ökonomisch leistet, desto größere Anstrengungen muß es auf außenpolitischem Gebiet unternehmen. Dies entspricht völlig der inneren Dynamik des durch und durch aggressiven deutschen Kapitals. Das Umschwenken der Naziführer auf Friedensdeklarationen kann nur Dummköpfe irreführen. Hitler hat kein anderes Mittel, als die Verantwortung für innere Schwierigkeiten auf äußere Feinde abzuwälzen und die Sprengkraft des Imperialismus unter dem Druck der Diktatur zu steigern.

Dieser Teil des Programms, der noch vor der Machtergreifung der Nazis offen angekündigt wurde, realisiert sich jetzt mit eiserner Logik vor den Augen der ganzen Welt. Die Zeit, die uns bis zur nächsten europäischen Katastrophe bleibt, ist befristet durch die deutsche Aufrüstung. Das ist keine Frage von Monaten, aber auch keine von Jahrzehnten. Wird Hitler nicht rechtzeitig durch innerdeutsche Kräfte aufgehalten, so wird Europa in wenigen Jahren neuerlich in Krieg gestürzt.

Der Danziger Trotzkisten-Prozeß
(29. April 1937)

Zwölf Tage bevor in Moskau die angeblichen „Trotzkisten" Pjatakow, Radek u. a. gerichtet wurden, richteten in Danzig die Faschisten wirkliche Trotzkisten: Dr. Jakubowski und neun seiner Gesinnungsgenossen. Der grandiose Moskauer Prozeß, der die ganze Welt aufregte, lenkte natürlich die Aufmerksamkeit von dem Danziger Prozeß ab. Die große Weltpresse sprach so gut wie gar nicht von dem Strafgericht der Gestapo über die Danziger Revolutionäre. Doch verdient der Danziger Prozeß Aufmerksamkeit sowohl an sich, als auch deswegen, weil er den Moskauer Prozeß beleuchtet, richtiger: ihn ganz und gar durchleuchtet.

Erst in den letzten Tagen erhielt ich von Freunden die Nummer der faschistischen Zeitung „Der Danziger Vorposten" mit dem Bericht über die Gerichtsverhandlung sowie die illegalen Publikationen der Danziger Organisation der Trotzkisten, nämlich ihre Zeitung „Spartakus" und einzelne Aufrufe.

„Nach sorgfältiger Beobachtung und Vorbereitung seitens der politischen Polizei", schreibt „Der Danziger Vorposten" vom 9. Dezember 1936, „war es möglich, vor einigen Tagen die kommunistische Geheimorganisation ‚Spartakus' aufzudecken und einen großen Teil ihrer Mitglieder zu verhaften." Im ganzen wurden rund 60 Personen festgenommen. Die Verbrecher hatten – mit den Worten der Polizei – versucht, „ihre Organisation zum Sammelbecken aller Feinde des Staates zu machen. Sie verrichteten eine angestrengte Arbeit, gaben Blätter heraus, vertrieben aus dem Ausland eingeführte Geheimliteratur, sammelten Beiträge usw." „Einer der in der Organisation führenden Personen besuchte sogar in diesem Sommer (1936) in Norwegen Trotzki. [...] Vor der Aushebung der Geheimorganisation wurde – höchstwahrscheinlich über die polnische Post – ein lebhafter Briefwechsel mit Trotzki geführt."

Bereits in diesen ersten Zeilen vernimmt man bekannte Melodien: die trotzkistische Organisation als „Sammelbecken aller Feinde des Staates" (diesmal des faschistischen), die Reise eines der Leiter zu Trotzki, die an Pjatakows „Flug" nach Oslo erinnert, der lebhafte Briefwechsel der Angeklagten mit Trotzki, von dem sie „Instruktionen" erhielten... Derart ähnlich ist es, als hätte Wyschinski seinen anderthalb Monate später veröffentlichten Anklageakt nach dem Danziger Muster aufgebaut.

Von den 60 Verhafteten wurden dem Gericht nur zehn Mann im Alter von 23 bis 57 Jahren übergeben. Was die Nazis mit den übrigen machten, ist unbekannt. Als Führer der Organisation und Hauptangeklagter wurde der deutsche Staatsangehörige Dr. Franz Jakubowski genannt. Alle übrigen sind Danziger Bürger. „Der Führer der trotzkistischen Bande", heißt es im

Prozeßbericht, „gibt eine kurze Darstellung seiner revolutionären Arbeit". In Danzig bedient man sich derselben Terminologie wie in Moskau: die oppositionelle Organisation wird nicht anders denn als „Bande" bezeichnet. Der 25jährige Jakubowski wurde 1930 Marxist, 1932 Kommunist, 1935 Trotzkist. Jakubowski stand in enger Beziehung zu einem anderen jungen Marxisten, Dr. Siegfried Kissin, der dem Anklageakt zufolge auch die Person ist, die Trotzki in Oslo besuchte.

In ihren Aufrufen und in ihrer Zeitung haben die Danziger Trotzkisten laut Anklage „alles Deutsche in den Schmutz getreten und dagegen die Sowjetunion verherrlicht". Bei der Verhaftung fand man bei Dr. Jakubowski „nicht nur gedruckte Materialien, sondern auch amerikanische Dollar und englische Pfund". Auch in diesem Teil erscheinen die Anklagen der Gestapo wie ein kleines Modell der Anklagen der GPU. Der Unterschied ist bloß der, daß die Moskauer „Trotzkisten" alles Sowjetische in den Schmutz traten und den Faschismus anbeteten; die Danziger machten es umgekehrt. Während Pjatakow Reichsmark von deutschen Firmen erhielt, wurden bei Jakubowski Dollar und Pfunde gefunden.

Der „Vorposten" vom 12. Januar bringt eine fotographische Aufnahme aus dem Gericht während der Rede des Staatsanwalts, der nicht Wyschinski, sondern Hoffmann hieß. Der Saal strotzte von Publikum, wie die Zeitung schreibt. Den Angeklagten wird zur Last gelegt: Staatsverleumdung, Verletzung der öffentlichen Ruhe, Verbreitung falscher Nachrichten, Vergehen gegen die Pressegesetze, schließlich unerlaubter Waffenbesitz. Wenn die Danziger Trotzkisten „die Sowjetunion verherrlichten", so machten sie jedenfalls eine Ausnahme in bezug auf die Stalinsche Rechtsprechung. So wird es Jakubowski besonders angekreidet, daß er in einem Artikel „den Moskauer Schauprozeß mit dem Reichstagsbrandstifterprozeß verglich". Der Staatsanwalt (Hoffmann, nicht Wyschinski) entrüstet sich über diese „sonderbare Gegenüberstellung". Die Reden der Angeklagten werden nicht angeführt – sie bereuten nicht und rühmten Hitler nicht, sondern legten ihre revolutionären Anschauungen dar. Die zehn Angeklagten, darunter zwei Frauen, erhielten insgesamt dreizehn Jahre Gefängnis, wobei auf Jakubowski, gegen den der Staatsanwalt fünf Jahre Zwangsarbeit beantragt hatte, drei Jahre und drei Monate Gefängnis entfielen. Im Gerichtsurteil heißt es unter anderem: „Der Verband der Trotzkisten muß als kommunistische Organisation betrachtet werden; allerdings bestehen zwischen den Trotzkisten und den übrigen Kommunisten Unterschiede, diese betreffen jedoch nicht die Weltanschauung, sondern nur Fragen der Parteitaktik." Im Schlußwort drückte der Gerichtsvorsitzende sein Bedauern aus, daß der Hauptschuldige, Dr. Kissin, sich in Kopenhagen befinde und nicht auf der Anklagebank. Die Danziger Regierung war natürlich so vernünftig, von einem Auslieferungsantrag betreffs Kissin abzusehen.

Von großem Interesse sind die Publikationen des „Spartakusbundes", die die politische Physiognomie der Organisation vollständig umreißen. Wir hörten von der Gestapo, daß die Verschwörer zwecks Übersendung der Materialien, in denen „alles Deutsche" beschimpft wurde, sich der polnischen Post bedienten, aber ein Aufruf anläßlich der spanischen Ereignisse beginnt mit den Worten: „Die deutsche und die polnische faschistische Regierung verkündeten heuchlerisch ihre Neutralität im spanischen Bürgerkrieg. In Wirklichkeit sind sie ständige Waffenlieferanten für die spanischen Faschisten."

Das Flugblatt, das die Hafenarbeiter aufrief, mit allen Kräften weiteren Waffenversand zu verhindern, ist unterschrieben: „Internationalisten-Kommunisten Deutschlands", „Danziger Gruppe (Trotzkisten)". Somit betrachtet sich der „Spartakusbund" als Teil der deutschen Organisation der Trotzkisten, derselben, die laut Wyschinski bereits 1932 mit der Gestapo ein Bündnis schloß – das Bündnis der Trotzkisten mit der Gestapo ging bekanntlich der Entstehung dieser Gestapo voraus!

Der Aufruf, der dem Zusammenbruch der alten Arbeiterparteien gewidmet war, lautet: „Durch ihre Politik haben sie selbst ihr Schicksal vorbereitet. Solange wie möglich flößten sie ihren Anhängern Illusionen ein und hielten diese vom Kampf gegen die Nazis ab." Die Führer des „Spartakusbundes" säen keine Illusionen. „Wir wissen", schreiben sie, „daß der Faschismus nicht leicht zu beseitigen ist; schwere und gefährliche, lange und zähe Arbeit ist notwendig, um seinen Fall vorzubereiten. [...] Helft uns beim Aufbau der neuen Kommunistischen Partei, die dem Proletariat eine revolutionäre Führung geben wird. Helft uns beim Aufbau der Vierten Internationale, die die Weltrevolution zum Siege führen wird."

Die Danziger Faschisten geben die Losung heraus: „Danzig muß zur antibolschewistischen Festung im deutschen Osten werden." Nach Wyschinski müßten die Trotzkisten einen Teil der Garnison dieser Festung bilden. Aber sie wollen sich absolut nicht in dieses Schema einfügen. „Keine Zusammenarbeit mit der Bourgeoisie", schreiben sie in ihrem Blatt, „sondern Niederringung des Faschismus mit der Waffe des Proletariats, das ist die Aufgabe der Danziger Antifaschisten. Die Organisierung der Arbeiter in den Betrieben, Stempelstellen und Arbeitsdienstlagern zwecks Widerstand und aktivem Kampf gegen den Nationalsozialismus, das ist das einzige Mittel, den Faschismus zu stürzen."

Wie verhalten sich die Danziger Trotzkisten zur Verteidigung der UdSSR? „Hitler bietet sich als Oberwrangel an", schreibt das Organ des „Spartakusbundes", „für den imperialistischen Kreuzzug gegen die Sowjetunion. [...] Stalin und seine Bürokratie stellen die größte Gefahr für die Existenz der Sowjetmacht dar. In der Innenpolitik vertauschten sie die Herrschaft des Proletariats mit der Herrschaft der Bürokratie; in der

Außenpolitik zogen sie ein Bündnis mit der Bourgeoisie der Unterstützung des Proletariats vor. Aber noch ist es ihnen nicht gelungen, die wichtigsten sozialen Eroberungen der Oktoberrevolution zu vernichten; das Privateigentum an den Produktionsmitteln bleibt in Rußland nach wie vor vernichtet. *Die Verteidigung Sowjetrußlands bleibt darum unbedingte Pflicht des Proletariats.*" Vergessen wir nicht, daß dies auf Hitlers Territorium geschrieben wurde!

Im August 1936, einige Tage vor dem Sinowjew-Kamenjew-Prozeß, wandte sich die Danziger Gruppe der Stalinisten an den „Spartakusbund" mit einem Einheitsfrontvorschlag. Kaum hatten die Verhandlungen begonnen, da platzte der Moskauer Prozeß dazwischen. Am nächsten Tage schrieben die Danziger Stalinisten: „Die Verbindung mit der Gestapo überrascht uns nicht; ist doch die trotzkistische Filiale in Danzig schon längst ein Spionage- und Provokationszentrum der Danziger Gestapo." In kleinem Maßstab sehen wir hier ein Muster der Sittenverderbnis, die die GPU in die Reihen der Arbeiterklasse der ganzen Welt trägt. „Wenn wir mit der Gestapo in Verbindung ständen", antworteten verächtlich die Danziger Trotzkisten, „dann säßet ihr schon lange im Gefängnis, denn ihr habt doch selbst mit uns Verhandlungen geführt." In Wirklichkeit saßen bald darauf die Mitglieder des „Spartakusbundes" im Gefängnis!

Die ähnlichen Züge des Danziger und des Moskauer Prozesses sollen uns jedoch nicht die Augen vor dem Hauptunterschied verschließen: Die Danziger Anklage bestand im Grunde zu Recht, die Moskauer war von Anfang bis Ende falsch. In Danzig wurden unanfechtbare Beweisstücke vorgelegt, die bei den Verhaftungen beschlagnahmt worden waren. Keine revolutionäre Organisation kann leben und handeln ohne Programm und Presse. Mit ihrem bescheidenen Hektographen erhielten die Danziger Trotzkisten die Verbindung zwischen sich und den Massen aufrecht. Sie verleugneten vor Gericht weder ihre Ideen noch ihre Publikationen. Sie bekannten ihre Solidarität mit mir, sowohl in ihrer Presse wie vor Gericht. Von irgendwelchen „Reueerklärungen" sagt der Bericht nicht ein Wort. Auf der Anklagebank in Danzig saßen meine wirklichen Gesinnungsgenossen, – nicht Feinde, die auf Befehl der Polizei die Maske von Freunden trugen.

Im Prozeß war von Kissins Reise nach Oslo die Rede. Wir erinnerten dabei an Pjatakows „Flug". Die Sache ist aber die, daß Kissin mich wirklich im Juli 1936 besucht hat, auf dem Wege von Danzig nach Dänemark. Von diesem Besuch machte damals schon die norwegische Presse Mitteilung – die Bedingungen meines Lebens schlossen die Möglichkeit geheimer Besuche aus.

Eine Erfindung ist allerdings die Behauptung, ich hätte „Instruktionen" nach Danzig geschickt; von der Danziger Gruppe erfuhr ich durch Kissin erst einige Tage vor meiner Internierung und stand mit ihr in keinerlei

Briefwechsel. Doch am Wesen der Sache ändert das nichts. Uns verband enge ideologische Solidarität. Wie die Publikationen des „Spartakusbundes" beweisen, fanden sich die jungen Führer auch ohne meine „Instruktionen" in politischen Fragen gut zurecht.

Der faschistische Staatsanwalt warf den Danziger Trotzkisten nicht Terror, Sabotage und Spionage vor und forderte auch nicht ihre Köpfe. Das erklärt sich daraus, daß das totalitäre Regime in Danzig noch jung ist und daß die öffentliche Meinung der Regierungspartei selbst nicht auf solche Maßnahmen vorbereitet ist. Stalin tritt hier als Schulmeister des Faschismus auf. Die GPU erteilt der Gestapo Lehren. Wenn Hitlers Lage noch schwieriger wird, dann werden die deutschen Wyschinskis den revolutionären Arbeitern die Köpfe auch unter der Anschuldigung des Terrors, der Sabotage und Spionage abhacken. Die Saat der Moskauer Schwindelprozesse wird, daran kann man nicht zweifeln, nicht auf Stein gefallen sein. Aber auch die Saat des „Spartakusbundes" wird eines Tages revolutionäre Früchte tragen.

Rosa Luxemburg und die IV. Internationale

(1935)

In Frankreich und auch anderswo werden jetzt Bemühungen gemacht, einen sogenannten „Luxemburgismus" zu konstruieren – als Schützengraben für die linken Zentristen gegen die Bolschewiki-Leninisten.

Die Frage kann eine sehr große Bedeutung gewinnen. Man wird vielleicht in der nächsten Zeit dem wirklichen und dem vermeintlichen Luxemburgismus einen größeren Artikel widmen müssen. Hier will ich nur die Frage in den wesentlichen Zügen skizzieren.

Wir haben Rosa Luxemburg mehrmals gegen die plumpen und dummen Verunglimpfungen von seiten Stalins und seiner Bürokratie in Schutz genommen. Wir werden das auch weiterhin tun. Dabei gehorchen wir nicht irgendwelchen sentimentalen Erwägungen, sondern dem Gebot der historisch-materialistischen Kritik. Unsere Verteidigung Rosa Luxemburgs ist aber keine unbedingte. Die schwachen Seiten der Lehre Rosa Luxemburgs sind theoretisch wie praktisch aufgedeckt worden. Die SAPisten und die ihnen verwandten Elemente (siehe z. B. den dilettantisch intellektuellen, „proletarisch kulturellen" französischen „Spartacus", die in Belgien erscheinende Zeitschrift der sozialistischen Studenten, manchmal auch die belgische „Action Socialiste", usw.) bedienen sich nur der schwachen Seiten und Unzulänglichkeiten, die bei Rosa keinesfalls ausschlaggebend waren, verallgemeinern und übertreiben diese Schwächen ins Unendliche und bauen darauf ein ganz absurdes System auf. Das Paradox besteht darin, daß sich auch die Stalinisten in ihrer neuen Wendung – ohne das zu gestehen oder auch nur zu verstehen – den karikierten negativen Seiten des Luxemburgismus theoretisch nähern, – von den traditionellen Zentristen und Linkszentristen des sozialdemokratischen Lagers gar nicht zu reden.

Es ist schon richtig, daß Rosa Luxemburg die Spontaneität der Massenaktionen der „siegesgekrönten" konservativen Politik der deutschen Sozialdemokratie leidenschaftlich gegenübergestellt hat, insbesondere nach der Revolution von 1905. Diese Gegenüberstellung hatte einen durch und durch revolutionären und fortschrittlichen Charakter. Rosa Luxemburg hat viel früher als Lenin den bremsenden Charakter des verknöcherten Partei- und Gewerkschaftsapparats verstanden und zu bekämpfen begonnen. Indem sie mit der unvermeidlichen Verschärfung der Klassengegensätze rechnete, prophezeite sie immer die Unabwendbarkeit des selbständigen, elementaren Auftretens der Massen gegen den Willen und die Marschroute der offiziellen Instanzen. In diesen großen geschichtlichen Zügen behielt Rosa recht. Denn die Revolution von 1918 war ja

„spontan“, d. h. sie wurde von den Massen gegen alle Voraussicht und alle Vorkehrungen der Parteiinstanzen vollzogen. Andererseits aber hat die ganze nachfolgende Geschichte Deutschlands reichlich bewiesen, daß man mit der Spontaneität allein bei weitem nicht auskommt; Hitlers Regime ist ein schwerwiegendes Argument gegen die Alleinseligkeit der Spontaneität.

Rosa selbst blieb nie bei der reinen Spontaneitätstheorie stehen wie etwa Parvus, der später seinen sozialrevolutionären Fatalismus mit dem ekelhaftesten Opportunismus vertauscht hat. Im Gegensatz zu Parvus war Rosa Luxemburg bestrebt, den revolutionären Flügel des Proletariats im voraus zu erziehen und – soweit wie möglich – organisatorisch zu erfassen. In Polen hat sie eine sehr straffe selbständige Organisation aufgebaut. Man könnte höchstens sagen, daß bei Rosa in ihrer geschichtsphilosophischen Einschätzung der Arbeiterbewegung die vorbereitende Auslese der Avantgarde im Vergleich zu den zu erwartenden Massenaktionen zu kurz gekommen ist, während Lenin – ohne sich mit den künftigen Aktionswundern zu trösten – stets und unermüdlich die fortgeschrittenen Arbeiter illegal oder legal, in den Massenorganisationen oder im Versteck, vermittels eines scharf umrissenen Programms zu festen Zellen zusammenschweißte.

Die Spontaneitätstheorie Rosas war eine heilsame Waffe gegen den verknöcherten Apparat des Reformismus. Indem sie sich manchmal gegen die Leninsche Arbeit des Aufbaus eines revolutionären Apparats richtete, offenbarte die Theorie – allerdings nur im Keime – ihre reaktionären Züge. Bei Rosa selbst geschah es nur episodisch. Sie war viel zu realistisch im revolutionären Sinne, um aus den Elementen der Spontaneitätstheorie eine vollendete Metaphysik zu konstruieren. Praktisch untergrub sie selbst – wie gesagt – diese Theorie auf Schritt und Tritt. Nach der Novemberrevolution von 1918 begann sie die leidenschaftliche Arbeit der Zusammenfassung der proletarischen Avantgarde. Trotz der von ihr im Gefängnis niedergeschriebenen, aber nicht veröffentlichten, theoretisch sehr schwachen Schrift über die Sowjetrevolution läßt die nachfolgende Arbeit Rosas mit Sicherheit schließen, daß sie sich der Leninschen, theoretisch genau ausgewogenen Auffassung von bewußter Leitung und Spontaneität mit jedem Tage mehr näherte. (Dieser Umstand war es sicher auch, der sie daran hinderte, ihre später so schändlich mißbrauchte Schrift gegen die bolschewistische Politik zu veröffentlichen.)

Versuchen wir nun einmal, den Gegensatz zwischen spontanen Massenaktionen und zielbewußter Organisationsarbeit in der heutigen Epoche aufzuzeigen. Welch ungeheure Kraft und Selbstlosigkeit haben die arbeitenden Massen aller zivilisierten und halbzivilisierten Länder seit dem Weltkriege aufgebracht! Die frühere Geschichte der Menschheit hat nichts Ähnliches aufzuweisen. Soweit behielt Rosa Luxemburg vollständig recht gegen die Philister, Korporale und Dummköpfe des geradeaus marschierenden, „siegesgekrönten" bürokratischen Konservatismus. Aber gerade die Vergeudung dieser unermeßlichen Energien ist ja der Grund für die große Depression im Proletariat und für den erfolgreichen faschistischen Vormarsch. Man kann ohne jegliche Übertreibung sagen: Die gesamte Weltlage ist bestimmt durch die *Krise der proletarischen Führung*. Das Feld der Arbeiterbewegung ist von heute noch mächtigen Überresten der alten, bankrotten Organisationen versperrt. Nach den unzähligen Opfern und Enttäuschungen hat sich das Gros zumindest des europäischen Proletariats auf sich selbst zurückgezogen. Die entscheidende Lehre, die es bewußt oder halbbewußt aus den bitteren Erfahrungen gezogen hat, lautet: Große Aktionen erfordern eine fähige Führung. Für die laufenden Angelegenheiten geben die Arbeiter ihre Stimmen immer noch den alten Organisationen. Ihre Stimmen, aber keinesfalls ihr unbegrenztes Vertrauen. Andererseits sind sie nach dem elenden Zusammenbruch der III. Internationale viel schwerer zu bewegen, einer neuen revolutionären Organisation ihr Vertrauen zu schenken. Darin besteht eben die Krise der proletarischen Führung. In dieser Lage ein monotones Lied auf unbestimmte, künftige Massenaktionen im Gegensatz zur zielbewußten Auslese der Kader einer neuen Internationale zu singen, heißt eine durch und durch reaktionäre Arbeit leisten. Darin besteht eben die Rolle der SAP im „geschichtlichen Prozeß". Ein linker SAPist aus der alten Garde kann natürlich seine marxistischen Erinnerungen mobilmachen, um dem Andrängen der theoretischen Spontaneitätsbarbarei Einhalt zu gebieten. Diese rein literarischen Schutzmaßnahmen ändern nichts daran, daß die Miles-Schüler, der geschätzte Verfasser der Friedensresolution und der nicht minder geschätzte Autor des Artikels in der französischen Ausgabe des Jugendbulletins, auch in den Reihen der SAP den schändlichsten Spontaneitätsunfug treiben. Auch die gesamte praktische Politik Schwabs (das pfiffige „Nicht aussprechen, was ist" und das ewige Vertrösten auf die künftigen Massenaktionen und den spontanen „geschichtlichen Prozeß") bedeutet doch nichts anderes als die taktische Ausbeutung eines durch und durch entstellten und verlumpten Luxemburgismus. Und insoweit nun die „Linken", die „Marxisten", diese Theorie und Praxis der eigenen Partei nicht offen angreifen, bekommen ihre Anti-Miles-Artikel den Charakter der Suche nach einem theoretischen Alibi. Ein solches wird überhaupt erst nötig, wo man an einem Verbrechen teilnimmt. Die Krise der proletarischen Führung ist natürlich nicht mit einer abstrakten Formel zu überwinden. Es handelt sich um einen höchst langwierigen Prozeß. Nicht aber um den rein „geschichtlichen" Prozeß, d. h. um die objektiven Voraussetzungen der bewußten Tätigkeit, sondern um eine ununterbrochene Kette von theoretischen, politischen und organisatorischen Aktionen, die darauf abzielen, die besten, zielbewußtesten Elemente des Weltproletariats unter einer unbefleckten Fahne zusammenzuschweißen, ihre Zahl und ihr Selbstvertrauen zu steigern, ihre Verbindung mit weiteren Schichten des Proletariats zu entwikkeln und zu vertiefen, mit einem Worte: unter neuen, höchst schwierigen Bedingungen dem Proletariat seine geschichtliche Führung wiederzugeben. Die neuesten Spontaneitätskonfusionisten haben ebensowenig ein Recht, sich auf Rosa zu berufen, wie die elenden Kominternbürokraten es Lenin gegenüber haben. Läßt man historisch Überholtes beiseite, so können wir unsere Arbeit für die IV. Internationale mit vollem Recht unter das Zeichen der „Drei L" stellen, nicht nur unter das von Lenin, sondern auch unter das von Luxemburg und Liebknecht.

Stalins Verbrechen

(16. November 1937)

Auf allen Gebieten des öffentlichen und des politischen Lebens ist die Bürokratie zum Werkzeug der Entmachtung, der Demoralisierung und Demütigung des Landes geworden. Vor allem auf dem Gebiet der Wirtschaft. Die nach rechts und nach links geschleuderten Sabotage-Beschuldigungen haben den ganzen administrativen Apparat desorganisiert. Jede objektive Schwierigkeit wird als persönliches Versäumnis gedeutet. Jedes Versäumnis wird, wenn nötig, der Sabotage gleichgestellt. In jedem Gebiet, in jedem Bezirk ist ein Pjatakow erschossen worden. Die Ingenieure der Plan-Organe, die Direktoren der Trusts und Fabriken, die Meister, alle sind auf den Tod erschrocken. Keiner möchte die Verantwortung tragen. Jeder hat Angst, Initiative zu entwickeln. Gleichzeitig aber kann man vor die Kugel geraten wegen Mangel an Initiative. Die Überspannung des Despotismus führt zur Anarchie. Die Sowjetwirtschaft braucht das Regime der Demokratie nicht weniger als Qualitäts-Rohstoffe oder Schmiermaterial. Das Stalinsche Verwaltungssystem ist nichts anderes als eine universelle Sabotage der Wirtschaft.

Noch schlimmer, wenn das überhaupt möglich ist, ist es auf dem Gebiet der Kultur bestellt: Die Diktatur der Unbildung und der Lüge würgt und vergiftet das geistige Leben von 170 Millionen. Die letzten Prozesse wie überhaupt die gesamte, ihren Zielen und Methoden nach schändlichste Säuberung haben die Herrschaft der Intrige, der Denunziation, der Lumperei und der Feigheit völlig befestigt. Die Sowjetschule verkrüppelt das Kind nicht weniger radikal als das katholische Seminar, von dem sie sich durch geringere Stabilität unterscheidet. Die unabhängigeren und begabteren Gelehrten, Pädagogen, Schriftsteller und Künstler sind eingeschüchtert, gehetzt, verhaftet, verbannt, wenn nicht erschossen. Auf der ganzen Linie triumphiert der talentlose Lump. Er schreibt der Wissenschaft die Marschroute vor und diktiert der Kunst die Regeln des Schaffens. Ein stickiger Fäulnisgeruch entsteigt der Sowjetpresse.

Kann es etwas Schändlicheres geben als die Gleichgültigkeit, die die Bürokratie für das Weltprestige des Landes zeigt? Die internationale Großbourgeoisie und die Militärstäbe aller Länder sind sich über die Moskauer Fälschungen und die Beweggründe der Säuberungen sehr viel mehr im klaren als viele der von ihren Führern betrogenen Arbeiterorganisationen. Was müssen die kapitalistischen Auguren von einer „sozialistischen" Regierung denken, die sich auf so minderwertige Abenteuer einläßt? In Berlin und in Tokio weiß man jedenfalls, daß die gegen die Trotzkisten und die roten Generale erhobene Beschuldigung des Landesverrats im Interesse des deutschen und des japanischen

Militarismus reinster Unsinn ist. Man braucht sich natürlich keine Illusionen zu machen über die Moral der japanischen, der deutschen und aller anderen Regierungen. Es handelt sich auch nicht um einen Wettstreit im Einhalten der zehn Gebote, sondern um die Beurteilung der Stabilität des Sowjetregimes. Aus den von ihr organisierten Prozessen geht die Moskauer Regierung bis auf die Knochen entehrt hervor. Die Feinde wie die eventuellen Verbündeten schätzen die Macht und die Autorität dieser Regierung heute viel niedriger ein als vor der letzten Säuberung. Diese Einschätzung wird wiederum zum wichtigsten Faktor der internationalen Gruppierungen. Unterdessen tritt die Regierung der UdSSR schrittweise vor ihrem schwächsten Gegner, Japan, den Rückzug an. Die lärmenden Artikel und Reden, die die Kapitulation begleiten, täuschen niemand. Die Moskauer Oligarchie führt im Innern Krieg und ist deshalb zu einem Widerstand nach außen unfähig. Die Auslieferung der Amur-Inseln hat Japan die Arme gegen China freigemacht. Es ist sehr gut möglich, daß man Litwinow beauftragt hat, den japanischen Diplomaten von vornherein zu sagen: „Macht mit China, was ihr wollt, aber rührt uns nicht an – wir werden uns nicht einmischen." Die regierende Clique hat auf alles verzichtet, außer auf ihre Selbsterhaltung.

Nicht weniger katastrophal ist jener Zweig der diplomatischen Arbeit, der durch den Apparat der Komintern ausgeführt wird. England und Frankreich allein wäre es niemals gelungen, dem revolutionären Spanien eine bürgerliche konterrevolutionäre Regierung im Stile Negríns aufzuzwingen. Die Diplomaten in London und Paris brauchten dazu den Transmissions-Mechanismus der sogenannten Kommunistischen Internationale. Im Kampf um das Vertrauen der französischen und der englischen Bourgeoisie bestand die Hauptsorge Stalins während der ganzen Zeit darin, die spanischen Arbeiter zu hindern, den Weg der sozialistischen Revolution zu betreten. Für die Unterstützung der „Volksfront"-Regierung hatte sich Moskau energischere Repressalien gegen Revolutionäre ausbedungen. Wie zu erwarten war, führte der Kampf gegen die Arbeiter und Bauern im eigenen Hinterlande unabwendbar zu Niederlagen an der Front. Gegen Franco ist die Moskauer Clique ebenso ohnmächtig wie gegen den Mikado. Und genau so, wie er Sündenböcke für seine Innenpolitik braucht, zwangen Stalin die durch die reaktionäre Politik hervorgerufenen Niederlagen in Spanien, zur Ausrottung der revolutionären Avantgarde Zuflucht zu nehmen.

Die in Moskau ausgearbeiteten Methoden des Amalgams und der Fälschung werden in fertiger Form auf den Boden von Barcelona und Madrid verpflanzt. Die Führer der POUM, die man nur des Opportunismus und der Unentschlossenheit gegenüber der Stalinschen Reaktion beschuldigen kann, sind plötzlich zu „Trotzkisten" und, selbstverständlich, zu

„Verbündeten des Faschismus" gestempelt worden. Die Agenten der GPU in Spanien „fanden" von ihnen selbst mit chemischer Tinte geschriebene Briefe, mit deren Hilfe man nach Moskauer Methoden eine Verbindung der Revolutionäre von Barcelona mit Franco feststellte. An Halunken zur Durchführung der blutigen Aufträge besteht kein Mangel. Der frühere Revolutionär Antonow-Owsejenko, der 1927 ein Reuebekenntnis seiner oppositionellen Sünden ablegte und im Jahre 1936 von der Todesangst erfaßt wurde, auf die Anklagebank zu geraten, hat in der „Prawda" seine Bereitschaft erklärt, „mit eigenen Händen" Trotzkisten zu erdrosseln. Dieses Subjekt wurde sofort unter der Maske eines Konsuls nach Barcelona geschickt mit Weisungen, wer zu erdrosseln sei. Die Verhaftung Nins auf Grund einer wissentlich falschen Anklage, seine Entführung aus dem Gefängnis und seine geheime Ermordung ist das Werk Antonow-Owsejenkos. Die Initiative jedoch liegt aber natürlich nicht bei ihm; solche wichtigen Aufgaben werden nur im direkten Auftrag des „Generalsekretärs" vollbracht.

Die Amalgame auf dem Boden Europas braucht Stalin nicht nur um die Aufmerksamkeit von seiner durch und durch reaktionären internationalen Politik abzulenken, sondern auch zur Stützung der zu groben Amalgame auf dem Boden der Sowjetunion. Die entstellte Leiche Nins soll als Beweis dienen – für Pjatakows Flug nach Oslo. Die Sache beschränkt sich nicht auf Spanien. Vorbereitungen werden schon längst in einer Reihe anderer Länder getroffen. In der Tschechoslowakei ist der deutsche Emigrant Anton Grylewicz, ein alter, tadelloser Revolutionär, verhaftet wegen des Verdachts – der Verbindung mit der Gestapo. Die Beschuldigung ist zweifellos von der GPU fabriziert und der tschechoslowakischen Polizei in fertiger Form überreicht worden. [Diese Überzeugung des Autors ist inzwischen durch Ignaz Reiss bestätigt worden. Ignaz Reiss, ein polnischer Kommunist, der jahrelang im geheimen Auslandsdienst der Sowjetregierung stand, hatte im Juli 1937 offen mit Moskau gebrochen und war zur linken Opposition übergegangen. In einem offenen Brief an das ZK der russischen kommunistischen Partei protestierte er gegen die Abschlachtung der alten Bolschewiki. Reiss wußte zuviel über die Moskauer Prozesse! Am 4. September 1937 wurde er in der Nähe von Lausanne in der Schweiz von Agenten der GPU ermordet. Drei von den am Morde Beteiligten sind verhaftet worden. In den Aufzeichnungen, die man in Ignaz Reiss' Nachlaß fand, schreibt er, daß die Verhaftung Grylewiczs auf einer Provokation der GPU beruhte, und daß Stalin gefordert hatte, die Sache gegen Grylewiczs zu beschleunigen, wobei er persönlich wiederholt den Leiter der GPU, Jeschow, telefonisch antrieb, (Anm. Leo Trotzki).]

Wirkliche und angebliche Trotzkisten sind vor allem in jenen Ländern Verfolgungen ausgesetzt, die das Unglück hatten, in die Abhängigkeit von Moskau zu geraten: in Spanien und in der Tschechoslowakei. Aber das ist erst der Anfang. Die internationalen Schwierigkeiten, die zu allem bereiten Söldlinge der Komintern und, nicht zuletzt, die Hilfsmittel der wachsenden Goldindustrie ausnutzend, hofft Stalin, die Anwendung seiner Methoden auch in andern Ländern durchsetzen zu können. Die Reaktion ist überall bereit, Revolutionäre loszuwerden, besonders wenn eine ausländische „revolutionäre" Regierung die Arbeit der Fälschung und der Meuchelmorde übernimmt, sei es auch mit Hilfe von einheimischen „Freunden", die aus dem gleichen ausländischen Budget bezahlt werden.

Der Stalinismus ist die Geißel der Sowjetunion geworden und die Pest der internationalen Arbeiterbewegung. Im Reiche des Geistes ist der Stalinismus ein Nichts. Dafür verfügt er aber über einen grandiosen Apparat, der die Dynamik der größten Revolution und die Tradition ihres Heroismus und ihres Sieges ausbeutet. Aus der schöpferischen Rolle der revolutionären Gewalt in einer bestimmten historischen Periode hat Stalin mit der ihn kennzeichnenden empirischen Beschränktheit die Schlußfolgerung gezogen, die Gewalt sei überhaupt allmächtig. Unmerklich für ihn selbst ist er von der revolutionären Gewalt der Werktätigen gegen die Ausbeuter zur konterrevolutionären Gewalt gegen die Werktätigen übergegangen. So vollzieht sich unter den alten Namen und Formeln die Liquidierung der Oktoberrevolution.

Niemand, Hitler inbegriffen, hat dem Sozialismus so tödliche Schläge versetzt wie Stalin. Es ist auch nicht verwunderlich: Hitler hat die Arbeiterorganisationen von außen attackiert, Stalin – von innen. Hitler attackiert den Marxismus. Stalin attackiert ihn nicht nur, sondern prostituiert ihn auch. Es ist nicht ein ungeschändetes Prinzip, nicht eine unbefleckte Idee übriggeblieben. Selbst die Worte Sozialismus und Kommunismus sind grauenhaft kompromittiert, seit unkontrollierte Gendarmen mit Ausweisen als „Kommunisten" ihr Gendarmenregime Sozialismus nennen. Eine abscheuliche Profanierung. Die Kaserne der GPU ist nicht das Ideal, für das die Arbeiterklasse kämpft. Der Sozialismus bedeutet eine absolut transparente Gesellschaftsordnung, die auf der Selbstverwaltung der Werktätigen beruht. Stalins Regime basiert auf einer Verschwörung der Regierenden gegen die Regierten. Der Sozialismus bedeutet ständiges Wachsen der Gleichheit aller. Stalin hat ein System abscheulicher Privilegien aufgebaut. Der Sozialismus hat die allseitige Entfaltung der Persönlichkeit zum Ziel. Wo und wann war die Persönlichkeit so erniedrigt wie in der UdSSR? Der Sozialismus hätte gar keinen Wert außerhalb einer Gesellschaft, in der uneigennützige, ehrliche, humane Beziehungen der Menschen untereinander herrschen. Stalins Regime hat die gesellschaftlichen und persönlichen Beziehungen mit Lüge, Karrierismus und Verrat durchtränkt. Gewiß, nicht Stalin bestimmt die historischen Wege. Wir kennen die objektiven Faktoren, die die Reaktion in der UdSSR vorbereitet haben. Doch nicht durch Zufall kam Stalin an die Spitze der thermidorianischen Welle. Dem gierigen Appetit der neuen Kaste verstand er die bedrohlichste Richtung zu geben. Er trägt nicht die Verantwortung für die Geschichte. Aber er trägt die Verantwortung für sich und für seine Rolle in der Geschichte. Diese Rolle ist verbrecherisch. Die Maßstäbe des Verbrecherischen sind derart, daß der Ekel sich mit Schrecken multipliziert.

In den strengsten Gesetzbüchern der Menschheit läßt sich keine ausreichende Strafe für die regierende Moskauer Clique und vor allem für ihr Haupt finden. Warnten wir trotzdem in unseren Aufrufen an die Sowjetjugend vor dem individuellen Terror, der auf dem russischen, von Willkür und Gewalt durchtränkten Boden so leicht entsteht, so geschah das nicht aus moralischen, sondern aus politischen Erwägungen. Akte der Verzweiflung ändern nichts am System, erleichtern nur den Usurpatoren die blutige Abrechnung mit den Gegnern. Sogar unter dem Gesichtspunkt der „Rache" könnten terroristische Schläge keine Genugtuung bringen. Was bedeutet der Untergang eines Dutzend hoher Bürokraten im Vergleich mit Zahl und Umfang der von ihnen begangenen Verbrechen? Die Aufgabe besteht darin, vor der ganzen Menschheit die Verbrecher restlos zu entlarven und sie auf den Kehrrichthaufen der Geschichte zu werfen. Mit weniger kann man sich nicht zufrieden geben.

Die Sowjetbürokratie rechnet, wie die nazistische, mit einem tausendjährigen Reich. Ihrer Überzeugung nach stürzt ein Regime nur infolge mangelnder Entschlossenheit zu Repressalien. Das Geheimnis ist einfach: Schlägt man rechtzeitig jeden kritischen Kopf ab, dann läßt sich die Herrschaft verewigen. Während einer bestimmten Periode, in der die Sowjetbürokratie eine relativ fortschrittliche Arbeit leistete – zum größten Teil jene, die im Westen seinerzeit die Bürokratie des Kapitals erledigte –, hat Stalin schwindelerregende Erfolge buchen können. Doch war es eine sehr kurze Periode. Gerade in dem Augenblick, als Stalin endgültig die Überzeugung gewann, daß seine „Methode" den Sieg über alle Hindernisse sichere, erschöpfte die Sowjetbürokratie ihre Mission und begann bereits in der ersten Generation zu verfaulen. Daraus erwuchsen dann die jüngsten Anklagen und Prozesse, die dem Durchschnittsphilister wie aus heiterem Himmel zu kommen schienen.

Hat Stalin durch die blutige Säuberung seine Herrschaft gestärkt oder geschwächt? Die Weltpresse hat darauf in doppeltem Sinne und doppelsinnig geantwortet. Die erste Reaktion auf die Moskauer Fälschungen ließ fast bei allen die Schlußfolgerung aufkommen, daß ein Regime, das zu solchen Inszenierungen greifen muß, nicht von langer Dauer sein könne. Doch bald hat die konservative Presse, deren Sympathien im Kampfe gegen die Revolution die regierende Sowjetkaste stets sicher sein kann, eine Wendung vollzogen. Stalin habe mit der Opposition endgültig abgerechnet, die GPU erneuert, die widerspenstigen Generäle erledigt, und das alles unter dem Stillschweigen des Volkes; also er hat seine Macht befestigt. Auf den ersten Blick scheint jede dieser beiden Schlußfolgerungen überzeugend. Aber nur auf den ersten Blick.

Der soziale und der politische Sinn der „Säuberung" ist klar: Die regierende Schicht hat alle jene aus ihrer Mitte ausgeschieden, die sie an die revolutionäre Vergangenheit erinnerten, an die Prinzipien des Sozialismus, an Freiheit, Gleichheit, Brüderlichkeit, an die ungelösten Fragen der Weltrevolution. Die bestialische Grausamkeit bei der Abrechnung verrät den Haß, den die privilegierte Kaste gegen Revolutionäre hegt. In diesem Sinne steigert die Säuberung die Einheitlichkeit der regierenden Schicht und festigt in gewissem Maße Stalins Position.

Doch ist diese Festigung ihrem Wesen nach eine nur scheinbare. Stalin ist, immerhin, ein Produkt der Revolution. Seine nächste Clique, das sogenannte Politbüro, besteht aus reichlich unbedeutenden Menschen, die aber größtenteils in der Vergangenheit mit dem Bolschewismus verbunden waren. Die Sowjetaristokratie, die sich zur Abrechnung mit den Revolutionären erfolgreich der Stalinschen Clique bediente, hegt für die heutigen Führer weder Sympathie noch Achtung. Sie will von allen Beschränkungen des Bolschewismus völlig frei sein, sogar noch von jener verkrüppelten Version, die Stalin zur Disziplinierung seiner Clique braucht. Morgen wird Stalin für die regierende Schicht zu einer Last werden.

Unermesslich wichtiger aber ist, daß die Säuberung der Bürokratie von ihr fremden Elementen mit einer Vergrößerung des Bruchs zwischen der Bürokratie und dem Volk bezahlt wird. Man kann ohne Übertreibung behaupten, daß die ganze Atmosphäre der Sowjetgesellschaft von Haß gegen die privilegierte Spitze erfüllt ist. Stalin wird sich bei jedem Schritt davon überzeugen müssen, daß die nackte Entschlossenheit zu Erschießungen zur Rettung des überlebten Regimes nicht ausreicht. Die Säuberungen in der Armee und in der GPU erinnern zu beredt daran, daß auch der Apparat der Gewalt aus lebenden Menschen besteht, die dem Einfluß der Umgebung unterworfen sind. Der wachsende Haß gegen die Bürokratie wie die unterirdische Feindschaft der Mehrheit der Bürokratie gegen Stalin zersetzen unabwendbar den Apparat der Repressalien und schaffen eine der Bedingungen für den Sturz des Regimes.

Die bonapartistische Macht ist aus dem tiefgehenden Gegensatz zwischen Bürokratie und Volk wie aus dem Gegensatz zwischen den Revolutionären und den Thermidorianern innerhalb der Bürokratie erwachsen. Stalin stützte sich bei seinem Aufstieg vorwiegend auf die Bürokratie gegen das Volk, auf die Thermidorianer gegen die Revolutionäre. Aber in bestimmten kritischen Momenten war er gezwungen, Unterstützung bei den revolutionären Elementen zu suchen und mit deren Hilfe beim Volk

– gegen den allzu ungeduldigen Angriff der Privilegierten. Es ist aber nicht möglich, sich eines sozialen Gegensatzes zu bedienen, wenn dieser zu einem Abgrund wird. Daher der erzwungene Übergang zum thermidorianischen Totalitarismus durch Ausrottung der letzten Reste revolutionären Geistes und des geringsten Ausdrucks politischer Selbständigkeit der Massen. Während sie vorübergehend die Macht Stalins rettet, unterhöhlt die blutige Säuberung endgültig die sozialen und politischen Fundamente des Bonapartismus.

Stalin steht nahe vor dem Abschluß seiner tragischen Mission. Je mehr es ihm scheint, daß er keinen mehr braucht, um so näher rückt die Stunde, in der er von niemandem mehr gebraucht wird. Gelingt es der Bürokratie, durch Umwandlung der Form des Eigentums aus sich heraus eine besitzende Klasse zu schaffen, dann wird diese ihre eigenen, mit keiner revolutionären Vergangenheit verbundenen und – gebildeteren Führer finden. Dabei wird Stalin kaum ein Dankeswort für die vollbrachte Arbeit zu hören bekommen. Die offene Konterrevolution wird mit ihm wahrscheinlich unter der Anklage des – Trotzkismus abrechnen. Stalin wird in diesem Falle ein Opfer des von ihm erfundenen Amalgams werden. Jedoch ist dieser Weg nicht unbedingt vorausbestimmt. Die Menschheit tritt von neuem in eine Epoche von Kriegen und Revolutionen ein. Nicht nur politische, sondern auch soziale Regime werden dabei wie Kartenhäuser zusammenstürzen. Es ist sehr wahrscheinlich, daß die revolutionären Erschütterungen in Asien und Europa einem Sturz der Stalin-Clique durch eine kapitalistische Konterrevolution zuvorkommen und zu ihrem Sturz unter den Schlägen der Werktätigen führen. In diesem Falle hat Stalin noch weniger auf Dankbarkeit zu rechnen.

Wenn strenge Maßnahmen angewandt werden im Dienste großer historischer Ziele, ist das Gedächtnis der Menschheit großmütig. Aber die Geschichte wird keinen Tropfen Blut verzeihen, der dem neuen Moloch der Willkür und der Privilegien geopfert wurde. Das sittliche Gefühl findet seine höchste Befriedigung in der unerschütterlichen Gewissheit, daß die historische Sühne dem Ausmaß des Verbrechens entsprechen wird. Die Revolution wird alle Geheimschränke öffnen, alle Prozesse nachprüfen, die Verleumdeten freisprechen, den Opfern der Willkür Denkmäler errichten und die Namen der Henker mit ewigem Fluch bedecken. Stalin wird von der Bühne treten, belastet mit allen Verbrechen, die er begangen hat – nicht nur als Totengräber der Revolution, sondern auch als die unheilvollste Figur der menschlichen Geschichte.

Eine Offensive gegen den Stalinismus!
(1937)

Die soziale Bewegung der Welt ist von einer entsetzlichen Krankheit befallen. Der Ansteckungherd ist die Komintern oder richtiger: die GPU, der der Kominternapparat nur als legale Deckung dient. Die Ereignisse der letzten Monate in Spanien zeigten, zu welchen Verbrechen die zügellose und vollends verkommene Moskauer Bürokratie und ihre aus dem internationalen deklassierten Abschaum stammenden Kreaturen fähig sind. Es handelt sich nicht um „gelegentliche" Morde und „zufällig" unterlaufene Fälschungen, es handelt sich um ein Komplott gegen die internationale Arbeiterbewegung.

Die Moskauer Prozesse waren selbstredend nur unter einem totalitären Regime möglich, wo die GPU gleicherweise den Angeklagten, dem Staatsanwalt und den Verteidigern ihr Verhalten vorschreibt. Aber diese Justizfälschungen waren von vornherein ersonnen als Ausgangspunkt eines Vernichtungsfeldzuges gegen die Widersacher der Moskauer Clique in der Weltarena. Am 3. März hielt Stalin auf dem Plenum des Zentralkomitees der russischen KP eine Rede, in der er sagte, daß „die Vierte Internationale zu zwei Dritteln aus Spionen und Diversanten besteht". Schon diese unverschämte, echt Stalinsche Erklärung ließ deutlich ersehen, worauf der Kain im Kreml abzielt. Seine Pläne beschränken sich indes durchaus nicht auf den Rahmen der Vierten Internationale. In Spanien wurde zu den „Trotzkisten" die POUM gerechnet, die mit der IV. Internationale in unversöhnlichem Kampf steht. Nach der POUM kamen die Anarchosyndikalisten und sogar die linken Sozialisten an die Reihe. Heute zählt zu den Trotzkisten jeder, der gegen die Verfolgung der Anarchisten protestiert. Die Fälschungen und Verbrechen nehmen immer drohenderen Umfang an. Einzelne besonders skandalöse Details kann man natürlich auf das Konto des Übereifers einiger Agenten setzen. Doch im ganzen wird all diese Arbeit streng zentralisiert nach einem im Kreml ausgearbeiteten Plan ausgeführt.

Am 21. April tagte in Paris ein außerordentliches Plenum des Exekutivkomitees der Komintern, an dem die zuverlässigsten Vertreter der 17 bedeutendsten Sektionen teilnahmen. Die Tagung war streng geheim. In die Weltpresse drang nur die kurze Mitteilung, daß die Arbeit dieses Plenums dem internationalen Kampf gegen den Trotzkismus gewidmet war. Aus Moskau kamen unmittelbar von Stalin geschickte Instruktionen. Weder die Debatten, noch die Beschlüsse wurden veröffentlicht. Wie aus den Nachrichten, die wir erhielten, und aus allen seitherigen Geschehnissen erhellt, war dieses geheime Plenum *in Wirklichkeit ein Kongreß der verantwortlichsten internationalen GPU-Agenten zwecks Vorbereitung einer*

Kampagne von falschen Anschuldigungen, Denunziationen, Entführungen und Morden, gerichtet gegen die Widersacher des Stalinismus in der Arbeiterbewegung aller Weltteile.

Zur Zeit des Sinowjew-Kamenjew-Prozesses (August 1936) waren die Reihen der Komintern noch schwankend. Trotz den Bemühungen der alten GPU-Söldlinge vom Schlage Jacques Duclos' in Frankreich zögerten selbst die an vieles gewohnten Kominternkader, in den mit frischem Blut getränkten Kot zu steigen. Doch im Laufe der folgenden Monate wurde der Widerstand der Unentschiedenen gebrochen. Die gesamte Kominternpresse, die Stalin an einem goldenen Gängelband hält, wurde in eine an Niedertracht und Grobheit beispiellose Orgie der Verleumdung hineingerissen. Den Taktstock schwangen dabei wie immer die Emissäre aus Moskau von der Art der Michail Kolzow, Willi Münzenberg u.a.m. Die „Prawda" versicherte mit Nachdruck, die Reinigung werde in Spanien ebenso unerbittlich erfolgen wie in der UdSSR. Den Worten folgten Taten: die gefälschten Dokumente gegen die POUM, die Ermordung anarchistischer Schriftsteller, der Mord an Andreu Nin, die Entführung Erwin Wolfs, die Entführung Mark Reins, Dutzende weniger auffällige Meuchelmorde, Einkerkerungen in den exterritorialen Gefängnissen Stalins in Spanien, Einsperren in besondere Schränke in diesen Gefängnissen, Mißhandlungen, überhaupt alle möglichen körperlichen und seelischen Foltern unter dem Deckmantel ununterbrochener grober, giftiger, echt Stalinscher Verleumdung.

In Spanien, wo die sogenannte republikanische Regierung der stalinistischen Verbrecherbande als legaler Schutzschild dient, fand die GPU das günstigste Wirkungsfeld zur Erfüllung der Weisungen des Aprilplenums. Aber die Sache beschränkte sich nicht auf Spanien. Dem französischen und britischen Militärstab wurden, wie aus der Kominternpresse selbst ersichtlich, angebliche Geheimdokumente über eine „Zusammenkunft Trotzkis mit Rudolf Heß" übermittelt. Dem tschechischen Militärstab wurde eine gefälschte Korrespondenz in die Hände gespielt, die die Verbindung des alten deutschen Revolutionärs Anton Grylewicz mit der Gestapo beweisen sollte. Die geheimnisvollen terroristischen Akte in Paris, über die die GPU der französischen Polizei gewiß Auskunft erteilen könnte, versuchte Jacques Duclos mit den „Trotzkisten" in Verbindung zu bringen. In Lausanne wurde am 4. September Ignaz Reiss ermordet, nur weil er, entsetzt über Stalins Verbrechen, mit Moskau öffentlich gebrochen hatte. Ein Teil der Mörder von Reiss ist verhaftet. Es sind dies Mitglieder der Komintern und GPU-Agenten aus russischen weiß-gardistischen Kreisen. Die gerichtliche Untersuchung durch die französischen und schweizerischen Behörden gibt allen Anlaß zu der Vermutung, daß dieselbe Bande auch eine ganze Reihe von bisher unaufgeklärten Verbrechen beging. Weißgardisten dienen

Stalin als Mörder, wie sie ihm als öffentliche Ankläger (Wyschinski), als Publizisten (M. Kolzow, Saslawski u.a.) oder als Diplomaten (Trojanowski, Maiski und Konsorten) dienen.

Kaum hatte der Krieg im Fernen Osten begonnen, als Stalin schon einen Vernichtungsfeldzug gegen seine revolutionären Widersacher in China eröffnete. Die Methode ist dieselbe wie in Spanien. Indem er Chiang Kaishek, wie er es auch mit Negrín tat, sowjetische Industrieerzeugnisse zu hohen Preisen verkauft, bezahlt er mit den auf diese Art erlangten Einkünften seine Fälscher, Zeitungsschurken und gedungenen Mörder. Am 5. Oktober erschien im New Yorker „Daily Worker" eine telegraphische Meldung aus Shanghai, worin die chinesischen „Trotzkisten" in der Kiangsi-Provinz des Bündnisses mit dem japanischen Generalstab beschuldigt wurden. Der „Daily Worker" ist das Organ der GPU in New York, sein Shanghaier Korrespondent ist ein GPU-Agent, der die Weisungen des Aprilplenums ausführt. Unterrichtete chinesische Quellen erklärten damals, daß es in Kiangsi keine trotzkistische Organisation gab und gibt („Socialist Appeal" vom 16. Oktober). Doch das ändert an der Sache nichts: Das Shanghaier Telegramm bedeutet, daß auch in China die Phase der gefälschten Dokumente, der „Trotzkisten"-Entführungen und der Meuchelmorde begonnen hat. In den Gefängnissen Chiang Kai-sheks saßen auch früher nicht wenig untadelige Revolutionäre. Ihrem Leben droht jetzt von seiten Stalins unmittelbar Gefahr.

Der kanadische Kommunist Henry Beattie, der vier Monate lang als Freiwilliger an den Kämpfen in Spanien teilgenommen hatte und dann von den Milizionären selbst als Agitator in die Heimat zurückgeschickt wurde, erzählte vor kurzem in der Presse, wie die Partei der kanadischen Stalinisten ihn zwang, auf öffentlichen Versammlungen zu berichten, daß die Trotzkisten in Spanien „verwundete Milizleute erschießen". Eine gewisse Zeit führte Beattie, seinen eigenen Worten zufolge, diesen ungeheuerlichen Befehl aus, indem er sich „der Parteidisziplin beugte", d.h. den Beschlüssen des genannten, von Stalin geleiteten Geheimplenums. Jetzt, wo Beattie der vergifteten Atmosphäre entronnen ist und frische Luft atmet, wird er natürlich zum Spion und Diversanten gestempelt: Möglicherweise steht auf seinen Kopf ein Preis. In solchen Angelegenheiten läßt Stalin sich nicht lumpen: Allein die technischen Ausgaben für die Ermordung von Ignaz Reiss belaufen sich auf 300.000 Franken!

Zur Deckung oder Rechtfertigung dieser Verbrechen werden Dutzende von ausländischen bürgerlichen Journalisten von der Schule der Walter Duranty und Louis Fischer, von der GPU ausgehalten. Wer zwischen den Zeilen zu lesen versteht, für den ist es schon längst kein Geheimnis mehr, daß die freundlich-kritisch-zweideutigen Telegramme und Artikel aus Moskau, die mit „unabhängigen" Namen gezeichnet und zuweilen mit der Bemerkung „Unzensiert“ versehen sind, in Wirklichkeit unter dem Diktat der GPU geschrieben werden, um die Weltöffentlichkeit mit der finsteren Gestalt des Kain im Kreml auszusöhnen. Diese Art „unabhängiger“ Journalisten unterscheidet sich von den Herren Duranty nur dadurch, daß sie teurer sind. Doch werden nicht bloß Reporter mobilisiert. Schriftsteller von Weltruf oder mit bekannten Namen wie Romain Rolland, der verstorbene Barbusse, Malraux, Heinrich Mann oder Feuchtwanger sind in Wirklichkeit Stipendiaten der GPU, die über den Staatsverlag die „moralischen“ Dienste dieser Freunde freigebig bezahlt.

Anders, aber nur wenig besser steht es um die Führer der II. und der Gewerkschafts-Internationale. Aus Erwägungen diplomatischen oder innenpolitischen Charakters organisierten Léon Blum, Léon Jouhaux, Vandervelde und ihre Brüder in den anderen Ländern im vollsten Sinne des Wortes eine Verschwörung des Schweigens über die Verbrechen der Stalinbürokratie, in der UdSSR und in der Weltarena. Negrin und Prieto sind direkte Spießgesellen der GPU. Und all dies geschieht im Namen der Verteidigung der „Demokratie“!

Wir wissen: Der Feind ist stark, er hat lange Arme, in seinen Taschen klimpert Geld. Er deckt sich mit der Autorität der Revolution, die er erstickt und diskreditiert. Aber wir wissen auch etwas anderes: Wie stark der Feind auch sei, allmächtig ist er nicht. Trotz Kasse, Apparat und einer Phalanx von „Freunden“ des Kreml hat die Wahrheit begonnen, sich im Bewußtsein der Arbeitermassen der ganzen Welt Bahn zu brechen. Von Straflosigkeit berauscht, hat Stalin deutlich die Grenze überschritten, die einzuhalten Vorsicht selbst dem privilegiertesten Verbrecher gebietet. So frech betrügen kann man nur die, die selbst betrogen sein wollen: Zu dieser Kategorie gehören nicht wenig zweifelhafte Berühmtheiten. Aber die Massen wollen nicht betrogen werden. Sie brauchen Wahrheit. Und sie erfahren sie und werden sie erfahren.

Durch keine Prinzipien mehr gebunden, überschritt Stalin die äußerste Grenze. Doch eben darin liegt seine Schwäche. Noch kann er morden. Aber die Wahrheit wird er nicht mehr aufhalten. Immer mehr ergreift Unruhe die kommunistischen Arbeiter, die Sozialisten, die Anarchisten. Schon blicken Stalins Bundesgenossen aus der II. Internationale voll Furcht nach dem Kreml. Schon gehen viele literarische „Freunde“ unter dem Vorwand der „Neutralität“ vorsichtig auf Distanz. Doch das ist nur der Anfang.

Ignaz Reiss ist nicht der letzte, der uns Stalins Machenschaften enthüllte. Die in der Schweiz und in Frankreich verhafteten Mörder von Reiss erzählen viel. Tausende von revolutionären Freiwilligen aus Spanien tragen die Wahrheit über die Henker der Revolution in alle Teile der Welt.

Die denkenden Proletarier fragen sich: Wozu das alles? Wem dient diese endlose Kette von Verbrechen? Und eine Antwort drängt sich auf: Stalin bereitet auf den Ruinen der Revolution und den Leichen der Revolutionäre seine „Krönung" vor.

Stalins bonapartistische Krönung muß zu seinem politischen Ende in der Arbeiterbewegung werden. Es gilt die Bemühungen aller Revolutionäre, aller ehrlichen Arbeiter, aller wirklichen Freunde des Proletariats zu vereinen, um die Reihen der freiheitlichen Bewegung von der entsetzlichen Seuche des Stalinismus zu befreien. Um dies zu erreichen, gibt es nur einen Weg: den Arbeitern die Wahrheit offenbaren, ohne Übertreibung, aber auch ohne Abschwächung. Das Aktionsprogramm ergibt sich auf diese Weise ganz von selbst aus der Situation.

Es ist nötig, die Namen aller nationalen Delegierten des letzten Plenums in Paris festzustellen und zu veröffentlichen. Diese Menschen sind für die Organisierung der Fälschungen, Entführungen und Morde in den verschiedenen Ländern persönlich verantwortlich.

Notwendig ist, die Namen aller ausländischen Stalinisten festzustellen und zu veröffentlichen, die für die Organisierung der Fälschungen, Entführungen und Morde in den verschiedenen Ländern persönlich verantwortlich sind.

Notwendig ist, die Namen aller ausländischen Stalinisten festzustellen und zu veröffentlichen, die in Spanien irgendwelche militärischen, polizeilichen oder administrativen Posten innehatten oder innehaben: All diese Personen sind in ihrer Eigenschaft als GPU-Agenten an den in Spanien verübten Verbrechen beteiligt.

Notwendig ist, aufmerksam die internationale stalinistische Presse zu verfolgen, desgleichen das „literarische" Wirken der offenen und geheimen Freunde der GPU, da man anhand des von ihnen verbreiteten Rauschgifts oft schon vorhersagen kann, welche neuen Verbrechen Stalin vorbereitet.

Nötig ist, in allen Arbeiterorganisationen ein Regime des heftigen Mißtrauens einzuführen gegen jeden, der direkt oder indirekt mit dem stalinistischen Apparat verbunden ist. Von den Kominternagenten als willenlosen Werkzeugen der GPU kann man stets jeden Verrat an den Revolutionären erwarten.

Nötig ist, unermüdlich Pressematerialien, Dokumente, Zeugenaussagen über die Verbrechen der GPU-Komintern-Agenten zu sammeln. Nötig ist, periodisch in der Presse genau begründete Schlußfolgerungen aus diesen Materialien zu ziehen.

Nötig ist, der Öffentlichkeit die Augen dafür zu öffnen, daß die süßliche und verlogene Propaganda vieler Philosophen, Moralisten, Ästheten, Künstler, Pazifisten und Arbeiter-„Führer" zur Verteidigung des Kreml unter dem Anschein der „Verteidigung der UdSSR" von Moskau freigiebig mit Gold bezahlt wird. Nötig ist, diese Herren der verdienten Schande preiszugeben.

Noch nie hatte die Arbeiterbewegung in ihren eigenen Reihen einen derart tückischen, gefährlichen, mächtigen und verräterischen Feind wie die Stalin-Clique und ihre internationale Agentur. Nachlässigkeit im Kampf gegen diesen Feind ist Verrat. Schwätzer und Dilettanten können sich mit pathetischer Entrüstung begnügen, nicht aber ernste Revolutionäre. Notwendig ist ein Plan und eine Organisation. Nötig ist, besondere Kommissionen zur Verfolgung der Manöver, Intrigen und Verbrechen der Stalinisten, zur Warnung der Arbeiterorganisationen vor der Gefahr und zur Erarbeitung der besten Abwehrmethoden gegen die Moskauer Gangster zu bilden.

Nötig ist, eine entsprechende Literatur über diese Fragen herauszugeben und dafür Mittel zu sammeln. Nötig ist, in jedem Lande ein Buch herauszugeben, das die nationale Kominternsektion vollständig transparent macht.

Wir verfügen weder über einen Staatsapparat, noch über bezahlte Freunde. Gleichwohl werfen wir, vor dem Antlitz der gesamten Menschheit, der Stalinbande mit Zuversicht den Fedehandschuh hin. Wir legen die Hände nicht in den Schoß. Einige von uns können in diesem Kampf noch fallen, doch sein Ausgang steht fest. Der Stalinismus wird unter der Last seiner Verbrechen zusammenbrechen. Die internationale Arbeiterklasse wird neue Wege einschlagen.

Die Gefahr der Ausrottung des jüdischen Volkes
(22. Dezember 1938)

Pater Coughlin, der offenbar demonstrieren will, daß eine durch und durch idealistische Moral niemanden daran hindert, ein übler Halunke zu sein, hat im Radio behauptet, das jüdische Bürgertum der Vereinigten Staaten hätte mir in der Vergangenheit für die Revolution enorme Gelder zur Verfügung gestellt. Ich habe schon in der Presse geantwortet, daß das nicht stimmt. Und zwar habe ich solche Gelder nicht etwa deshalb nicht bekommen, weil ich eine finanzielle Hilfe für die Revolution ausgeschlagen hätte, sondern weil die jüdische Bourgeoisie eine solche Hilfe gar nicht erst angeboten hat. Die jüdische Bourgeoisie hat sich vielmehr an das Prinzip gehalten, *nichts zu geben*. Und dabei bleibt sie auch jetzt, wo es um ihren Kopf geht. Von seinen Widersprüchen getrieben, schlägt der Kapitalismus wie ein Tobsüchtiger auf die Juden ein, und dabei treffen einige dieser Schläge auch die jüdische Bourgeoisie, trotz aller „Verdienste", die sie sich in der Vergangenheit um ihn erworben hat. Die philanthropische Hilfe für Flüchtlinge fällt, gemessen an den unermeßlichen Leiden des jüdischen Volkes, immer weniger ins Gewicht.

So steht es jetzt in Frankreich. Ein Sieg des Faschismus in diesem Lande würde der Reaktion weltweit gewaltigen Auftrieb geben und zu einer monströsen Zunahme des gewalttätigen Antisemitismus führen, vor allem in den Vereinigten Staaten. Die Juden werden aus mehr und mehr Staaten vertrieben, und die Zahl der Länder, die sie aufnehmen können, verringert sich. So wird der Kampf immer heftiger. Man kann sich ohne weiteres vorstellen, was die Juden schon zu Beginn des künftigen Weltkriegs erwartet. Aber auch ohne Krieg ist es so gut wie sicher, daß die nächste Welle der weltweiten Reaktion die *physische Ausrottung der Juden* mit sich bringen wird.

Palästina hat sich als ein tragisches Trugbild erwiesen, Birobidschan als eine bürokratische Farce. Der Kreml verweigert die Aufnahme von Flüchtlingen. Die „Antifaschistischen Kongresse", die von alten Damen und jungen Karrieristen veranstaltet werden, haben keinerlei Bedeutung. Das Schicksal des jüdischen Volkes – nicht nur seine politische Zukunft, sondern sein Überleben – ist mehr denn je unauflöslich mit dem Befreiungskampf des internationalen Proletariats verknüpft. Das Kräfteverhältnis kann sich nur ändern, wenn die Arbeiter mutig gegen die Reaktion mobilmachen, Milizen bilden und den faschistischen Banden direkten physischen Widerstand entgegensetzen. Nur ein größeres Selbstvertrauen, nur ein höheres Maß an Aktivität und Kühnheit auf seiten aller Unterdrückten kann die weltweite Woge des Faschismus brechen und dazu führen, daß ein neues Kapitel in der Geschichte der Menschheit aufgeschlagen wird.

Die IV. Internationale hat früher als andere vor der Gefahr des Faschismus gewarnt und den Weg zur Rettung aufgezeigt. Die IV. Internationale appelliert an die jüdischen Volksmassen, sich keine Illusionen zu machen und sich der bedrohlichen Wirklichkeit zu stellen. Es gibt keinen anderen Ausweg als den revolutionären Kampf. Der „Nerv" des revolutionären Kampfes wie des Krieges ist das Geld. Die fortschrittlichen und klarblickenden Elemente des jüdischen Volkes müssen der revolutionären Avantgarde zu Hilfe kommen. Die Zeit drängt. Gegenwärtig wiegt ein Tag soviel wie ein Monat oder gar ein Jahr. Was du tun willst, tue bald!

Für Herschel Grynszpan!

(30. Jänner 1939)

Wer auch nur ein wenig mit der politischen Geschichte vertraut ist, weiß, daß die Politik der faschistischen Gangster unmittelbar – und mitunter absichtlich – terroristische Akte provoziert. Was am meisten verwundert, ist, daß es bisher nur einen Grynszpan gibt. Zweifellos wird die Zahl solcher Aktionen zunehmen.

Im Hinblick auf den Befreiungskampf des Proletariats und der unterdrückten Nationen halten wir Marxisten die Taktik des individuellen Terrors für verfehlt. Ein einzelner, isolierter Held kann nicht die Massen ersetzen. Aber wir verstehen nur zu gut, daß solche konvulsivischen Akte der Verzweiflung und der Rache unvermeidlich sind. Wir fühlen mit den sich aufopfernden Rächern. Auch wenn sie den richtigen Weg nicht finden konnten, gehört ihnen unsere Sympathie. Diese Sympathie ist umso größer, weil Grynszpan nicht ein politischer Kämpfer, sondern ein unerfahrener Jugendlicher, fast noch ein Knabe ist, der sich einzig von seiner Empörung leiten ließ.

Es ist die elementare und dringliche Pflicht der internationalen Arbeiterklasse, Grynszpan der kapitalistischen Justiz zu entreißen, die imstande ist, ihn umzubringen, nur um der kapitalistischen Diplomatie einen weiteren Gefallen zu tun.

Die stalinistische Kampagne

Das Widerwärtigste ist die Kampagne, die auf Geheiß des Kremls jetzt mit aller Gendarmenborniertheit und mit unglaublicher Niedertracht in der internationalen stalinistischen Presse geführt wird. Man versucht dort, Grynszpan als einen Agenten der Nazis hinzustellen oder als einen trotzkistischen Agenten, der mit den Nazis im Bunde steht. Die Stalinisten stekken den Provokateur und sein Opfer in ein und denselben Sack und verbreiten, Grynszpan habe einen geeigneten Vorwand für Hitlers Pogrom-Politik liefern wollen.

Was soll man von diesen korrupten „Journalisten" sagen, die jedes Schamgefühl verloren haben? Von Beginn der sozialistischen Bewegung an hat die Bourgeoisie stets jede gewaltsame Empörung, vor allem terroristische Akte, auf den verheerenden Einfluß des Marxismus zurückführen wollen. Die Stalinisten haben sich – hier wie auf anderen Gebieten – die übelsten Traditionen der Reaktion zu eigen gemacht. Die IV. Internationale kann stolz darauf sein, daß der reaktionäre Abschaum, die Stalinisten eingeschlossen, jetzt automatisch jede kühne Aktion und jeden Protest, jeden Ausbruch der Empörung, jeden Schlag gegen die Henker mit ihr in Zusammenhang bringt. Ähnlich erging es zu ihrer Zeit der Marxschen Internationale.

Wir bekennen uns dezidiert zur moralischen Solidarität mit Grynszpan und stellen uns gegen seine „demokratischen" Gefängniswärter und die stalinistischen Verleumder, die seinen Leichnam brauchen, um damit – wenn auch nur teilweise und indirekt – die Schuldsprüche der Moskauer Justiz zu stützen. Zugleich versucht die gänzlich verkommene Kreml-Diplomatie, diesen „glücklichen" Zwischenfall für ihre Bemühungen auszunutzen, eine internationale Vereinbarung zustande zu bringen, derzufolge verschiedene Regierungen – darunter auch die von Hitler und Mussolini – Terroristen aneinander ausliefern. Nehmt Euch in acht, Ihr Meisterfälscher! Träte ein solches Gesetz in Kraft und würde es praktiziert, müßte Stalin sofort mindestens einem Dutzend auswärtiger Regierungen überstellt werden.

Die Stalinisten haben der Polizei gesteckt, Grynszpan habe an „trotzkistischen Versammlungen" teilgenommen. Leider ist das nicht wahr. Wäre Grynszpan auf die IV. Internationale gestoßen, dann hätte er für seine revolutionäre Energie eine ganz andere, wirkungsvollere Praxis entdeckt. Menschen, die sich über die Ungerechtigkeit und die Bestialität aufregen, findet man leicht. Aber Menschen, die, wie Grynszpan, imstande sind, so zu handeln, wie sie denken, und die dafür ihr Leben einsetzen, sind das kostbare Salz der Erde.

Findet einen anderen Weg!

Moralisch – wenn auch nicht hinsichtlich der Art seines Handelns – kann jeder junge Revolutionär sich an Grynszpan ein Beispiel nehmen. Unsere moralische Solidarität mit Grynszpan gibt uns ein zusätzliches Recht, all' den anderen möglichen Grynszpans, allen denen, die imstande sind, sich im Kampf gegen Despotismus und Barbarei aufzuopfern, zu sagen: Sucht einen anderen Weg! Nicht ein auf sich gestellter Rächer, sondern nur eine große revolutionäre Massenbewegung ist imstande, die Unterdrückten zu befreien. Nur eine solche Bewegung kann das System der klassenmäßigen Ausbeutung, der nationalen Unterdrückung und der rassistischen Verfolgung restlos beseitigen. Die beispiellosen Verbrechen des Faschismus schreien nach Rache. Doch diese Verbrechen sind so ungeheuerlich, daß der vollauf berechtigte Rachedurst nicht durch die Ermordung einzelner faschistischer Bürokraten gestillt werden kann. Um auf diese Verbrechen zu antworten, muß man Millionen, ja, Dutzende und Hunderte Millionen von Unterdrückten in aller Welt in Bewegung bringen und sie zum Angriff auf die Grundlagen der alten Gesellschaft führen. Die Empörung der Volksmassen verlangt nach der Beseitigung aller Formen von Sklaverei, nach der völligen Zerstörung des Faschismus und nach einem unbarmherzigen Gericht der Völker über die Banditen und Gangster von heute. Genau das hat sich die IV. Internationale zur Aufgabe gemacht. Sie wird die Arbeiterbewegung von der Seuche des Stalinismus befreien. Sie wird die heroische Generation der Jugend in ihren Reihen sammeln. Sie wird einer würdigeren und menschlicheren Zukunft den Weg bahnen.

Das Zwillingsgestirn Hitler-Stalin

(4. Dezember 1939)

Zwillingsgestirne sind „optische", d.h. scheinbare, oder „physische", d.h. wirkliche Paare, bei denen sich ein Stern um den anderen dreht. Sind Hitler und Stalin an dem blutroten Himmel der heutigen Weltpolitik ein wirkliches oder nur ein scheinbares Zwillingsgestirn? Und wenn sie ein wirkliches Zwillingsgestirn sind, wer dreht sich dann um wen?

Hitler selbst spricht vorsichtig von einem festen, „realistischen" Pakt, Stalin zieht es vor, schweigend an seiner Pfeife zu ziehen. Politiker und Journalisten des gegnerischen Lagers, die Zwietracht unter Freunden säen wollen, stellen Stalin als den Hauptstern und Hitler als seinen Trabanten dar. Wir wollen versuchen, diese keineswegs einfache Frage zu beantworten; dabei vergessen wir nicht, daß die Wege der Weltpolitik nicht so exakt bestimmt werden können wie die Umlaufbahnen der Gestirne.

Das kapitalistische Deutschland, später angetreten als seine westlichen Nachbarn, hat zwar die am weitesten entwickelte und dynamischste Industrie auf dem europäischen Kontinent geschaffen, aber es kam zu spät, um noch an der bereits vollzogenen Aufteilung der Welt teilnehmen zu können. „Wir werden die Welt neu aufteilen", verkündeten 1914 die deutschen Imperialisten. Sie irrten sich. Die Aristokratie der Welt verbündete sich gegen den deutschen Imperialismus und besiegte ihn. Heute versucht Hitler, das Experiment von 1914 in einem ins Grandiose gesteigerten Maße zu wiederholen. Er muß es einfach tun. Der deutsche Kapitalismus erstickt in seinen alten Grenzen. Dennoch wird Hitler sein Problem nicht lösen. Selbst wenn er den Krieg gewinnt, kann er die Welt nicht zum Vorteil Deutschlands neu verteilen. Deutschland ist zu spät gekommen. Der Kapitalismus in allen Ländern ist bedroht. Kolonien wollen nicht länger Kolonien sein. Der neue Weltkrieg wird der Unabhängigkeitsbewegung der unterdrückten Völker ungeheure Impulse geben. Deutschland ist zu spät gekommen.

Hitler wechselt seine „Freunde", ändert seine Einschätzung von Nationen und Staaten, bricht Verträge und Verpflichtungen, betrügt Feinde und Freunde, doch all das dient nur dem einzigen Zweck: die Welt neu zu verteilen. „Deutschland ist gegenwärtig keine Weltmacht", sagt Hitler in seinem Buch, aber „Deutschland wird wieder Weltmacht werden, oder es wird aufhören zu existieren". Das vereinigte Deutschland in eine Basis für die Herrschaft über Europa und das so vereinigte Europa in eine Basis für den Kampf um die Weltherrschaft umzuwandeln mit dem Ziel, Amerika zurückzudrängen, zu schwächen und zu unterwerfen – dies bleibt unverändert Hitlers Aufgabe. Das ist seine Rechtfertigung für das totalitäre Regime, das mit einem stählernem Ring die auseinanderstrebenden Klassen in der deutschen Nation zusammenhält.

Die UdSSR ist durch gänzlich andere Züge charakterisiert. Das Erbe des zaristischen Rußlands war Elend und Rückständigkeit. Das Sowjetregime will nicht neue Räume für seine Produktivkräfte erschließen, sondern die Produktivkräfte in den alten Gebieten entwickeln. Die ökonomischen Aufgaben der UdSSR erfordern keine Ausdehnung des Staatsgebietes. Der Stand der Produktivkräfte gestattet keinen großen Krieg. Die Offensivstärke der UdSSR ist nicht groß. Ihre Verteidigungskraft liegt wie früher in der Größe des Landes. […]

Hitlers und Stalins Einstellung zum Krieg ist völlig gegensätzlich. Das totalitäre Regime Hitlers entstand aus der Furcht der herrschenden Klassen Deutschlands vor der sozialistischen Revolution. Hitler erhielt von den Kapitalisten den Auftrag, ihr Eigentum um jeden Preis vor der bolschewistischen Gefahr zu retten und ihnen einen Weg in die Weltarena zu öffnen. Das totalitäre Regime Stalins entstand aus der Furcht der neuen Kaste von Emporkömmlingen vor dem von ihr unterdrückten revolutionären Volk.

Krieg ist für beide gefährlich. Doch Hitler kann seine historische Mission nur auf diesem Weg erfüllen. Ein siegreicher Angriffskrieg gewährleistet die wirtschaftliche Zukunft des deutschen Kapitalismus und damit auch die nationalsozialistische Herrschaft.

Anders liegen die Dinge bei Stalin. Er kann einen Angriffskrieg nicht mit Aussicht auf Erfolg führen, und er braucht das auch nicht. Falls die UdSSR sich in den Krieg mit all seinen unermeßlichen Opfern und Entbehrungen hineinziehen läßt, wird das Volk, das in diesem Jahrhundert schon dreimal Revolution gemacht hat, dem offiziellen System alle Beleidigungen, Gewalttaten und seine ganze Verlogenheit heimzahlen! Niemand weiß das besser als Stalin. Die Grundidee seiner Außenpolitik ist daher die Vermeidung eines großen Krieges. […]

Ein Bündnis mit Hitler wandte nicht nur die unmittelbar drohende Gefahr ab, daß die Sowjetunion in den großen Krieg hineingezogen wurde, sondern eröffnete auch eine Aussicht auf unmittelbare strategische Vorteile. […]

Der Gewinn, den Moskau gemacht hat, ist zweifellos bedeutend. Doch die Schlußbilanz ist noch offen. Hitler hat einen Weltkrieg angezettelt. Aus diesem Krieg wird Deutschland entweder als Herr über Europa und alle europäischen Kolonien hervorgehen, oder es wird zerschlagen. Die Sicherung seiner Ostflanke ist für Hitler in diesem Krieg eine Frage von Leben und Tod. Er hat den Kreml dafür mit Teilen des ehemaligen Zarenreiches bezahlt. Ist dieser Preis zu hoch?

Die Behauptung, Stalin habe Hitler übertölpelt, als er in Polen einmarschierte und Besitz vom Baltikum ergriff, ist völliger Unsinn. Es ist viel wahrscheinlicher, daß Hitler selbst Stalin auf den Gedanken brachte, sich Ostpolens zu bemächtigen und die baltischen Staaten zu besetzen. Da der Nationalsozialismus durch Propagierung des Krieges gegen die Sowjetunion stark geworden ist, konnte Stalin verständlicherweise dem Ehrenwort Hitlers nicht trauen. Die Verhandlungen wurden „sachlich" geführt. „Du fürchtest Dich vor mir?", fragte Hitler Stalin, „Du willst Garantien? Nimm sie Dir selbst." Und Stalin griff zu.

Wer die Sache so hinstellt, als versperre die neue Westgrenze der UdSSR Hitler auf immer den Weg nach Osten, hat das Augenmaß verloren. Hitler verfolgt seine Ziele in Etappen. Zur Zeit ist die Unterwerfung Großbritanniens an der Reihe. Für dieses Ziel kann man schon einige Zugeständnisse machen. Die Wendung nach Osten bedeutet einen neuen großen Krieg – zwischen Deutschland und der UdSSR. Wenn es dann soweit ist, ist die Frage, auf welchem Längengrad die militärischen Auseinandersetzungen beginnen, von zweitrangiger Bedeutung. [...]

Es ist nicht übertrieben, wenn man behauptet, daß die Blockade Deutschlands durch das Bündnis mit der UdSSR mindestens 25 Prozent, vielleicht auch beträchtlich mehr von ihrer Wirkung verliert.

Zur materiellen Unterstützung muß man noch die moralische – wenn dieses Wort hier angebracht ist – hinzurechnen. Bis Ende August noch forderte die Komintern die Befreiung Österreichs, der Tschechoslowakei, Albaniens und Abessiniens, verlor aber kein Wort über die britischen Kolonien. Jetzt verliert die Komintern kein Wort über die Tschechei, rechtfertigt die Teilung Polens, fordert dafür aber die Befreiung Indiens. Die Moskauer „Prawda" greift die Einschränkung der Freiheit in Kanada an, schweigt aber zu den blutigen Gewaltakten Hitlers gegen die Tschechen und zu der verbrecherischen Mißhandlung polnischer Juden. All das deutet darauf hin, daß der Kreml die Stärke Hitlers sehr hoch einschätzt.

Und der Kreml irrt nicht. Gewiß kann Deutschland Großbritannien und Frankreich nicht in einem „Blitzkrieg" vernichten; an eine solche Möglichkeit hat auch kein ernsthafter Mensch je geglaubt. Von großer Leichtfertigkeit aber zeugt jene internationale Propaganda, die Hitler als einen Wahnsinnigen hinzustellen sucht, der sich in eine Sackgasse verrannt hat. Hitler ist noch lange nicht soweit. Noch gibt es in Deutschland eine dynamische Industrie, technisches Ingenium und feste Disziplin; die ungeheuerliche deutsche Kriegsmaschine funktioniert immer noch. Das Schicksal von Land und Regime stehen auf dem Spiel. Die polnische Regierung und die tschechoslowakische Pseudoregierung sind jetzt in Frankreich. Wer weiß, ob die französische Regierung nicht demnächst gemeinsam mit der belgischen, holländischen, polnischen und tschechoslowakischen in Großbritannien Schutz suchen muß? Wie schon gesagt, glaube ich nicht einen Augenblick daran, daß Hitler seinen Plan einer „Pax Germanica" – also der Weltherrschaft – verwirklichen kann. Neue Staaten stehen ihm im Weg – nicht nur in Europa. Der deutsche Imperialismus ist zu spät auf den Plan getreten, seine militärische Raserei wird mit einer riesigen Katastrophe enden. Doch bevor seine Stunde schlägt, wird in Europa noch vieles hinweggefegt werden. Stalin möchte nicht dazu gehören. Deshalb ist er sehr darauf bedacht, mit Hitler nicht zu früh zu brechen.

Die alliierte Presse sucht gierig nach Symptomen der „Abkühlung" zwischen den neuen Freunden und prophezeit tagaus, tagein das Zerbrechen des Bündnisses. Man kann natürlich nicht leugnen, daß sich Molotow in der Umarmung Ribbentrops nicht gerade wohl fühlt. Viele Jahre hindurch wurden in der UdSSR die Oppositionellen als Naziagenten verleumdet, verfolgt und ermordet. Nachdem Stalin diese Arbeit erledigt hatte, schloß er dann ein enges Bündnis mit Hitler. Im ganzen Land leben Millionen Menschen, die enge Verwandte derjenigen sind, die wegen angeblicher Verbindungen zu den Nazis erschossen und in Konzentrationslager eingesperrt wurden; diese Millionen sind heute vorsichtige, aber äußerst wirksame Agitatoren gegen Stalin. [...]

Moskau ist sich darüber im klaren, daß ein größerer Krieg eine Ära politischer und sozialer Erschütterungen einleitet. Wenn Stalin ernsthaft hoffen könnte, die revolutionäre Bewegung zu beherrschen und sich dienstbar zu machen, würde er sie natürlich begrüßen. Doch versteht er, daß die Revolution die Antithese der Bürokratie ist und mit dem privilegierten konservativen Apparat unbarmherzig aufräumen würde. Was für erbärmliche Niederlagen erlitt die bürokratische Kreml-Clique in der chinesischen Revolution von 1925-1927 und in der spanischen Revolution von 1931-1939! Auf den Wogen einer neuen Revolution würde unweigerlich eine neue internationale Organisation entstehen, die die Komintern hinwegfegen und der Autorität der Sowjetbürokratie in der UdSSR einen tödlichen Schlag versetzen würde.

Die stalinistische Fraktion ist im Kampf gegen den sogenannten „Trotzkismus" an die Macht gekommen. Seitdem wurden alle Säuberungen, Schauprozesse und Erschießungen im Zeichen des Kampfes gegen den „Trotzkismus" durchgeführt. Im Grunde genommen bringt Moskau mit diesem Etikett die Furcht der neuen Oligarchie vor den Massen auf den Begriff. [...]

Aber sind die Sowjetisierung der westlichen Ukraine und Weißrußlands (Ostpolen) ebenso wie der gegenwärtige Versuch, Finnland zu sowjetisieren, nicht Akte einer sozialen Revolution? Ja und nein. Eher nein als ja. Wenn die Rote Armee ein neues Territorium besetzt, setzt die Moskauer Bürokratie ein Regime ein, das ihre Vorherrschaft garantiert. Die Bevölkerung hat keine andere Wahl, als den durchgeführten Reformen in einem totalitären Plebiszit zuzustimmen. Eine solche Art von „Revolution" kann nur in einem militärisch besetzten Gebiet mit einer verstreuten oder rückständigen Bevölkerung durchgeführt werden. Der neue Chef der „Sowjetregierung" Finnlands, Otto Kuusinen, ist kein Führer revolutionärer Massen, sondern ein alter stalinistischer Funktionär, ein Komintemsekretär, ein Mann mit starrem Hirn und schwachem Rückgrat. Eine solche „Revolution" ist für den Kreml natürlich annehmbar, und Hitler fürchtet sie auch nicht.

Der Kominternapparat, der durchweg aus Leuten vom Schlage Kuusinens und Browders besteht, d. h. aus karrieresüchtigen Funktionären, ist zur Führung einer revolutionären Massenbewegung vollkommen ungeeignet. Dafür ist er aber zur Vernebelung des Stalin-Hitler-Paktes mit revolutionären Phrasen nützlich, zur Irreführung der Arbeiter in der UdSSR und im Ausland. Und später kann er als ein nützliches Instrument zur Erpressung der imperialistischen Demokratien dienen.

Es ist frappierend, wie wenig man aus den spanischen Ereignissen gelernt hat! Während Stalin sich gegen Hitler und Mussolini zur Wehr setzte, die den spanischen Krieg zur Schaffung eines Viermächteblocks gegen den Bolschewismus auszunützen suchten, machte er es sich zur Aufgabe, London und Paris zu beweisen, daß er weit besser als Franco und seine Beschützer in Spanien und Europa die proletarische Revolution austilgen könne. Niemand hat die sozialistische Bewegung in Spanien rücksichtsloser unterdrückt als Stalin, der in jenen Tagen als Erzengel der reinen Demokratie auftrat. Alle Mittel wurden eingesetzt: wahnwitzige Lügen- und Verleumdungskampagnen, Justizfarcen im Geiste der Moskauer Prozesse und die systematische Ermordung revolutionärer Führer. Und der Kampf gegen Land- und Fabrikbesetzungen durch Bauern und Arbeiter wurde natürlich unter dem Banner des Kampfes gegen den „Trotzkismus" geführt.

Der Bürgerkrieg in Spanien verdient höchste Aufmerksamkeit, denn er war in vieler Hinsicht eine Generalprobe für den bevorstehenden Weltkrieg. Stalin jedenfalls ist gern bereit, seinen spanischen Auftritt im Weltmaßstab zu wiederholen; er hofft dieses Mal sogar auf mehr, er will sich das Wohlgefallen der künftigen Sieger erkaufen, da er bereits bewiesen hat, daß niemand besser als er mit dem roten Gespenst fertigwerden kann, das der terminologischen Bequemlichkeit wegen wieder „Trotzkismus" genannt wird. [...]

Stalins Idee von einer Sowjetisierung Deutschlands ist ebenso absurd wie die Hoffnung Chamberlains auf eine Restauration einer friedlichen konservativen Monarchie in Deutschland. Die militärische Macht Deutschlands darf ebensowenig unterschätzt werden wie die Widerstandskraft des Naziregimes! Die deutsche Armee kann nur von einer neuen internationalen Koalition in einem Krieg von beispiellosem Ausmaß geschlagen werden. Das totalitäre Regime kann nur durch einen machtvollen Angriff der deutschen Arbeiter gestürzt werden. Und die werden ihre Revolution gewiß nicht machen, um Hitler durch einen Hohenzollern oder durch Stalin zu ersetzen.

Der Sieg der Volksmassen über die Nazi-Tyrannei wird eine der größten Erschütterungen der Weltgeschichte sein und das Antlitz Europas mit einem Schlage verändern. Die Welle der Empörung, der Hoffnung und des Enthusiasmus wird an den hermetisch geschlossenen Grenzen der Sowjetunion nicht haltmachen. Die Volksmassen der Sowjetunion hassen die gierige und grausame Herrscherkaste. Ihr Haß wird nur durch das Wissen gebändigt, daß draußen sprungbereit der Imperialismus lauert. Die Revolution im Westen wird der Kreml-Oligarchie die einzige Rechtfertigung für ihre politische Existenz nehmen. Wenn Stalin seinen Verbündeten Hitler überleben sollte, dann kaum für lange Zeit. Das Zwillingsgestirn wird hinter dem Horizont versinken.

Kapitel III: Perspektiven des Sozialismus

Vom Minimal- zum Maximalprogramm
(1938)

Die strategische Aufgabe der nächsten Periode – einer vorrevolutionären Periode der Agitation, der Propaganda und der Organisation – besteht darin, den Widerspruch zwischen der Reife der objektiven Bedingungen für die Revolution und der Unreife des Proletariats und seiner Avantgarde (Verwirrung und Enttäuschung bei der älteren Generation, mangelnde Erfahrung bei der jüngeren) zu überwinden. Man muß der Masse helfen, in ihrem täglichen Kampf die Brücke zwischen ihren augenblicklichen Forderungen und dem Programm der sozialistischen Revolution zu finden. Diese Brücke sollte aus einem System von *Übergangsforderungen* bestehen, die von den heutigen Bedingungen und dem heutigen Bewußtsein der breiten Schichten der Arbeiterklasse ausgehen und unweigerlich zu ein und demselben Resultat führen: zur Eroberung der Macht durch das Proletariat.

Die klassische Sozialdemokratie, die in der Epoche des fortschreitenden Kapitalismus aktiv war, gliederte ihr Programm in zwei voneinander unabhängige Teile: ein *Minimalprogramm*, das sich auf Reformen innerhalb der bürgerlichen Gesellschaft beschränkte, und ein *Maximalprogramm*, das die Ablösung des Kapitalismus durch den Sozialismus in unbestimmter Zukunft versprach. Zwischen dem Minimalprogramm und dem Maximalprogramm gab es keine Brücke. Und die Sozialdemokratie braucht auch keine solche Brücke, denn vom Sozialismus spricht sie nur an hohen Festtagen. Die Komintern hat sich in der Epoche des faulenden Kapitalismus auf den Weg der Sozialdemokratie begeben, in der weder von systematischen sozialen Reformen noch von einer Anhebung des Lebensstandards der Massen mehr die Rede sein kann; in der die Bourgeoisie mit der einen Hand jeweils das Doppelte von dem nimmt, was sie mit der anderen gegeben hat (Steuern, Zölle, Inflation, „Deflation", hohe Preise, Arbeitslosigkeit, polizeiliche Reglementierung von Streiks usw.); in der jede ernsthafte Forderung des Proletariats und sogar jede fortschrittliche Forderung des Kleinbürgertums über die Grenzen des kapitalistischen Eigentums und des bürgerlichen Staates hinausführt.

Die strategische Aufgabe der IV. Internationale besteht nicht in einer Reformierung des Kapitalismus, sondern in seinem Sturz. Das politische Ziel ist die Eroberung der Macht durch das Proletariat zum Zweck der

Enteignung der Bourgeoisie. Doch ist die Lösung dieser Aufgabe undenkbar, wenn nicht allen, auch den kleinsten und detailliertesten Fragen der Taktik größte Aufmerksamkeit gewidmet wird. Alle Teile des Proletariats, all seine Schichten, Berufe und Gruppen müssen in die revolutionäre Bewegung hineingezogen werden. Die Besonderheit der gegenwärtigen Epoche besteht nicht darin, daß sie die revolutionäre Partei von der Alltagsarbeit befreit, sondern darin, daß sie erlaubt, diesen Kampf in unauflöslicher Verbindung mit den Aufgaben der Revolution zu führen.

Die IV. Internationale verwirft die Forderungen des alten „Minimal"-Programms nicht, solange sie nur irgendeinen Teil ihrer Lebenskraft bewahrt haben. Sie verteidigt unermüdlich die demokratischen Rechte der Arbeiter und ihre sozialen Errungenschaften. Aber sie organisiert diese Alltagsarbeit im Rahmen der richtigen, realen, d.h. revolutionären Perspektive. Sofern die alten partiellen „Minimal"-Forderungen der Massen mit den destruktiven und erniedrigenden Tendenzen des verfallenden Kapitalismus in Konflikt geraten – und das geschieht auf Schritt und Tritt – schlägt die IV. Internationale ein System von *Übergangsforderungen* vor, deren Sinn darin besteht, daß sie immer offener und entschiedener gegen die Grundlagen der bürgerlichen Herrschaft selbst gerichtet sind. Das alte „Minimal"-Programm wird durch das *Übergangsprogramm* aufgehoben, dessen Aufgabe darin besteht, die Massen systematisch für die proletarische Revolution zu mobilisieren.

Falls die Revolution ausbleibt...

(25. September 1939)

Der Zweite Weltkrieg hat begonnen. Er ist die endgültige Bestätigung dafür, daß die Gesellschaft nicht mehr länger unter den Bedingungen des Kapitalismus leben kann. Dadurch wird er für das Proletariat zu einer neuen, vielleicht entscheidenden Prüfung.

Wenn dieser Krieg, wovon wir fest überzeugt sind, eine proletarische Revolution hervorruft, dann wird er notwendig auch zum Sturz der Bürokratie in der UdSSR und zur Wiedergeburt der sowjetischen Demokratie auf einer wesentlich höheren ökonomischen und kulturellen Basis führen als 1918. Dann wird sich die Frage, ob die Stalinsche Bürokratie eine „Klasse" oder eine Wucherung am Arbeiterstaat gewesen ist, ganz von selbst lösen. Einem jeden wird klar werden, daß im Entwicklungsprozeß der internationalen Revolution die Sowjetbürokratie nur eine *Episode*, ein *Rückfall* war.

Gesetzt den Fall, der jetzige Krieg ruft keine Revolution hervor, sondern den Niedergang des Proletariats, dann bleibt nur die andere Alternative: Der monopolistische Kapitalismus fault weiter, verwächst enger mit dem Staat, und die Demokratie, soweit sie sich noch erhalten hat, wird durch ein totalitäres Regime ersetzt. Die Unfähigkeit des Proletariats, die Führung der Gesellschaft in die Hand zu nehmen, könnte unter diesen Bedingungen wirklich zur Folge haben, daß aus der bonapartistischen und faschistischen Bürokratie eine neue Ausbeuterklasse entsteht. Aller Wahrscheinlichkeit nach wäre das ein Verfallsregime, das den Untergang der Zivilisation ankündigt.

Zu einem entsprechenden Ergebnis könnte es kommen, wenn das Proletariat der führenden kapitalistischen Länder die Macht erkämpfte, dann aber nicht in der Lage wäre, sie zu behalten, und sie genau wie in der UdSSR einer privilegierten Bürokratie übergäbe. Dann wären wir gezwungen, einzugestehen, daß der Grund für den bürokratischen Rückfall nicht in der Rückständigkeit des Landes zu suchen ist, auch nicht in der imperialistischen Einkreisung, sondern in einer naturgegebenen Unfähigkeit des Proletariats, zur herrschenden Klasse zu werden. Dann müßte man rückblickend feststellen, daß die jetzige UdSSR in ihren Grundzügen der Vorläufer eines neuen Ausbeuterregimes im internationalen Maßstab ist. [...]

Zu Ende gedacht, heißt die historische Alternative: Entweder ist das Stalinsche Regime ein häßlicher Rückfall beim Umwandlungsprozeß der bürgerlichen Gesellschaft in eine sozialistische, oder es ist die erste Etappe einer neuen ausbeuterischen Gesellschaft. Wenn sich die zweite Prognose als richtig erweisen sollte, dann wird natürlich die Bürokratie zur neuen Ausbeuterklasse. Wie bedrückend auch immer diese zweite Perspektive sein mag – wenn das Weltproletariat wirklich unfähig ist, die

Mission zu erfüllen, die ihm der Gang der Entwicklung auferlegt hat, dann bleibt keine andere Möglichkeit, als offen einzugestehen, daß das sozialistische Programm, das auf den inneren Widersprüchen der kapitalistischen Gesellschaft beruht, eine Utopie ist. Dann wäre offenbar ein neues „minimales" Programm notwendig – zum Schutz der Interessen der Sklaven einer totalitären bürokratischen Gesellschaft. [...]

Zentralisierung und Kollektivierung bestimmen als Tendenz sowohl die Politik der Revolution als auch die der Konterrevolution; das bedeutet jedoch noch längst nicht, dass man Revolution, Thermidor, Faschismus und amerikanischen „Reformismus" gleichsetzen kann. Bruno R. hat lediglich die Tatsache wahrgenommen, daß die Kollektivierung infolge der politischen Erschöpfung der Arbeiterklasse in Richtung auf einen „bürokratischen Kollektivismus" tendiert. Das ist an sich ein unbestreitbares Phänomen. Doch wo sind seine Grenzen und welches Gewicht hat es historisch? Das, was uns als Deformation der Übergangsperiode erscheint, als Folge der unausgewogenen Entwicklung verschiedener Faktoren des gesellschaftlichen Prozesses, hält Bruno R. für eine eigenständige gesellschaftliche Formation, in der die Bürokratie die herrschende Klasse ist. [...]

Mussolini und Hitler „koordinieren" lediglich die Interessen der Besitzenden und „regulieren" die kapitalistische Wirtschaft, und das vor allem aus militärischen Erwägungen. Ganz anders die Kreml-Oligarchie: Sie hat allein deswegen die Möglichkeit, die Wirtschaft im ganzen zu führen, weil die Arbeiterklasse Rußlands den größten Umsturz der Besitzverhältnisse in der Geschichte vollbracht hat. Diesen Unterschied darf man nicht aus den Augen verlieren.

Doch selbst, wenn man zugäbe, daß der Stalinismus und der Faschismus irgendwann von verschiedenen Enden her zu ein und demselben Typ einer Ausbeutergesellschaft kommen werden (zu einem „bürokratischen Kollektivismus", nach der Terminologie von Bruno R.), führt das die Menschheit noch längst nicht aus der Sackgasse. Die Krise des kapitalistischen Systems wird nicht nur durch die reaktionäre Rolle des Privateigentums hervorgerufen, sondern auch durch die nicht minder reaktionäre Rolle des Nationalstaats. Wenn es auch einzelnen faschistischen Regierungen gelingen würde, bei sich ein System der Planwirtschaft einzuführen, so bliebe dennoch, abgesehen von den unvermeidlich revolutionären Bewegungen des Proletariats, die durch keinen Plan voraussehbar wären, der Kampf zwischen den totalitären Staaten um die Weltherrschaft, ja der sich sogar noch verstärken würde. Kriege würden die Früchte der Planwirtschaft vertilgen und die Grundlagen der Zivilisation zerstören. Bertrand Russell meint allerdings, daß jeder beliebige siegreiche Staat in der Folge des Krieges die ganze Welt in totalitärer Umklammerung vereinigen könnte. Doch selbst wenn diese Hypothese Wirklichkeit würde, was mehr als zweifelhaft ist, dann wäre diese Militär-„Union" kaum stabiler als der Versailler Friede. Das Auf und Ab der nationalen Unruhen endete mit einem neuen Weltkrieg, der zum Grab der Zivilisation werden könnte. Nicht unsere subjektiven Wünsche, sondern die objektive Wirklichkeit sagt, daß der einzige Ausweg für die Menschheit die internationale sozialistische Revolution ist. Ihre Alternative ist der Rückfall in die Barbarei. [...]

Angenommen, der Grund für die Niederlagen wären die sozialen Eigenschaften des Proletariats selbst, dann müßte man die Situation der modernen Gesellschaft als hoffnungslos bezeichnen. Unter den Bedingungen des verfaulenden Kapitalismus wächst das Proletariat weder zahlenmäßig noch kulturell. Daher besteht auch kein Grund zu der Erwartung, daß es je seiner revolutionären Aufgabe gewachsen sein wird. Völlig anders stellt sich die Sache dem dar, der sich klarmacht, wie fundamental der Antagonismus ist zwischen dem organischen, tiefen, unüberwindlichen Streben der werktätigen Massen, sich aus dem blutigen kapitalistischen Chaos zu befreien, und dem konservativen, patriotischen, durch und durch bourgeoisen Charakter der Führung, die sich selbst überlebt hat. Zwischen diesen beiden unvereinbaren Konzeptionen muß man sich entscheiden. [...]

Ein totalitäres Regime, sei es nun eines nach stalinistischem oder nach faschistischem Muster, kann seinem Wesen nach nur ein provisorisches, ein Übergangsregime sein. Diktaturen waren in der Geschichte immer das Ergebnis und Kennzeichen von besonders schweren sozialen Krisen und keinesfalls von stabilen Verhältnissen. Eine schwere Krise ist kein permanenter gesellschaftlicher Zustand. Ein totalitärer Staat kann zwar eine Zeitlang die sozialen Widersprüche unterdrücken, doch kann er sich nicht für alle Ewigkeit halten. Die ungeheuerlichen Säuberungen in der UdSSR sind der überzeugendste Beweis dafür, daß die sowjetische Gesellschaft organisch danach strebt, die Bürokratie loszuwerden. [...]

In ihren gewaltigen Ausmaßen und der ungeheuerlichen Verlogenheit sind Stalins Säuberungen nichts anderes als ein Zeugnis dafür, daß die Bürokratie nicht in der Lage ist, zu einer stabilen herrschenden Klasse zu werden, und zugleich das Symptom ihrer nahen Agonie. Machten wir uns nicht lächerlich, wenn wir der bonapartistischen Oligarchie den Namen einer neuen herrschenden Klasse zuerkennen, und das wenige Jahre oder gar nur Monate vor ihrem ruhmlosen Sturz? [...]

Wenn, entgegen aller Wahrscheinlichkeit, im Verlauf des jetzigen Krieges oder unmittelbar danach die Oktoberrevolution in keinem der fortgeschrittenen Länder eine Fortsetzung findet; wenn vielmehr das Proletariat überall zurückgeworfen wird – dann müßten wir zweifellos die Frage unsere Konzeption der gegenwärtigen Epoche und der sie bewegenden Kräfte in Frage stellen. Die Frage wäre dann nicht so sehr die, welches pennälerhafte Etikett man der UdSSR oder der Stalin-Bande anheften sollte, als vielmehr die, wie man die internationale historische Perspektive der nächsten Jahrzehnte, wenn nicht Jahrhunderte, beurteilen sollte: Sind wir in die Epoche der sozialen Revolution und der sozialistischen Gesellschaft eingetreten oder in die Epoche der niedergehenden Gesellschaft totalitärer Bürokratie? [...]

Die Marxisten haben nicht das geringste Recht (wenn man nicht Enttäuschung und Müdigkeit als ein „Recht" ansehen will), daraus zu folgern, das Proletariat habe seine revolutionären Möglichkeiten ausgeschöpft und müsse für die nächste Epoche auf seinen Herrschaftsanspruch verzichten. Fünfundzwanzig Jahre sind auf der Waagschale der Geschichte, wenn es um den fundamentalsten Wandel von wirtschaftlichen und kulturellen Systemen geht, weniger als eine Stunde im Leben des Menschen. Was ist ein Mensch schon wert, der sich wegen empirischer Fehlschläge während einer Stunde oder eines Tages von seinem Ziel lossagt, das er sich aufgrund seiner Erfahrungen und der Analyse seines gesamten bisherigen Lebens gesetzt hat? In den Jahren der finstersten russischen Reaktion (1907-1917) sind wir von den revolutionären Möglichkeiten ausgegangen, die das russische Proletariat 1905 eröffnet hat. In den Jahren der internationalen Reaktion müssen wir an den Möglichkeiten orientiert, die das russische Proletariat 1917 eröffnet hat. Nicht zufällig hat sich die IV. Internationale eine Internationale Partei der sozialistischen Revolution genannt. Wir gehen unbeirrbar unseren Weg. Wir halten Kurs auf die internationale Revolution und damit auf die Wiedergeburt der UdSSR als Arbeiterstaat.

Kunst und Revolution

(18. Juni 1938)

Ganz allgemein gesagt, drückt der Mensch in der Kunst sein Verlangen nach einem harmonischen und erfüllten Leben aus, d.h. nach den kostbarsten Gütern, die ihm die Klassengesellschaft vorenthält. Deswegen enthält jedes echte Kunstwerk immer einen Protest gegen die Wirklichkeit, sei er nun bewußt oder unbewußt, aktiv oder passiv, optimistisch oder pessimistisch. Jede neue künstlerische Richtung hat mit einer Rebellion eingesetzt. Die bürgerliche Gesellschaft zeigte gerade darin während langer Perioden der Geschichte ihre Stärke, daß sie es durch die Verbindung von Unterdrückung und Ermunterung, von Boykott und Schmeichelei verstand, jede „rebellische" künstlerische Bewegung zu kontrollieren, zu assimilieren und auf das Niveau der offiziellen „Anerkennung" zu heben. Aber jede „Anerkennung" dieser Art bedeutete letztlich das Herannahen der Agonie der jeweiligen Schule. In diesem Augenblick erhob sich dann vom linken Flügel der legalisierten Schule her oder von unten, d.h. aus den Reihen einer neuen Generation der schöpferischen Bohème, eine neue rebellierende Bewegung, die dann ihrerseits nach einer bestimmten Zeit die Stufen der Akademie emporstieg. [...]

Eine ganze Generation der „linken" Intelligenz hat während der letzten zehn oder fünfzehn Jahre ihre Augen nach Osten gewandt und ihr Schicksal mehr oder weniger eng, wenn nicht mit dem revolutionären Proletariat, so doch wenigstens mit der siegreichen Revolution verknüpft. Das ist nicht dasselbe. In der siegreichen Revolution gibt es nicht nur die Revolution, sondern auch die neue privilegierte Schicht, die auf den Schultern der Revolution steht. In Wirklichkeit hat die „linke" Intelligenz versucht, ihren Herrn zu wechseln. Hat sie dabei viel gewonnen?

Die Oktoberrevolution hat der sowjetischen Kunst in allen Bereichen einen wunderbaren Aufschwung geschenkt. Die bürokratische Reaktion hat hingegen das künstlerische Schaffen mit ihrer totalitären Hand erstickt. Das ist nicht erstaunlich. Die Kunst ist im Grunde eine Nervenfunktion und verlangt vollständige Aufrichtigkeit. Selbst die höfische Kunst der absoluten Monarchie beruhte auf Idealisierung und nicht auf Verfälschung. Die offizielle Kunst der Sowjetunion – und es gibt dort keine andere – ähnelt der totalitären Justiz, d. h. sie beruht auf Lug und Trug. Ziel der Justiz wie der Kunst ist die Verehrung des „Führers", die künstliche Erschaffung eines heroischen Mythus.

Der Stil der offiziellen sowjetischen Malerei von heute heißt „sozialistischer Realismus". Dieser Name ist ihr offenbar von irgendeinem Leiter irgendeiner Kunstsektion gegeben worden. Dieser Realismus besteht darin, die provinziellen Daguerreotypien des dritten Viertels des letzten

Jahrhunderts nachzuäffen; der „sozialistische" Charakter besteht offensichtlich darin, mit den Mitteln einer verfälschenden Fotografie Ereignisse darzustellen, die niemals stattfanden. Es ist nicht möglich, ohne ein Gefühl physischen Ekels und Entsetzens sowjetische Verse oder Romane zu lesen oder Reproduktionen sowjetischer Gemälde und Plastiken zu betrachten: In diesen Werken verewigen mit Feder, Pinsel oder Meißel bewaffnete Funktionäre unter der Aufsicht von Funktionären, die mit Mauserpistolen bewaffnet sind, „große" und „geniale" Führer, die in Wirklichkeit nicht einen Funken von Größe oder Genialität besitzen. Die Kunst der Stalinepoche wird als krassester Ausdruck des tiefsten Niedergangs der proletarischen Revolution in die Geschichte eingehen.

Dieser Tatbestand macht an den Grenzen der UdSSR nicht halt. Unter dem Vorwand einer verspäteten Anerkennung der Oktoberrevolution hat der „linke" Flügel der westlichen Intelligenz vor der sowjetischen Bürokratie einen Kotau gemacht. Im allgemeinen haben sich die charakterstarken und begabten Künstler abseits gehalten. Aber die Versager, Streber und Nullen haben sich um so bissiger in den Vordergrund gedrängt. [...]

Wird die totalitäre Diktatur das, wovon die Zukunft der Menschheit abhängt, noch lange Zeit ersticken, zertreten und beschmutzen? Untrügliche Symptome zeigen uns, daß das nicht der Fall sein wird. Der schändliche und jämmerliche Zusammenbruch der feigen, reaktionären Politik der Volksfronten in Spanien und Frankreich einerseits, die Verlogenheit der Moskauer Prozesse andererseits kündigen das Herannahen einer großen Wende sowohl im Bereich der Politik als auch in dem weiteren Bereich der revolutionären Ideologie an. Selbst die unglücklichen „Freunde" – natürlich nicht das intellektuelle und moralische Gesindel der „New Republic" und der „Nation" – werden allmählich des Jochs und der Knute müde. Kunst, Kultur und Politik brauchen eine neue Perspektive. Ohne sie gibt es für die Menschheit keinen Fortschritt. Noch nie waren die Aussichten so bedrohlich und katastrophal wie heute. Aus diesem Grund ist heute Panik die vorherrschende Geisteshaltung der desorientierten Intelligenz. Diejenigen, die dem Moskauer Joch nur eine unverbindliche Skepsis entgegensetzten, wiegen in der Waage der Geschichte nicht schwer. Skepsis ist lediglich eine andere – und keineswegs bessere – Form von Niedergeschlagenheit. Was sich hinter der heute so beliebten gleichmäßigen Distanzierung von der stalinistischen Bürokratie und ihren revolutionären Gegnern verbirgt, ist in neun von zehn Fällen eine jämmerliche Kapitulation vor den Schwierigkeiten und Gefahren der Geschichte. Verbale Ausflüchte und Hinterlist helfen jedoch niemandem. Niemand erhält Aufschub oder Bewährung. Angesichts der herannahenden Periode der Kriege und der Revolutionen gibt es für alle nur eine Antwort: für Philosophen, Dichter, Künstler und für einfache Sterbliche. [...]

Alle großen Bewegungen haben als *Splittergruppen* älterer Bewegungen begonnen. Das Christentum war anfänglich eine Splittergruppe des Judentums; der Protestantismus eine solche des Katholizismus, d.h. des degenerierten Christentums. Die Marx-Engels-Gruppe entstand als Splittergruppe der linken Hegelianer. Die Kommunistische Internationale entstand als Splittergruppe der sozialdemokratischen Internationale. Wenn diese Begründer fähig waren, sich eine Massenbasis zu verschaffen, dann nur, weil sie die Isolierung nicht fürchteten. Sie wußten im voraus, daß die Qualität ihrer Ideen sich in eine Quantität umwandeln würde. Diese Splittergruppen litten nicht an Blutarmut, im Gegenteil, sie trugen in sich den Keim der großen historischen Bewegungen von morgen.

In derselben Weise entsteht, wie gesagt, in der Kunst eine fortschrittliche Bewegung. Sobald die herrschende Kunstrichtung ihre Energiequelle erschöpft hat, lösen sich von ihr schöpferische Splittergruppen ab, die die Fähigkeit haben, die Welt mit neuen Augen zu sehen. Je kühner die Neuerer in ihren Einfällen und Verfahren sind, desto schärfer stellen sie sich der etablierten Autorität, die sich auf eine konservative Massenbasis stützt, entgegen. [...]

Der ideologische Kampf zwischen der III. und der IV. Internationale beruht nicht allein auf einem scharfen Gegensatz des Ziels der Parteien, sondern in der allgemeinen Auffassung vom materiellen und geistigen Leben der Menschheit. Die gegenwärtige Kulturkrise ist vor allem eine Krise der revolutionären Führung. In dieser Krise ist der Stalinismus die stärkste reaktionäre Kraft. Ohne ein neues Banner und ohne ein neues Programm ist es nicht möglich, eine revolutionäre Massenbasis zu gewinnen, folglich auch nicht, die Gesellschaft aus ihrer Sackgasse zu befreien. Eine wirklich revolutionäre Partei ist weder in der Lage noch willens, die Aufgabe einer Lenkung, noch weniger, die einer Gängelung der Kunst zu übernehmen, weder vor noch nach ihrem Machtantritt. Eine solche Anmaßung existiert nur in dem Kopf einer unwissenden, schamlosen, machttrunkenen Bürokratie, die zur Antithese der proletarischen Revolution geworden ist. Die Kunst und die Wissenschaft suchen nicht nur keine Lenkung, sondern können von ihrem Wesen her keine dulden. Das künstlerische Schaffen gehorcht seinen eigenen Gesetzen selbst dann, wenn es sich bewußt in den Dienst einer sozialen Bewegung stellt. Echtes geistiges Schaffen ist unvereinbar mit Lüge, Heuchelei und Konformismus. Die Kunst kann nur insoweit ein großer Bundesgenosse der Revolution sein, als sie sich selbst treu bleibt. Dichter, Maler, Bildhauer, Musiker werden selbst ihren Weg und ihre Methode finden, wenn die emanzipatorische Bewegung der unterdrückten Klassen und Völker die Wolken der Skepsis und des Pessimismus verjagt, die heute den Horizont der Menschheit verdunkeln. Die erste Voraussetzung für ein solche Regeneration ist die Abschüttelung der erstickenden Vormundschaft der Kremlbürokratie.

Die Gesellschaft der Zukunft
(1923)

Es unterliegt keinem Zweifel, daß in der Zukunft – und je weiter, desto mehr – derartig monumentale Aufgaben wie die Planung neuer Garten-Städte, vorbildlicher Häuser, Eisenbahnen und Häfen nicht nur die am Wettbewerb beteiligten Ingenieure und Architekten, sondern auch die breiten Volksmassen mitreißen werden. Das ameisenartige Durcheinander von Stadtvierteln und Straßen wird Steinchen für Steinchen unmerkbar von Geschlecht zu Geschlecht ersetzt durch den titanischen Bau von Dorf-Städten nach der Karte und mit dem Zirkel. Um dieses Projekt werden ganze Gruppen der Bevölkerung streiten, eigenartige bautechnische Parteien der Zukunft, mit Agitation, mit Leidenschaften, Meetings, Abstimmungen. In diesem Kampf wird die Architektur von neuem, aber schon auf höherer Ebene, von den Gefühlen und Stimmungen der Massen durchdrungen sein, und die Menschheit wird sich plastisch erziehen, d. h. sie wird sich daran gewöhnen, die Welt als gefügigen Ton für die Gestaltung immer vollkommenerer Lebensformen zu betrachten. Die Wand zwischen Kunst und Industrie wird fallen. Der zukünftige hohe Stil wird kein ornamentaler, sondern ein gestaltender sein. Darin haben die Futuristen recht. Es wäre allerdings ein Fehler, wollte man dies als eine Liquidierung der Kunst, als ihre Kapitulation vor der Technik auslegen. In Anwendung auf ein Federmesser kann sich die Verbindung von Kunst und Technik in zwei Hauptrichtungen bewegen: Die Kunst ziert das Messer mit der Darstellung eines Elefanten, einer preisgekrönten Schönheit oder des Eiffelturms auf dem Griff; oder aber die Kunst hilft der Technik, für das Messer die „ideale" Form zu finden, d.h. eine Form, die dem Material und dem Bestimmungszweck des Messers am besten entspricht. Die Meinung, man könnte eine derartige Aufgabe mit rein technischen Mitteln lösen, ist falsch, denn die Aufgabe und das Material lassen ein weites Feld für unendlich viele Varianten offen. Für die Schaffung eines „idealen" Messers sind – außer der Kenntnis der Materialeigenschaften und der Bearbeitungsmethode – Phantasie und Geschmack erforderlich. In Übereinstimmung mit der ganzen Tendenz der industriellen Kultur meinen wir, daß die künstlerische Phantasie in der Sphäre der materiellen Gütererzeugung auf die Ausarbeitung der idealen Form einer Sache gerichtet sein wird, nicht auf ein Ornament, also auf eine ästhetische Prämie zum Gegenstand. Wenn dies schon für ein Federmesser zutrifft, um wieviel mehr für Kleider, Möbel, Theater und Städte. Das muß durchaus nicht die unbedingte Liquidierung der „Staffelei"-Kunst bedeuten, und sei es auch in ferner Zukunft. Aber die unmittelbare Zusammenarbeit der Kunst mit allen Zweigen der Technik wird, wie es scheint, doch in den Vordergrund rücken.

Bedeutet dies etwa, daß die Industrie die Kunst ganz in sich aufsaugen oder daß die Kunst die Industrie zu sich auf den Olymp emporheben wird? Diese Frage kann man so oder anders beantworten, je nachdem, ob wir von der Industrie oder von der Kunst her an sie herangehen. Aber im objektiven Endergebnis wird es zwischen den Antworten keinen Unterschied geben. Beide bedeuten eine gigantische Erweiterung der Sphäre und eine nicht weniger gigantische Steigerung der künstlerischen Qualifikation der Industrie, worunter wir die gesamte produktive Tätigkeit des Menschen verstehen: Die mechanisierte und elektrifizierte Landwirtschaft wird ein Teil dieser Industrie werden.

Aber nicht nur zwischen der Kunst und der Industrie wird die Trennwand fallen, sondern gleichzeitig auch zwischen der Kunst und der Natur. Nicht in jenem Rousseauschen Sinne, daß die Kunst sich dem Naturzustand nähert, sondern im Gegenteil, daß die Natur „künstlicher" wird. Die gegenwärtige Verteilung von Berg und Tal, von Feldern und Wiesen, Steppen, Wäldern und Meeresküsten kann man keinesfalls als endgültig bezeichnen. Gewisse Veränderungen – und nicht einmal geringe – hat der Mensch bereits im Bild der Natur hervorgebracht; aber das sind im Vergleich zu dem, was noch kommen wird, nur schülerhafte Experimente. Wenn der Glaube nur *versprach*, Berge zu versetzen, so ist die Technik, die nichts „auf Treu und Glauben" hinnimmt, wirklich imstande, Berge abzutragen und sie zu versetzen. Bis jetzt machte man das zu industriellen Zwecken (Bergwerke) oder für Verkehrszwecke (Tunnels); in Zukunft wird das in unvergleichlich größerem Ausmaß geschehen, je nach den Erfordernissen des gesamten Produktions- und Kunstplans. Der Mensch wird sich mit der Neuregistrierung der Berge und Flüsse befassen und die Natur überhaupt ernstlich verändern. Schließlich wird er die Erde, wenn auch nicht nach seinem Vor- und Ebenbild, so doch nach seinem Geschmack umbauen. Wir haben keinen Grund zu der Befürchtung, daß dieser Geschmack ein schlechter sein wird.

Der eifersüchtige und scheeläugige Kljutschew hat in einem Streit mit Majakowskij behauptet, daß es „einem Liedschöpfer nicht anstände, sich um Hebekräne zu kümmern", und daß „in des Herzens Hochöfen (und nicht in irgendwelchen anderen) des Lebens rotes Gold geschmolzen" wird. In diesen Streit hat sich Iwanoff-Rasumnik eingemischt: ein Narodnik, der auch linker Sozialrevolutionär gewesen ist – womit alles gesagt ist. Die Poesie des Hammers und der Maschine, in deren Namen angeblich Majakowskij auftritt, erklärt Iwanoff-Rasumnik für eine vergängliche Episode, die Poesie der „nicht handgemachten Erde" hingegen für „die ewige Poesie der Welt". Erde und Maschine werden einander als ewiger und als vergänglicher Quell der Poesie gegenübergestellt, und selbstverständlich gibt der immanente Idealist, der vorsichtige und fade Halbmystiker

Rasumnik dem Ewigen den Vorzug vor dem Vergänglichen. In Wirklichkeit ist aber dieser Dualismus von Erde und Maschine falsch: Gegenüberstellen kann man dem rückständigen Bauernacker eine Weizenfabrik, sei es eine Plantage oder ein sozialistischer Betrieb. Die Poesie der Erde ist nicht ewig, sondern veränderlich, und der Mensch hat erst dann angefangen, artikulierte Lieder von sich zu geben, als er zwischen sich und die Erde Werkzeuge und Geräte, die ersten ganz primitiven Maschinen gestellt hatte. Ohne den Hakenpflug, die Sichel und die Sense gibt es keinen Kolzow. Bedeutet das etwa, daß die Erde des Hakenpflugs vor der Erde mit dem Elektropflug den Vorzug der Ewigkeit hat ...? Der neue Mensch, der sich erst jetzt projektiert und verwirklicht, wird nicht wie Kljutschew, und nach diesem auch Rasumnik, die Auerhahnbalz und das Netz für den Stör dem Hebekran und dem Dampfhammer gegenüberstellen. Der sozialistische Mensch will und wird die Natur in ihrem ganzen Umfang einschließlich der Auerhähne und der Störe mit Maschinen beherrschen. Er wird beiden ihren Platz anweisen und zeigen, wo sie weichen müssen. Er wird die Richtung der Flüsse ändern und den Ozeanen Regeln vorschreiben. Die idealistischen Tröpfe mögen glauben, dies werde langweilig werden – darum sind sie eben Tröpfe. Natürlich wird das nicht bedeuten, daß der ganze Erdball in Planquadrate eingeteilt wird und daß die Wälder sich in Parks und Gärten verwandeln. Wildnis und Wald, Auerhähne und Tiger wird es wahrscheinlich auch dann noch geben, aber nur dort, wo ihnen der Mensch den Platz anweist. Und er wird dies so gescheit einrichten, daß selbst der Tiger den Baukran nicht bemerken und nicht melancholisch werden, sondern wie in Urzeiten weiterleben wird. Die Maschine steht nicht im Gegensatz zur Erde. Die Maschine ist auf allen Lebensgebieten ein Werkzeug des modernen Menschen. Die gegenwärtige Stadt ist vergänglich, aber sie wird sich nicht in dem alten Dorf auflösen. Im Gegenteil, das Dorf wird sich grundsätzlich zur Stadt erheben. Das ist die Hauptaufgabe. Die Stadt ist vergänglich; aber sie kennzeichnet die Zukunft und weist ihr den Weg, während das gegenwärtige Dorf völlig in der Vergangenheit ruht. Deshalb wirkt seine Ästhetik archaisch, als stamme sie aus einem Museum für Völkerkunde.

Aus der Epoche des Bürgerkriegs wird die Menschheit verarmt und mit furchtbaren Verwüstungen hervorgehen – sogar ohne das Dazutun von Erdbeben wie etwa in Japan. Das Bestreben, die Not, den Hunger und den Mangel in allen seinen Erscheinungsformen zu besiegen, d. h. die Natur zu unterwerfen, wird für eine Reihe von Jahrzehnten zur beherrschenden Tendenz werden. Die Begeisterung für die besten Seiten des Amerikanismus wird eine Begleiterscheinung der ersten Etappe jeder jungen sozialistischen Gesellschaft sein. Der passive Naturgenuß wird aus der Kunst verschwinden. Die Technik wird zu einer viel mächtigeren

Inspiratorin des Kunstschaffens werden. Und später wird sich selbst der Gegensatz zwischen Technik und Natur in einer Synthese auf höherem Niveau auflösen.

Wovon heutzutage einzelne Enthusiasten nicht immer sehr gescheit träumen – von der Theatralisierung des Alltags und der Rhythmisierung des Menschen selbst – das fügt sich gut und nahtlos in diese Perspektive ein. Der Mensch wird, wenn er seine Wirtschaftsordnung rationalisiert, d.h. mit Bewußtsein erfüllt und seinem Vorhaben unterworfen hat, in seinem gegenwärtigen, trägen und durch und durch verfaulten häuslichen Alltag keinen Stein auf dem anderen lassen. Die zentnerschwer auf der heutigen Familie lastenden Sorgen um die *Ernährung* und *Erziehung* werden von ihr genommen und Gegenstand der öffentlichen Initiative und des unerschöpflichen kollektiven Schaffens werden. Die Frau wird endlich aus dem Zustand der Halbsklaverei befreit werden. Neben der Technik wird die Pädagogik – im weitesten Sinn der psychophysischen Formung neuer Generationen – zur Beherrscherin der öffentlichen Meinung werden. Die pädagogischen Systeme werden mächtige „Parteien" um sich scharen. Die sozialerzieherischen Experimente und der Wettbewerb verschiedener Methoden werden eine Entfaltung erfahren, von der man heute noch nicht einmal träumen kann. Die kommunistische Daseinsform wird nicht wie ein Korallenriff zufällig entstehen, sondern bewußt aufgebaut, an der Idee überprüft, ausgerichtet und korrigiert werden. Wenn das Dasein aufhört, eine Elementargewalt zu sein, wird es aufhören, schal zu sein. Der Mensch, der es gelernt hat, Flüsse und Berge zu versetzen und Volkspaläste auf dem Gipfel des Mont Blanc oder auf dem Meeresgrund des Atlantischen Ozeans zu bauen, wird seinem Alltag natürlich nicht nur Reichtum, Farbigkeit und Spannung verleihen, sondern auch höchste Dynamik. Die Hülle des Alltags wird – kaum entstanden – unter dem Ansturm neuer technischer und kultureller Erfindungen und Errungenschaften wieder gesprengt werden. Das Leben der Zukunft wird nicht eintönig sein.

Mehr noch. Der Mensch wird endlich darangehen, sich selbst zu harmonisieren. Er wird es sich zur Aufgabe machen, der Bewegung seiner eigenen Organe – bei der Arbeit, beim Gehen oder im Spiel – höchste Klarheit, Zweckmäßigkeit, Wirtschaftlichkeit und damit Schönheit zu verleihen. Er wird den Willen verspüren, die halbbewußten und später auch die unbewußten Prozesse im eigenen Organismus: Atmung, Blutkreislauf, Verdauung und Befruchtung zu meistern, und wird sie in den erforderlichen Grenzen einer Kontrolle durch Vernunft und Willen unterwerfen. Das Leben, selbst das rein physiologische, wird zu einem kollektiv-experimentellen werden. Das Menschengeschlecht, der erstarrte Homo sapiens, wird erneut radikal umgearbeitet und – unter seinen eigenen Händen – zum

Objekt kompliziertester Methoden der künstlichen Auslese und des psychophysischen Trainings werden. Das liegt vollkommen auf der Linie seiner Entwicklung, Der Mensch hat zuerst die dunklen Elementargewalten aus der Produktion und der Ideologie vertrieben, indem er die barbarische Routine durch wissenschaftliche Technik und die Religion durch Wissenschaft verdrängte. Dann hat er das Unbewußte aus der Politik vertrieben, indem er die Monarchie und die Stände durch die Demokratie und den rationalistischen Parlamentarismus und schließlich durch die kristallklare Rätediktatur ersetzte. Am schlimmsten hat sich die blinde Naturgewalt in den Wirtschaftsbeziehungen festgesetzt – aber auch von dort vertreibt sie der Mensch durch die sozialistische Organisation der Wirtschaft. Dadurch wird ein grundlegender Umbau des traditionellen Familienlebens ermöglicht. Im tiefsten und finstersten Winkel des Unbewußten, Elementaren und Untergründigen hat sich die Natur des Menschen selbst verborgen. Ist es denn nicht klar, daß die größten Anstrengungen des forschenden Gedankens und der schöpferischen Initiative darauf gerichtet sein werden? Das Menschengeschlecht wird doch nicht darum aufhören, vor Gott, den Kaisern und dem Kapital auf allen vieren zu kriechen, um vor den finsteren Vererbungsgesetzen und dem Gesetz der blinden Selektion demütig zu kapitulieren! Der befreite Mensch wird ein größeres Gleichgewicht in der Arbeit seiner Organe erreichen wollen, eine gleichmäßigere Entwicklung und Abnutzung seiner Gewebe, um schon allein dadurch die Angst vor dem Tode in die Grenzen einer zweckmäßigen Reaktion des Organismus auf Gefahren zu verweisen. Denn es kann gar keinen Zweifel daran geben, daß gerade die äußerste Disharmonie des Menschen – die anatomische wie die physiologische –, die außerordentliche Unausgeglichenheit der Entwicklung und Abnutzung der Organe und Gewebe dazu führt, daß der Lebenswille in eine verklemmte, krankhafte und hysterische Form der Angst vor dem Tode umschlägt, die den Verstand trübt und den törichten und erniedrigenden Phantasien von einem Leben nach dem Tode Nahrung gibt.

Der Mensch wird sich zum Ziel setzen, seiner eigenen Gefühle Herr zu werden, seine Triebe auf die Höhe des Bewußtseins zu heben, sie durchsichtig klar zu machen, mit seinem Willen bis in die letzten Tiefen seines Unbewußten vorzudringen und sich so auf eine höhere Stufe zu erheben, also einen höheren gesellschaftlich-biologischen Typus, wenn man will den Übermenschen, zu erschaffen.

Bis zu welchem Ausmaß der Selbstbeherrschung der Mensch der Zukunft es bringen wird – das läßt sich ebenso schwer voraussehen wie jene Höhen, auf die er seine Technik führen wird.

Der gesellschaftliche Aufbau und die psychisch-physische Selbsterziehung werden zu zwei Seiten ein und desselben Prozesses werden. Die Künste: Wortkunst, Theater, bildende Kunst, Musik und Architektur – werden diesem Prozeß eine herrliche Form verleihen. Genauer gesagt: Jene Hülle, in die sich der Prozeß des kulturellen Aufbaus und der Selbsterziehung des kommunistischen Menschen kleiden wird, wird alle Lebenselemente der gegenwärtigen Künste bis zur höchsten Leistungsfähigkeit entfalten. Der Mensch wird unvergleichlich stärker, klüger und feiner, sein Körper harmonischer, seine Bewegungen rhythmischer und seine Stimme musikalischer werden. Die Formen des Alltagslebens werden eine dynamische Theatralik annehmen. Der durchschnittliche Menschentyp wird sich bis zum Niveau eines Aristoteles, Goethe und Marx erheben. Und über dieser Gebirgskette werden neue Gipfel aufragen.

Erläuterungen zu den Texten

Nation und Weltwirtschaft (30. November 1933)

Druckvorlage: Leo Trotzki (1971): Schriften über Deutschland, Frankfurt; 2. Halbband, S. 639-644.

Aus dem Russischen übersetzt von Walter Steen (Rudolf Klement). „Die neue Weltbühne", II. 52 (28. 12. 1933), S. 1630-1634. Trotzki entwickelt hier in aller Kürze noch einmal seine These, daß schon der Erste Weltkrieg ein destruktiver Versuch war, die Produktivkräfte aus den Schranken des Nationalstaats zu befreien. Die Aufgabe der nächsten Zukunft bestehe darin, ein geeintes (sozialistisches) Europa in eine neue, „ausgewogene" Weltwirtschaft einzufügen.

Ungleichmäßige und kombinierte Entwicklung (1931)

Druckvorlage: Leo Trotzki (1931): Geschichte der russischen Revolution. Februar. Berlin, S. 16-18.

Auszug aus dem sozialhistorischen Einleitungskapitel („Die Eigenarten der Entwicklung Rußlands") zur Geschichte der russischen Revolution.

Zur „asiatischen Despotie" vgl. Helmut Dahmer (1976): „Soziale Evolution und Revolution". In: Dahmer (1994): Pseudonatur und Kritik, Frankfurt, S. 243-341; S. 295-298.

Perspektiven der russischen Revolution (1906)

Druckvorlage: Trotzki (1932): Geschichte der russischen Revolution. Oktober. Berlin, S. 710-715. [Vgl. auch den Text „Was bedeutet „Permanente Revolution"?]

Auszüge aus Trotzkis, im Juni 1906 geschriebenen, berühmten Schlußkapitel „Ergebnisse und Perspektiven" seines Buches über die erste russische Revolution, der klassischen Formulierung seiner Theorie der permanenten Revolution, derzufolge das Proletariat in Rußland eher an die Macht kommen kann als in einem höher entwickelten kapitalistischen Staat und das Schicksal einer solchen Arbeiterdemokratie von der Entwicklung der internationalen Revolution abhängt. Trotzki nahm diese Auszüge als Anhang 3 in den 2. Band seiner Geschichte der russischen Revolution (1932) auf.

Oktoberrevolution (1932)

Druckvorlage: Trotzki (1932): Geschichte der russischen Revolution. Oktober. Berlin, S. 320-330.

In dem „An der Macht" überschriebenen Kapitel seiner Autobiographie (das hier nur zu einem Teil abgedruckt wird) schildert Trotzki seine enge Zusammenarbeit mit Lenin in den Tagen des Oktober-Aufstands, die Bildung der revolutionären Regierung und die ersten Monate der Arbeit im „Rat der Volkskommissare". In Begriffen von Sigmund Freud (die auf den Philosophen Schelling zurückgehen) bestimmt er den Marxismus als „den bewußten Ausdruck des unbewußten geschichtlichen Prozesses" und vergleicht die Revolution mit der „Inspiration" des Schriftstellers: „Die schöpferische Vereinigung des Bewußten mit dem Unbewußten ist das, was man gewöhnlich Inspiration nennt. Revolution ist rasende Inspiration der Geschichte."

Das Petrograder Smolny-Institut war eine ehemalige Höhere Schule für Adelstöchter; 1917 wurde es als Sitz des Petrograder Sowjets, des Zentralexekutivkomitees der Sowjets, des (von Trotzki geleiteten) Militärischen Revolutionskomitees und der Regierung Lenin-Trotzki bekannt. **Swerdlow** *(1885-1919) war seit 1903 Mitglied der SDAPR und wurde nach der Oktoberrevolution ZK-Sekretär und Staatsoberhaupt.* **Bucharin** *(1889-1938), einer der bolschewistischen Parteitheoretiker, wurde von 1925 bis 1928 zu Stalins wichtigstem Verbündeten, stellte sich dann gegen dessen Politik und führte die „Rechte Opposition" an, die freilich schon im November 1929 ihre Positionen widerrief. 1938 wurde Bucharin im 3. Moskauer Schauprozeß, dem „Prozeß der 21", zum Tode verurteilt und erschossen.*

Jakobinismus und Sozialdemokratie (August 1904)

Druckvorlage: Trotzki (1904): Unsere politischen Aufgaben. In: Trotzki (1970): Schriften zur revolutionären Organisation. Reinbek, S. 7-134.

Auszüge aus dem 4. Kapitel („Jakobinismus und Sozialdemokratie", S. 113-134) von Trotzkis erster bedeutender theoretischer Arbeit, einer Verteidigung der innerparteilichen und der Arbeiterdemokratie gegen Lenins „Jakobinismus" („Substitutionismus") oder Usupatorentum.

Ziele und Mittel (16. Februar 1938)

Druckvorlage: Trotzki (1981): Denkzettel. Politische Erfahrungen im Zeitalter der permanenten Revolution. Frankfurt, S. 392-397.

Auszug aus Trotzkis Arbeit „Ihre Moral und unsere", die sich in erster Linie gegen den Stalinismus, in zweiter gegen die von dem pragmatistischen amerikanischen Philosophen John Dewey (1859-1952) vertretene Ethik und gegen linke Kritiker der bolschewistischen Politik in der Zeit des Bürgerkriegs (wie Victor Serge und Max Eastman) richtete. Unter Berufung auf Ferdinand Lassalle betont Trotzki, daß Mittel nicht neutral sind, sondern über die mit ihnen verfolgbaren Ziele entscheiden. Diese Argumentation hat Leszek Kolakowski in seinem 1957 publizierten Aufsatz „Über die Richtigkeit der Maxime ‚Der Zweck heiligt die Mittel'" weitergeführt. Vgl. dazu Kolakowski (1960): Der Mensch ohne Alternative. Von der Möglichkeit und Unmöglichkeit, Marxist zu sein. München, S. 225-237.

Der kleine Sammelband Trotsky (1969): Their Morals and Ours, New York 1973, enthält auch die Erwiderungen von Dewey und Serge. Eine vollständige deutsche Übersetzung von Trotzkis Essay (samt der Erwiderung von Dewey) findet sich in dem 2001 von U. Kohlmann herausgegebenen Band Politik und Moral. Die Zweck-Mittel-Debatte in der neueren Philosophie und Politik. Lüneburg, S. 113-168.

Kants kategorischer Imperativ lautet: „Handle nur nach derjenigen Maxime, durch die du zugleich wollen kannst, daß sie ein allgemeines Gesetz werde." Kant, Immanuel (1785): Grundlegung zur Metaphysik der Sitten. Werke in sechs Bänden, Darmstadt 1970, Bd. IV, S. 51.

Kapitalismus oder Sozialismus ? (1925)

Druckvorlage: Trotzki (1925): Kapitalismus oder Sozialismus? Eine Analyse der Sowjetwirtschaft und ihrer Entwicklungstendenzen. In: Trotzki (1997): Linke Opposition und IV. Internationale, 1923-1926. Schriften, Bd. 3.1, Hamburg, S. 378-439.

Auszug (S. 438 f.) aus den „Schlußbemerkungen" zu Trotzkis Studie „Kapitalismus oder Sozialismus?", die 1925 in Moskau und (in deutscher Sprache) in Berlin veröffentlicht wurde.

Trotzki war nach seiner Ablösung als Kriegskommissar im Mai 1925 dem Obersten Volkswirtschaftsrat zugeteilt worden. In „Mein Leben" (Berlin 1929, S. 502) schreibt er: Ich stellte mir „die Aufgabe, ein System vergleichender Koeffizienten [...] unserer Wirtschaft und der Weltwirtschaft auszuarbeiten." Ein Vergleich der Pro-Kopf-Produktion (beziehungsweise der Arbeitsproduktivität) in den kapitalistischen Ländern und in der Sowjetunion zeigte, daß das Programm des Aufbaus des „Sozialismus" in der UdSSR illusionär war – „Opium für das Volk".

Was bedeutet „Permanente Revolution" ? (1930)

Druckvorlage: Trotzki (1930): Die permanente Revolution. Berlin, S. 158-163.

Karl Radek *(1885-1939) gehörte seit 1910 zum linken Flügel der deutschen Sozialdemokratie und war 1919-1923 einer der wichtigsten Führer der III. Internationale. 1923-1928 in den Reihen der Linken Opposition, wurde er, wie Trotzki, 1927 aus der bolschewistischen Partei ausgeschlossen und nach Sibirien verbannt. Seine Kapitulation vor der Stalin-Führung (im Juli 1929) bereitete er durch eine (1928 an andere, ebenfalls deportierte Oppositionelle verschickte) ausführliche Kritik der Theorie der permanenten Revolution vor. Er bestritt vor allem die Anwendbarkeit der Theorie auf die chinesische Revolution. Trotzki nahm Radeks Arbeit („Entwicklung und Bedeutung der Losung der proletarischen Diktatur") zum Anlaß, seine Theorie noch einmal ausführlich zu begründen und zu verteidigen. Die permanente Revolution wurde 1928 geschrieben und erschien 1930 in russischer und in deutscher Sprache. Das Schlußkapitel („Was ist nun die permanente Revolution? Grundsätze") wird hier abgedruckt.*

Die österreichische Krise, die Sozialdemokratie und der Kommunismus (13. November 1929)

Druckvorlage: Trotzki (1971): Schriften über Deutschland, Frankfurt, 1. Halbband, S. 52-66.

Der Text, der bereits alle Elemente von Trotzkis Faschismus-Theorie enthält, erschien in deutscher Übersetzung zuerst in „Die Fahne des Kommunismus", der Zeitschrift des (linksoppositionellen) „Leninbunds".

Der („unglückselige") 5. Weltkongreß der Komintern tagte in Moskau vom 17. Februar bis zum 8. März 1924. In seinem „Bericht über die Tätigkeit der Exekutive" sagte Sinowjew: „Das Wichtigste [...] ist, daß die Sozialdemokratie zu einem Flügel des Faschismus geworden ist..." Daraus entwickelte Stalin dann die „Sozialfaschismus"-These, derzufolge Sozialdemokratie und Faschismus „Zwillingsbrüder" sind. Trotzkis „Kritik des Komintern-Programms" findet sich in: Trotzki (1997), Schriften, Bd. 3.2, Hamburg, Text 52, S. 1188-1338.

Bourgeoisie, Kleinbürgertum und Proletariat (1932)

Druckvorlage: Trotzki (1971): Schriften über Deutschland, 1. Halbband, Frankfurt, S. 356-361.

II. Kapitel von Trotzkis Broschüre „Der einzige Weg" (13./14. September 1932), Berlin-Neukölln 1932.

Trotzki skizziert die verschiedenartigen politischen Programme des Kleinbürgertums, die sich im Laufe der Entwicklung der kapitalistischen Gesellschaft herausgebildet haben: das Jakobinertum, die reformistische Demokratie und den Faschismus. Gelingt es den Arbeiterorganisationen nicht, die Unterstützung der plebejischen Zwischenschichten zu gewinnen, werden sie zum Faschismus überlaufen.

Friedrich Engels schrieb in Der Ursprung der Familie, des Privateigentums und des Staats (1884), die „öffentliche Gewalt" bestehe nicht bloß „aus bewaffneten Menschen, sondern auch aus sachlichen Anhängseln, Gefängnissen und Zwangsanstalten aller Art [...]". Marx-Engels-Werke, Bd. 21, Berlin 1962, S. 166.

Arbeiter-Einheitsfront gegen die Faschisten (1931)

Druckvorlage: Trotzki (1971): Schriften über Deutschland, 1. Halbband, Frankfurt, S. 164-175.

Auszüge aus Trotzkis „Brief an einen deutschen Arbeiter-Kommunisten, Mitglied der KPD" vom 8. Dezember 1931: „Wie wird der Nationalsozialismus geschlagen ?"

Trotzki ruft die kommunistischen Arbeiter auf, über den Kopf der Thälmann-Führung hinweg ein Kampfbündnis mit den sozialdemokratischen Arbeitern einzugehen. Falls der Faschismus an die Macht komme, werde er „wie ein furchtbarer Tank" über die Arbeiterklasse hinwegrollen.

Der Sozialdemokrat **Noske** *(1868-1946) war Ende 1918 Mitglied des „Rates der Volksbeauftragten"; unter seinem Befehl warfen Regierungstruppen und Freikorps Anfang 1919 den „Spartakusaufstand" nieder.* **Grzesinski** *(1879-1947) wurde 1925 sozialdemokratischer Polizeipräsident von Berlin und überließ am 20. Juli 1932 (beim Staatsstreich des Kanzlers Franz von Papen gegen die sozialdemokratische preußische Regierung) das Kommando über die preußische Polizei widerstandslos den Putschisten. In der Emigration engagierte er sich in der Volksfront-Politik.*

Ein Sieg Hitlers bedeutet: Krieg gegen die UdSSR (April 1932)

Druckvorlage: Trotzki (1971): Schriften über Deutschland, Frankfurt, 1. Halbband, S. 308-315.

Auszüge aus Trotzkis Warnung vor einem deutsch-sowjetischen Krieg im Falle eines „faschistischen Umsturzes in Deutschland". Der Artikel erschien zuerst im „Militant", der Zeitschrift der amerikanischen Trotzkisten (unter der Überschrift „I see war with Germany"), dann, im August, in deutscher Übersetzung in der Zeitschrift „Die Aktion" und in der „Permanenten Revolution" (II. 17 und 18), der Zeitschrift der deutschen Trotzkisten.

Thälmann und die „Volksrevolution" (4. April 1931)

Druckvorlage: Trotzki (1971): Schriften über Deutschland, 1. Halbband, Frankfurt, S. 102 f.

Trotzki kritisiert hier die verhängnisvolle Tendenz der KPD-Führung, sich der (nur allzu erfolgreichen) Propaganda der Völkischen und der Nazis anzupassen, wie sie im KPD-Programm zur „nationalen und sozialen Befreiung des deutschen Volkes" (vom 24. August 1930) und im Führerkult der Kommunistischen Partei zum Ausdruck kam.

Porträt des Nationalsozialismus (10. Juni 1933)

Druckvorlage: Trotzki (1971): Schriften über Deutschland, Frankfurt, 1. Halbband, Frankfurt, S. 571-580.

Trotzkis Essay erschien zuerst in deutscher Sprache in „Die neue Weltbühne" (II. 28, 13. 7. 1933, S. 856-862).

Mit dem Satz „Die Scheiterhaufen..." spielt Trotzki auf die von den Nazis in deutschen Universitätsstädten am 10. Mai 1933 veranstalteten Bücherverbrennungen an.

Der Danziger Trotzkisten-Prozeß (29. April 1937)

Druckvorlage: Trotzki (1971): Schriften über Deutschland, 2. Halbband, Frankfurt, S. 711-716.

Trotzkis Artikel (der zuerst russisch im „Bulletin der Opposition" erschien) ist dem Prozeß gegen die Danziger Widerstandsgruppe („Spartakusbund") um **Franz Jakubowski** *und* **Siegfried Kissin** *gewidmet. Der Prozeß fand kurz vor dem zweiten Moskauer Schauprozeß gegen Pjatakow, Radek und andere alte Bolschewiki statt. Trotzki vergleicht diese beiden antitrotzkistischen Prozesse und verweist auf eine Reihe von von ihm bereits widerlegten Tatsachenbehauptungen der sowjetischen Anklage.*

Über eine andere trotzkistische Widerstandsgruppe hat jüngst erstmals Barbara Weinhold berichtet: Weinhold (2004): Eine trotzkistische Bergsteigergruppe aus Dresden im Widerstand gegen den Faschismus. Köln.

Rosa Luxemburg und die IV. Internationale (Flüchtige Bemerkungen zu einer wichtigen Frage) (24. Juni 1935)

Druckvorlage: Trotzki (1971): Schriften über Deutschland, 2. Halbband, Frankfurt, S. 686-689.

Dieser Artikel erschien in deutscher Sprache zuerst im August 1935 in „Unser Wort" (III. 8), der Zeitschrift der deutschen Trotzkisten.

Stalin hatte in einem Aufsatz zur Geschichte des Bolschewismus 1931 gegen einen Artikel von Sluzki polemisiert (Stalin, Werke, Bd. 13, Berlin 1955, S. 76-91) und in diesem Zusammenhang die heterodoxen „luxemburgistischen" (und „trotzkistischen") Theorien scharf von dem abgesetzt, was er für die reine bolschewistische Lehre hielt. Trotzki antwortete darauf (am 28. Juni 1932) mit dem Artikel „Hände weg von Rosa Luxemburg!" (Schriften über Deutschland, 1971, 1. Halbband, Frankfurt, S. 323-334.) In dem hier abgedruckten, drei Jahre später geschriebenen Text betont er, die neue IV. Internationale werde das Erbe von Lenin ebenso wie das von Luxemburg und Liebknecht antreten.

SAP(D) *(„Sozialistische Arbeiterpartei Deutschlands") hieß eine 1931 von der SPD abgespaltene Organisation, die sich 1932 mit der Minderheit der von Brandler und Thalheimer geführten, aus der KPD ausgeschlossenen KPO (Kommunistische Partei-Opposition) zusammenschloß. Die SAP zerfiel im Kriege in verschiedene Emigrationsgruppen, deren Mitglieder sich nach 1945 meist der SPD anschlossen.* **Alexander Parvus-Helphand** *(1867-1924) war vor 1914 ein revolutionärer Sozialist und origineller marxistischer Wirtschaftstheoretiker, der Trotzki (1904) zu seiner Theorie der permanenten Revolution inspirierte und 1905 auch im Petersburger Sowjet mitarbeitete. Zu Beginn des ersten Weltkriegs mutierte er dann zu einem Vaterlandsverteidiger und Kriegsgewinnler.* **Miles** *(Walter Löwenheim) war in den Jahren 1931-1935 der Führer der kleinen, zwischen KPD und SPD stehenden „Leninistischen Organisation", aus der später die Gruppe „Neu Beginnen" hervorging.*

Stalins Verbrechen (16. 11. 1937)

Druckvorlage: Trotzki (1937): Stalins Verbrechen. Zürich 1937, S. 362-371.

Schlußkapitel („Der Anfang vom Ende") von Trotzkis Buch über Stalins Verbrechen.

Pjatakow *war Mitglied der Linken Opposition, Organisator der sowjetischen Schwerindustrie und Leiter der Staatsbank. Er wurde 1937 zum*

Tode verurteilt und erschossen. **Litwinow** *war 1930-1939 sowjetischer Außenminister, 1941-1943 Botschafter in den USA.* **Juan Negrín** *(1889-1956), spanischer Sozialist, war 1936 zunächst Finanzminister in der Volksfront-Regierung Largo Caballero. Im Mai 1937 löste er diesen als Ministerpräsident ab, verbot die linkssozialistische POUM und beseitigte die Überreste der Arbeitermilizen und der Arbeiterselbstverwaltung in den Betrieben. Im März 1939 ging er in die Emigration.* **Franco** *(1892-1975) ließ 1934 als Generalstabschef der spanischen Armee den asturischen Bergarbeiteraufstand niederwerfen; 1936 leitete er die Überführung der republikfeindlichen, aufständischen Truppen von Spanisch-Marokko nach Spanien. Nach der Niederlage der republikanischen Truppen im Jahre 1939 errichtete er eine langlebige faschistische Diktatur.*

„Mikado": *Der japanische Kaiser Hirohito regierte seit 1926.* **POUM**: *Die linkssozialistische spanische „Arbeiterpartei der marxistischen Einheit" wurde 1937 verboten, ihr Führer,* **Andreu Nin**, *im Juni 1937 von GPU-Agenten entführt und umgebracht.* **W. A. Antonow-Owsejenko** *war 1905 und 1917 einer der Führer der Revolution, wurde dann Leiter der Politischen Verwaltung der Roten Armee und gehörte zur Linken Opposition. Nach seinem Bruch mit der Opposition wurde er 1934 Generalstaatsanwalt der russischen Sowjetrepublik. 1936 als sowjetischer Generalkonsul nach Barcelona entsandt, attackierte er die POUM, wurde im August 1937 nach Moskau zurückbeordert, verhaftet und (1939) ohne Prozeß erschossen.* **Anton Grylewicz** *(1885-1971), deutscher Trotzkist und (vor 1933) Verleger von Schriften Trotzkis, wurde im Juli 1937 (vermutlich von GPU-Agenten) denunziert und in Prag verhaftet.*

Im stalinistischen Jargon wurde (auch) der Massenterror der Jahre 1936-1938 als „Säuberung" bezeichnet. Die beste Darstellung findet sich bei Conquest, Robert (1990): Der große Terror. Sowjetunion 1934-1938. München 1992. Das Kapitel 14 des Buches ist den „Säuberungsaktionen im Ausland" gewidmet. Eine abschließende Bilanz der Verbrechen Stalins und seiner Kumpane hat Donald Rayfield vorgelegt: Stalin und seine Henker, München 2004. **Bonapartismus**: *Das „klassische" bonapartistische Regime war das von Napoleon III. nach der Revolution des Jahres 1848 in Frankreich errichtete Zweite Kaisereich (1852-1870). Damals überließ die Bourgeoisie die politische Herrschaft erstmals einem „Schiedsrichter", der eine plebiszitär gestützte „Diktatur des Säbels" errichtete. Im Bonapartismus erreicht die „Schein-Selbständigkeit" des Staates (gegenüber den sozialen Klassen) ihren Höhepunkt. Trotzki bezeichnete auch die Präsidialdiktaturen (Brüning, Papen, Schleicher) am Ende der Weimarer Republik und später die Stalindiktatur als bonapartische Regime.*

Eine Offensive gegen den Stalinismus ! (1937)

„Es ist Zeit, international gegen den Stalinismus vorzustoßen. Brief an alle Arbeiterorganisationen." (2. November 1937)

In diesem Aufruf (der russisch im „Bulletin der Opposition" und deutsch in den beiden trotzkistischen Emigrationszeitschriften „Der einzige Weg" und „Unser Wort" veröffentlicht wurde und außerdem auch in englischen, amerikanischen, französischen, norwegischen, holländischen trotzkistischen Zeitschriften sowie in einer spanischen Übersetzung erschien, zog Trotzki die politischen Konsequenzen aus seiner Bilanz der Verbrechen des stalinistischen Regimes und rief zum politischen Kampf gegen die stalinistischen Parteien und die von ihnen unterstützten Agenten der GPU auf. (Der stalinistische Geheimdienst setzte seine gegen antistalinistische Sozialisten und „Dissidenten" gerichteten Überwachungs-, Entführungs- und Mordaktionen im „Ausland" noch bis weit in die Nachkriegszeit hinein fort. Vgl. dazu exemplarisch den 2004 in Hamburg erschienenen dokumentarischen Bericht von Hermann Bubke: „Der Einsatz des Stasi- und KGB-Spions Otto Freitag im München der Nachkriegszeit.")

Die Februar-März-Plenarsitzung des Zentralkomitees der KPdSU „kann als der Zeitpunkt angesehen werden, an dem [Stalins] Despotismus zur absoluten Autokratie wurde" (Robert Conquest). Damals begann die Schreckensherrschaft Stalins und Jeschows, der vom Oktober 1936 bis zum Dezember 1938 Chef des Innenministeriums (und d. h. der GPU) war.

Jacques Duclos war seit 1921 Mitglied der KPF und unterstützte seit 1931 Maurice Thorez in der Führung der stalinisierten Partei. **Michael Kolzow** war einer der bekanntesten sowjetischen Journalisten und berichtete für die Prawda aus dem Spanischen Bürgerkrieg. 1938 nach Moskau zurückgekehrt, ließ Stalin ihn verhaften. Seine durch Folter erpreßten „Geständnisse" sollten eine Reihe von anderen Künstlern und Intellektuellen (Babel, Meyerhold) belasten, gegen die ein weiterer Schauprozeß geplant war. Er widerrief seine Aussagen vor Gericht und wurde Anfang Februar 1940 erschossen. **Willi Münzenberg** war Anfang der zwanziger Jahre Sekretär der Kommunistischen Jugendinternationale, 1924-33 Reichstagsabgeordneter der KPD, Zeitungsverleger und Propagandist; 1937 wurde er im Pariser Exil aus der KPD ausgeschlossen, floh vor den deutschen Truppen aus einem französischen Internierungslager und wurde 1940 wahrscheinlich von stalinistischen Agenten umgebracht. **Erwin Wolf**, deutscher oppositioneller Kommunist, Sekretär Trotzkis in Norwegen (1935/36), wurde in Spanien verhaftet, entführt und tauchte niemals mehr auf. **Mark Rein**, Sohn des Menschewiken Abramowitsch und Spanien-Korrespondent einer skandinavischen Zeitung wurde ebenfalls in Barcelona entführt und verschwand. **Rudolf Heß** (1894-1987), seit 1925 Privatsekretär, seit 1933 Stellvertreter Hitlers, flog 1941 nach England und wurde 1946 zu lebenslanger Haft verurteilt.

A. J. Wyschinski, ehemaliger Menschewik, Stalins Chefankläger bei den Moskauer Schauprozessen, war in den vierziger Jahren sowjetischer Außenminister. **„Krieg im Fernen Osten"**: Im Juli 1937 begann die japanische Invasion Chinas. **„Trotzkisten in China"**: Die stalinistische Propaganda warf Trotzki und den Trotzkisten u. a. vor, „Söldlinge Japans" zu sein und mit dem „Mikado" gegen die Sowjetunion zu konspirieren. **Walter Duranty** war langjähriger Moskau-Korrespondent der „New York Times" mit prostalinistischer Tendenz. **Louis Fischer**, amerikanischer Journalist und Schriftsteller, galt als „Freund" der stalinistischen Sowjetunion, wurde aber 1939 zu einem Antikommunisten. **Heinrich Mann**, der bedeutende republikanisch-sozialistische Schriftsteller, engagierte sich in der französischen Emigration für die „Volksfront"-Politik und verteidigte – wie sein Kollege **Lion Feuchtwanger** – die Moskauer Schauprozesse. **Léon Blum** gründete 1902 mit Jaurès die Sozialistische Partei Frankreichs; 1937 war er in den beiden französischen Volksfront-Regierungen Ministerpräsident. **Léon Jouhaux** war seit 1909 Generalsekretär des französischen Gewerkschaftsbundes CGT. Als Gegner der russischen Revolution organisierte er 1921 die Abspaltung des reformistischen Gewerkschaftsflügels und 1936 (bis 1939) dessen Wiedervereinigung mit der (stalinistischen) CGTU. **Émile Vandervelde** gehörte 1900-1914 der Leitung der II. Internationale an; im ersten Weltkrieg war er Minister in der belgischen Regierung; 1917 Gegner der Bolschewiki, leitete er 1929-36 die SAI, die Nachfolgeorganisation der II. Internationale. **Prieto** war Verteidigungsminister in der Regierung Negrín; auf seine Initiative hin wurde im August 1937 der Geheimdienst SIM geschaffen, der bald von den Stalinisten kontrolliert wurde und eigene Gefängnisse und Konzentrationslager unterhielt.

Die Gefahr der Ausrottung des jüdischen Volkes (22. Dezember 1938)

Die Radio-Hetzreden des nordamerikanischen, faschistischen Paters **Charles E. Coughlin** *gegen „gottlose Kapitalisten, Juden, Kommunisten, internationale Bankiers und Plutokraten" fanden in den dreißiger Jahren ein großes Echo; Coughlin erhielt jährlich Millionen von Hörerbriefen. 1938 behauptete er, Trotzki sei 1917 in New York (von dem Bankier Schiff) mit namhaften Summen unterstützt worden. Trotzki antwortete darauf (am 28. November 1938) mit einer kurzen Erklärung (Œuvres, Bd. 19, Paris 1985, S. 203). In dem hier erstmals (nach der frz. Version in Œuvres, Bd.*

19, S. 272 f.) ins Deutsche übersetzten Artikel „Die jüdische Bourgeoisie und der revolutionäre Kampf" kam Trotzki noch einmal auf Coughlins Behauptungen zurück. Er sah voraus, daß die nächste Welle der internationalen Reaktion bzw. der Krieg „die physische Ausrottung der Juden" mit sich bringen werde, und rief die „fortschrittlichen und klarblickenden Elemente des jüdischen Volkes" zur Unterstützung der revolutionären Gruppen auf. Nur sehr wenige Zeitgenossen Trotzkis waren imstande, sich das Ausmaß der Barbarei vorzustellen, zu der es kommen würde, falls die internationale Arbeiterbewegung den zweiten Weltkrieg nicht verhindern könnte. Zu ihnen gehörten die aus Deutschland vertriebenen Frankfurter Sozialphilosophen Max Horkheimer und Theodor W. Adorno. Adorno schrieb am 15. 2. 1938 (aus London) an Horkheimer: „Es ist kaum mehr daran zu zweifeln, daß in Deutschland die noch vorhandenen Juden ausgerottet werden: denn als Enteignete wird kein Land der Welt sie aufnehmen." Horkheimer (1995): Briefwechsel 1937-1940. Gesammelte Schriften, Bd. 16, Frankfurt, S. 392. Vgl. auch Horkheimers Anfang September 1939 für die Zeitschrift für Sozialforschung geschriebenen Aufsatz „Die Juden und Europa" in: Horkheimer (1988): Gesammelte Schriften, Bd. 4, Frankfurt, S. 308-331.

Für Herschel Grynszpan! (30. Jänner 1939)

In dem hier erstmals (nach der französischen Version in den Œuvres, Bd. 20, Paris 1985, S. 89-91) ins Deutsche übersetzten Artikel „Für Grynszpan, gegen faschistische Pogromhetzer und stalinistische Schurken" solidarisierte sich Trotzki mit dem 16jährigen polnischen Juden, der am 7. 11. 1938 in der Pariser deutschen Botschaft den Legationssekretär Ernst vom Rath mit mehreren Schüssen tödlich verletzt hatte. Die in Hannover lebenden Eltern **Grynszpans** *(die den Krieg später in der Sowjetunion überlebten) waren von den Nazis mit 18.000 anderen, in Deutschland lebenden polnischen Juden nach Polen abgeschoben worden. Vom Rath war mit Grynszpan eine homosexuelle Beziehung eingegangen und hatte ihm wohl versprochen, sich für seine Eltern einzusetzen. Grynszpan schrieb in einem Brief vom 2. Dezember 1938, er habe „die Aufmerksamkeit der Welt auf die grausamen Ereignisse lenken [wollen], über die mein Vater mir geschrieben hatte, welcher mit meinen Geschwistern und noch anderen aus Deutschland nach Polen verjagt worden" war. Hitler, Goebbels („Das Judentum hat in Paris auf das deutsche Volk geschossen") und Heydrich nutzten den Vorfall und organisierten einen reichsweiten Pogrom, dem am 9./10. November 1938 etwa 90 Menschen zum Opfer fielen; 30.000 deutsche Juden wurden in Konzentrationslager gesperrt. Grynszpan war in Paris sogleich verhaftet worden. Sprachen die Nazis von einem „jüdischen" Terroristen, so be-*

hauptete die stalinistische Presse, es handele sich bei dem Attentäter um einen „trotzkistischen" Terroristen. Nach 20monatiger Untersuchungshaft wurde Grynszpan gegen einen französischen Staatsanwalt (der sich in deutscher Kriegsgefangenschaft befand) ausgetauscht und anschließend in Berlin und im Konzentrationslager Sachsenhausen gefangengehalten. 1942 sollte er in einem Schauprozeß abgeurteilt werden, der die Behauptung der Nazis untermauern sollte, das „Weltjudentum" trage die Schuld am Kriege (Goebbels: „Die Schüsse von Paris waren die ersten Schüsse des Zweiten Weltkriegs"). Der Prozeß kam aber nicht zustande. Grynszpans weiteres Schicksal ist ungewiß. Möglicherweise blieb er am Leben, kam 1945 frei und ging (unter anderem Namen) zurück nach Frankreich.

Das Zwillingsgestirn Hitler-Stalin (4. 12. 1939)

Druckvorlage: Trotzki (1988): Sowjetgesellschaft und stalinistische Diktatur, 1936-1940. Schriften, Bd. 1.2, Hamburg, S. 1309-1326. (Auszüge.)

Der Artikel erschien im Januar 1940 russisch im „Bulletin der Opposition" und englisch in der Zeitschrift Liberty.

Hitlers Buch*: Mein Kampf (1925/26).* **Ribbentrop** *und* **Molotow***, die Außenminister Hitlers und Stalins, hatten am 23. August 1939 in Moskau einen Nichtangriffspakt unterzeichnet, der Hitler freie Hand zur Eröffnung des Zweiten Weltkriegs gab. Zu Stalins Politik in China vergleiche Trotzki (1990): Über China. Schriften, Bd. 2.1 (1924-1928), Bd. 2 (1928-1940), Hamburg. Zu Stalins Politik in Spanien vgl. Trotzki (1975/76): Revolution und Bürgerkrieg in Spanien, 1931-1939. Bd. 1 und 2, Frankfurt.*

Vom Minimal- zum Maximalprogramm (1938)

Druckvorlage: Trotzki (1938): Das Übergangsprogramm der IV. Internationale. Frankfurt 1974, S. 13-15.

Im Mai 1938 schrieb Trotzki für die Gründungskonferenz der IV. Internationale, die Anfang September in Périgny bei Paris stattfand, das „Übergangsprogramm". Dieses Dokument (aus dem hier nur wenige Abschnitte abgedruckt werden) erschien unter dem Titel: „Der Todeskampf des Kapitalismus und die Aufgaben der IV. Internationale".

Hatte die alte Sozialdemokratie sich auf Sozialreformen (das „Minimalprogramm") beschränkt und die sozialistische Revolution, an der sie programmatisch noch festhielt, als „Maximalprogramm" in eine ferne Zukunft verlegt, so wurden im Programm der IV. Internationale eine Reihe von ineinandergreifenden, spezifischen Forderungen für die kapitalisti-

schen Staaten, die faschistischen Staaten und die Sowjetunion aufgestellt, die es ermöglichen sollten, vom Kampf für Reformen zum Kampf um die Staatsmacht überzugehen. André Gorz hat in den sechziger Jahren eine ähnliche Konzeption von plausiblen, aber im Rahmen des gesellschaftlichen Status quo ohne Kampf nicht realisierbaren „antikapitalistischen Strukturreformen" entwickelt. Vgl. dazu Gorz (1964): Zur Strategie der Arbeiterbewegung im Neokapitalismus. Frankfurt 1967.

Falls die Revolution ausbleibt... (25. September 1939)

Druckvorlage: Trotzki (1988): Sowjetgesellschaft und stalinistische Diktatur, 1936-1940. Schriften 1.2, Hamburg, S. 1272-1295.

Auszüge aus Trotzkis Artikel „Die UdSSR im Krieg", mit dem er in eine Diskussion eingriff, die sich in der amerikanischen, trotzkistischen „Socialist Workers Party" nach dem Abschluß des Nichtangriffspakts zwischen Hitlerdeutschland und der Sowjetunion entwickelt hatte. James Burnham und Max Shachtman vertraten die Auffassung, man könne die Sowjetunion wegen ihrer „imperialistischen" Außenpolitik nicht mehr als „Arbeiterstaat" bezeichnen. **Bruno R.** *(Rizzi) vertrat in seinem Buch „Die Bürokratisierung der Welt", das 1939 (in französischer Sprache) erschienen war, die These, die faschistischen Regime in Deutschland und Italien und das stalinistische in der Sowjetunion repräsentierten ein neuartiges, nachkapitalistisches Gesellschaftssystem, das des „bürokratischen Kollektivismus". (Der I. Teil von Rizzis Buch wurde 1985 ins Englische übersetzt: Rizzi (1939): The Bureaucratization of the World. New York 1985.) Trotzki erwägt in seinem Text die (von ihm für unwahrscheinlich gehaltene) Möglichkeit, daß sich die Arbeiterklasse in der UdSSR und in anderen Ländern als unfähig erweisen könnte, die Staatsmacht zu erobern beziehungsweise zu behaupten. In diesem Fall würde sich die Arbeiterbürokratie zu einer neuen Ausbeuterklasse entwickeln. Den Revolutionären bliebe dann nur mehr die Möglichkeit, ein Minimalprogramm zu entwickeln und für die „Interessen der Sklaven einer totalitären bürokratischen Gesellschaft" zu kämpfen.*

Kunst und Revolution (18. 6. 1938)

Druckvorlage: Trotzki (1973): Literaturtheorie und Literaturkritik. Ausgewählte Aufsätze zur Literatur. München, S. 144-153.

Auszüge aus Trotzkis gleichnamigem Artikel, der im August 1938 in der von Dwight Macdonald herausgegebenen Zeitschrift „Partisan Review" (und dann 1939 im „Bulletin der Opposition") erschien.

Trotzki erneuert in diesem Aufsatz seine schon 1923 in seinem Buch Literatur und Revolution entwickelte These, die Kunst könne ihre Funktion, gegen die gesellschaftliche Wirklichkeit zu protestieren und deren Entwicklungsmöglichkeiten zu antizipieren, nur als autonome, also in völliger Freiheit wahrnehmen. Diese Autonomie der Kunst gelte es gegenüber den totalitären Regimen, die die Kunst abschaffen und durch Propaganda ersetzen wollen, zu verteidigen. Der Text entstand im Zusammenhang mit Gesprächen, die Trotzki im Sommer 1938 mit dem französischen surrealistischen Dichter André Breton (der zu einer Vortragsreise nach Mexiko gekommen war) führte, mit dem er dann das „Manifest für eine unabhängige revolutionäre Kunst" (25. 7. 1938) formulierte, das auch von Diego Rivera unterzeichnet wurde. (Das Manifest erschien zunächst als französische Broschüre in Mexiko. Eine gute Übersetzung stammt von Rüdiger Hofmann und findet sich in: Günther Metken (Hg.) (1976): Als die Surrealisten noch recht hatten. Texte und Dokumente. Stuttgart, S. 183-187.) Zur Kooperation Trotzkis mit Breton (und Rivera) vgl. Helmut Dahmer (1973): „Psychoanalyse im Surrealismus (André Breton)." In: Dahmer (1994): Pseudonatur und Kritik. Marx, Freud und die Gegenwart. Frankfurt, S. 108-135.

Die Gesellschaft der Zukunft (1923)

Druckvorlage: Trotzki (1968): Literatur und Revolution. München 1972; Kap. VIII („Die Kunst der Revolution und die sozialistische Kunst"), S. 207-213.

Bei diesem Text handelt es sich um die beiden letzten Abschnitte des VIII. Kapitels des 1. Teils von Trotzkis 1923 (und in 2. Auflage 1924) erschienenem Buch „Literatur und Revolution". Frida Rubiner gab 1924 eine erste deutsche Auswahlausgabe von „Literatur und Revolution" heraus, die (auf S. 171-179) auch den hier abgedruckten Text (in ihrer eigenen Übersetzung) enthielt. Vollständig erschien „Literatur und Revolution" in deutscher Übersetzung erst 1968.

In der sozialistischen Literatur des frühen 20. Jahrhunderts ist Trotzkis Ausblick auf die Zukunftsgesellschaft ein Unikat, das an die Visionen des phantasievollsten der Frühsozialisten, Charles Fourier, erinnert. Das Vertrauen auf die Technik (auch die Humantechnik) – freilich auf die Technik einer nachkapitalistischen Gesellschaft – ist noch ungebrochen, und es erscheint dem Autor als durchaus möglich, daß der durchschnittliche Mensch künftig das Niveau eines „Aristoteles, Goethe und Marx" erreichen wird.

Nikolai I. Kljutschew *war – wie auch* **W. Iwanow-Rasumnik** *(1878-1945) – ein probolschewistischer Bauerndichter, der das russische Volk und seine Religiosität verherrlichte. Alexander Block und Andrej Belyj waren stark von ihm beeinflußt.* **Wladimir W. Majakowski** *war der bedeutendste (experimentelle) Lyriker in den Reihen der Bolschewisten. Als er sich (wie vor ihm schon der Dichter Jessenin 1925) im April 1930 aus Verzweiflung das Leben nahm, schrieb Trotzki einen Nachruf „Majakowskis Selbstmord", der auch in deutscher Sprache in Franz Pfemferts Zeitschrift „Die Aktion" erschien.*

Literaturhinweise

Abosch, Heinz (1973): Trotzki-Chronik. München.

Alexander, Robert J. (1991): International Trotskyism, 1929-1985. A documented analysis of the movement. Durham, London.

Alles, Wolfgang (1987): Zur Politik und Geschichte der deutschen Trotzkisten ab 1930. Frankfurt.

Avenas, Denise (1970): Trotzkis Marxismus. Ökonomie und Politik in der Theorie Trotzkis. Frankfurt 1975.

Bahne, Siegfried (1967): „Trotzkismus in Geschichte und Gegenwart." Vierteljahrshefte für Zeitgeschichte. Stuttgart, 15. Jg., Heft 1, S. 56-86.

Bensaid, Daniel (2002): Was ist Trotzkismus ? Köln.

Bergmann, Theodor, und Gerd Schäfer (Hg.) (1993): Leo Trotzki – Verteidiger und Kritiker der Sowjetgesellschaft. Beiträge zum internationalen Trotzki-Symposium, Wuppertal, 26.- 29. März 1990.

Brahm, Heinz (1963): „Trockijs Aufrufe gegen Hitler 1930-1933." Jahrbücher für Geschichte Osteuropas, NF Bd. 11, Heft 4, S. 521-542.

(1964): Trotzkijs Kampf um die Nachfolge Lenins. Die ideologische Auseinandersetzung 1923-1926. Köln.

Broué, Pierre (1988): Trotzki. Eine politische Biographie. Bd. I und II. Köln 2003.

(2003): Communistes contre Staline. Massacre d'une génération. Paris.

Dahmer, Helmut (1965, 1968): „Zur Geschichte der ‚Permanenten Revolution" In: Dahmer (1994): Pseudonatur und Kritik. Freud, Marx und die Gegenwart. Frankfurt, S. 342-372.

Daniels, Robert V. (1962): Das Gewissen der Revolution. Kommunistische Opposition in Sowjetrußland. Köln, Berlin.

Deutscher, Isaac (1954-1963): Trotzki. Bd. I-III. Stuttgart 1962 und 1963.

Heijenoort, Jean van (1978): With Trotsky in Exile. From Prinkipo to Coyoacán. Cambridge (Mass.), London.

Institut Léon Trotsky (Hg.): Cahiers Léon Trotsky, Revue trimestrielle. (Redaktion: Pierre Broué.) Paris. Nr. 1 (Jan. 1979) - Nr. 80 (März 2003).

Junius-Verlag (1979): Leo Trotzki (1879-1940) in den Augen von Zeitgenossen. Hamburg.

King, David, und James Ryan (1986): Trotsky, a photographic biography. New York.

Knei-Paz, Baruch (1978): The Social and Political Thought of Leon Trotsky. Oxford.

Kutos, Paul (1993): Russische Revolutionäre in Wien, 1900-1917. Eine Fallstudie zur Geschichte der politischen Emigration. Wien.

Lewin, Moshé (1967): Lenins letzter Kampf. Hamburg 1970.

Löwy, Michael (1981): Revolution ohne Grenzen. Die Theorie der permanenten Revolution. Frankfurt 1987.

Lubitz, Wolfgang (Hg.) (1982): Trotsky-Bibliography. Bibliographie selbständiger und unselbständiger Schriften über L. D. Trockij und den Trotzkismus. München, New York.

Mandel, Ernest (1992): Trotzki als Alternative. Berlin.

Mansfeld, Alfred (1992): „Trockij in Wien." Archiv 1992. Jahrbuch des Vereins für Geschichte der Arbeiterbewegung; 8. Jg., Wien, S. 83-95.

Mehringer, Hartmut (1978): Permanente Revolution und Russische Revolution. Die Entwicklung der Theorie der permanenten Revolution im Rahmen der marxistischen Revolutionskonzeption, 1848-1907. Frankfurt.

Placke, Gerd (1994): Historische und soziale Analyse der Revolution bei Leo Trotzki. Ein Beitrag zur Theorie der permanenten Revolution und ihrer Entwicklung in den Jahren 1923-1933.

Ranc, Julijana (1997): Trotzki und die Literaten. Literaturkritik eines Außenseiters. Stuttgart.

(2003): Alexandra Ramm-Pfemfert. Ein Gegenleben. Hamburg.

Rogowin, Vadim S. (1997): Die Partei der Hingerichteten. Essen 1999.

Schrader, Fred E. (1995): Der Moskauer Prozeß 1936. Zur Sozialgeschichte eines politischen Feindbildes. Frankfurt.

Serge, Victor (und Natalia **Sedowa**) (1951): Leo Trotzki – Leben und Tod. Wien 1978.

Sinclair, Louis (1972): Leon Trotsky. A Bibliography. Stanford, California.

Thatcher, Ian D. (2003): Trotsky. London, New York.

Wegner, Eric, Ulrich **Angerer** u. a. (1997): Trotzkismus in Österreich. Heft 1und 2. Marxismus, Nr. 9 und 10. Wien.

Wolkogonow, Dimitri (1992): Trotzki. Das Janusgesicht der Revolution. Düsseldorf.

Trotzki (1929): Mein Leben. Versuch einer Autobiographie. Berlin 1990.

(1931, 1932): Geschichte der russischen Revolution. Bd. I und II. Berlin.

(1958): Tagebuch im Exil. [1935] Köln, Berlin.

(1969): Der junge Lenin. Frankfurt 1971.

(1970): Schriften zur revolutionären Organisation. Reinbek.

(1971): Ergebnisse und Perspektiven / Die permanente Revolution. Frankfurt.

(1971): Schriften über Deutschland. Bd. I und II. Frankfurt.

(1973): Verteidigung des Marxismus. [1939/40] Berlin.

(1975/76): Revolution und Bürgerkrieg in Spanien, 1931-39. Bd. I und II. Frankfurt.

(1981): Denkzettel. Politische Erfahrungen im Zeitalter der permanenten Revolution. Frankfurt.

(1996): Die Balkankriege 1912-13. Essen.

(1998): Europa im Krieg. Essen.

(1994): Literatur und Revolution. Essen.

(2001): Stalin. Eine Biographie. Essen.

(1988 ff.): Schriften. Bd. 1-3 (7 Teilbände). Hamburg, Köln.

(1969-1979): Writings of Leon Trotsky (1929-1940); 14 Bände. New York.

(1978 ff.): Oeuvres (1928-1940); bisher 24 und 3 Bände. Paris.

Über den Herausgeber

Helmut Dahmer, Jahrgang 1937, ist Soziologe und lebt als freier Publizist in Wien. Er gibt eine kommentierte Auswahlausgabe von *Schriften* Trotzkis heraus, von der bisher (im Neuen ISP-Verlag, Köln) sieben Bände erschienen sind.

Veröffentlichungen:

Libido und Gesellschaft (1973; 1982)
Pseudonatur und Kritik (1994)
Soziologie nach einem barbarischen Jahrhundert (2001)
Die unnatürliche Wissenschaft (2006 geplant)

die 1936 unter dem Titel „Verratene Revolution" in verschiedenen Sprachen veröffentlicht wird.

1936 Ende Juli wird in Paris die „Bewegung für die IV. Internationale" gegründet. Die norwegische Regierung gibt dem Druck Moskaus nach: Trotzkis Sekretäre werden ausgewiesen, er selbst im September völlig isoliert. Der mexikanische Präsident Cárdenas veranlaßt die Ausstellung eines Einreisevisums für Trotzki; am 19. 12. reisen Trotzki und seine Frau nach Mexiko.

Verratene Revolution. Was ist die Sowjetunion und wohin treibt sie ?
Der junge Lenin. (Frz.; eine dt. Übersetzung erschien 1969.)

1937 Trotzki und Natalia Sedow kommen am 9. 1. in Mexiko an. Am 29. 10. wird Trotzkis jüngerer Sohn Sergej, der schon seit 1935 in der Sowjetunion in Haft ist, erschossen. Am 2. 11. ruft Trotzki alle Arbeiterorganisationen zu einer internationalen Offensive gegen den Stalinismus auf.

Stalins Verbrechen.
Die spanische Lehre, eine letzte Warnung.

1938 Am 14. 7. wird Rudolf Klement, der Sekretär der neuen Internationale, von der GPU entführt und ermordet. Am 3. 9. ruft die Gründungskonferenz der IV. Internationale, der „Weltpartei der sozialen Revolution", zu einer antibürokratischen, politischen Revolution in der Sowjetunion auf. Trotzki und der französische Surrealist André Breton schreiben (im Juli im mexikanischen Patzcuáro) das „Manifest für eine unabhängige Kunst", das auch von Diego Rivera unterzeichnet wird.

Ihre Moral und unsere. (russ.)
Der Todeskampf des Kapitalismus und die Aufgaben der IV. Internationale. (Übergangsprogramm.) (Russ., engl., frz.)

1940 Am 20. 8. wird Trotzki von dem GPU-Agenten Ramón Mercader mit einem Eispickel tödlich verwundet. Trotzki stirbt am 21. 8.

Der imperialistische Krieg und die proletarische Revolution. Manifest der IV. Internationale. (26. 5.; russ., engl., frz.)
Stalin. Eine Biographie. (Engl. 1941; dt. Übers. 1952.)

Trotzki Schriften bei ISP

Schriften 1, Band 1.1
Sowjetgesellschaft und stalinistische Diktatur 1929-1936
678 Seiten, 25,00 Euro, 3-89 900-904-5

Schriften 1, Band 1.2
Sowjetgesellschaft und stalinistische Diktatur 1936-1940
738 Seiten, 25,00 Euro, 3-89 900-905-3

Schriften 2, Band 2.1
Über China 1924-1928
548 Seiten, 25,00 Euro, 3-89 900-906-1

Schriften 2, Band 2.2
Über China 1928-1940
560 Seiten, 25,00 Euro, 3-89 900-907-X

Schriften 3, Band 3.1
Linke Opposition und IV. Internationale 1923-1926
687 Seiten, 50,00 Euro, 3-89 900-908-8

Schriften 3, Band 3.2
Linke Opposition und IV. Internationale 1927-1928
734 Seiten, 50,00 Euro, 3-89 900-909-6

Schriften 3, Band 3.3
Linke Opposition und IV. Internationale 1928-1934
668 Seiten, 50,00 Euro, 3-89 900-910-X

Teilband 3.4 (*Linke Opposition und IV. Internationale 1934-1940*) in Vorbereitung

Neuer ISP Verlag GmbH
Belfortstr. 7, D-76133 Karlsruhe
Tel. 0721 / 3 11 83, Fax 3 12 50
e-mail: Neuer.ISP.Verlag@t-online.de